暨南新闻传播学术系列
ACADEMIC SERIES ON JOURNALISM AND COMMUNICATION OF JINAN UNIVERSITY

消费意象与都市空间

——广州报刊广告研究（1827—1919）

Consumer Image and Metropolis Space

蒋建国 著

暨南大学出版社
JINAN UNIVERSITY PRESS
中国 · 广州

图书在版编目（CIP）数据

消费意象与都市空间：广州报刊广告研究（1827—1919）/蒋建国著. —广州：暨南大学出版社，2008. 12

（暨南新闻传播学术系列）

ISBN 978 -7 -81135 -104 -0

Ⅰ. 消…　Ⅱ. 蒋…　Ⅲ. 报刊—广告业—研究—广州市—1827—1919　Ⅳ. F713. 8

中国版本图书馆 CIP 数据核字（2008）第 158604 号

出版发行：暨南大学出版社

地　址：中国广州暨南大学

电　话：总编室（8620）85221601

　　　　营销部（8620）85225284　85228291　85220693（邮购）

传　真：（8620）85221583（办公室）　85223774（营销部）

邮　编：510630

网　址：http：//www. jnupress. com　http：//press. jnu. edu. cn

排　版：暨南大学出版社照排中心

印　刷：佛山市浩文彩色印刷有限公司

开　本：787mm × 1092mm　1/16

印　张：16. 75

字　数：367 千

版　次：2008 年 12 月第 1 版

印　次：2008 年 12 月第 1 次

印　数：1—3000 册

定　价：33. 80 元

总　序

在中国新闻传播教育发展史上，暨南大学新闻传播教育已走过60多年坎坷不平而又不断奋进的历程。

1946年，暨南大学新闻学系在上海创立。1949年，因暨南大学停办而并入复旦大学新闻系。1958年，暨南大学在广州重建，中文系于1960年开办新闻学专业。1970年，暨南大学在文化大革命中被迫停办，新闻学专业随中文系并入华南师范大学。1978年，复校后的暨南大学重建新闻学系。从此，暨南大学新闻传播教育走上不断发展的道路。

改革开放以来，暨南大学新闻学系逐渐扩大办学规模：1984年开设国际新闻与传播双学位专业（后改为国际新闻本科专业），1994年创办广告学本科专业，2001年创办广播电视新闻学本科专业。2001年，在原新闻学系的基础上组建新闻与传播学院，下设新闻学系、广播电视学系、广告学系。与此同时，暨南大学新闻与传播学院努力提高办学层次：早在1986年即成为我国第三批新闻学硕士点之一，2001年又获准设立传播学硕士点；2003年，新闻学同时成为广东省高校名牌专业和国务院侨务办公室重点学科；2006年成功申报新闻学博士点，成为华南地区首家设立新闻传播学类博士点的院系，建成本一硕一博一体化的完整人才培养体系。

继2006年成功申报新闻学博士点之后，暨南大学新闻与传播学院在2007年又取得了一系列可喜成绩：①获准设立新闻传播学博士后科研流动站；②与中文系联合组建的海外华文文学与华语传媒研究中心获准为广东省重点人文社会科学研究基地；③新闻学获准为广东省重点学科；④新闻学专业获准为教育部首批特色专业建设点；⑤获准增设播音与主持艺术专业。所有这一切，都令人感到气象一新。

之所以能够取得上述各项成绩，一个重要原因是暨南大学新闻与传播学院多年来十分重视学科建设。特别是2006年暨南大学百年华诞、暨南大学新闻传播教育六秩荣庆之后，学院明确提出了要从教学型学院逐渐转变为研究型学院的发展战略，确立了学科建设的核心与龙头地位，完善了学科建设的激励机制，加大了学科建设的支持力度，全院教师以饱满的热情参与到以学科建设为中心的教学与科研工作之中。

在当代中国学术事业蓬勃发展的历史进程中，一个单位的学科建设要有所建树，必须发挥优势，强化特色，开拓创新。为此，凝练学科方向至关重要。经过多次讨论，暨南大学新闻与传播学院已明确了六个重点建设的学科方向，即新闻传播理论与媒介批评、中外新闻传播历史、新媒体与新闻传播业务、传媒产业与传媒经营管理、海外华文传媒与华文传播、广告公关与营销传播。除此之外，学院还将培育新的学科生长点，努力把暨南大学新闻与传播学院建设成为“华南学术重镇，媒体精英摇篮”。

学科建设是一个系统工程，涉及诸多方面的工作。譬如，建设高水平的师资队伍，开展高层次的科学研究，进行高质量的学位点建设，推动深层次的教学改革，都是学科建设的重要内涵。其中，科学研究上层次、上水平尤其重要，因为高水平的师资队伍主要是在科学研究的过程中锻炼成长起来的，高质量的学位点建设必须以高层次、高水平的科研工作与科研成果作为支撑，深层次的教学改革也必然以科学研究的进步作为根基与动力。因此，大力推进上层次、上水平的科学研究，便成为摆在暨南大学新闻与传播学院面前的历史使命。

在推进科学研究的过程中，一方面要加强领导，组织团队，争取项目，协同攻关，力求重大突破；另一方面要充分发挥学者个人的主观能动性，高度重视学者的自主研究。人文社会科学的发展史表明，许多重要的成果不一定出自“规划项目”，而往往出自学者的自主研究。鉴于此，暨南大学新闻与传播学院大力提倡多样化的研究，不仅鼓励积极申报国家级、省部级研究课题，而且支持学院教师进行富有学术价值的自主研究。

为了相对集中地展示暨南大学新闻与传播学院教师的各种研究成果，学院决定推出“暨南新闻传播学术系列”，陆续出版学院教师在新闻传播领域的学术论著。开放、多元、丰富的研究主题，将统一在“暨南新闻传播学术系列”的开拓与创新之中。

2008 年，是暨南大学在广州重建 50 周年与复校 30 周年，也是暨南大学新闻学系重建 30 周年。在这个时刻推出“暨南新闻传播学术系列”，应当说具有令人充满想象与期待的意义与价值。我们相信，“暨南新闻传播学术系列”不仅是暨南大学新闻与传播学院致力于学科建设的重要成果，而且是学院在新的起点上迈向更加辉煌未来的重要见证！

暨南大学新闻与传播学院常务副院长 董天策

2008 年 3 月

序

蒋建国长期从事广州地区社会文化史和新闻传播史的研究，如今呈现在读者面前的这部《消费意象与都市空间——广州报刊广告研究（1827—1919）》，是他继不久前出版的《广州消费文化与社会变迁（1800—1911）》之后问世的又一部这方面的专著。

近年来，地方新闻传播史的研究取得了较大进展，出版了一批较有影响的学术成果，一些新的研究领域得到了开掘。但是，目前对地方报刊广告史的整体研究尚未引起足够的关注。早在新中国成立以前，我国早期的新闻史学者就对报刊广告研究较为重视，徐宝璜、戈公振、赵君豪、如来生等学者都曾对报刊广告作过精彩的评述。建国后，由于受“左”倾思想的影响，报刊广告史研究一度被长期忽略。改革开放以来，陈培爱、刘家林、许俊基等人开始对中国广告史作较为全面的研究，一些从事社会史研究的学者也重视报刊广告的个案研究，尤其是在对《申报》广告进行研究的方面，近年有数十篇论文进行了专题探讨。但是，由于史料收集、研究视野等方面的原因，以近代地方报刊广告为主题的研究还差强人意。

在近代地方新闻传播史研究中，广州是一个值得特别关注的城市。它不仅是中国近代报刊业的发源地，也是近代报刊业较为发达的少数城市之一。值得一提的是，目前在中山图书馆、国家图书馆等处保存了数十种清末民初时期广州地区的零散报刊，这些为研究广州地方新闻传播史提供了宝贵的一手史料。蒋建国利用在广州工作的地利之便，自2002年便开始从事广州新闻传播史和消费史的研究，他的博士论文主要是利用近代广州的报刊史料研究消费文化问题，取得了可喜的成果。博士后研究期间，他在原有史料积累的基础上，继续从事近代广州报刊广告研究，并陆续研读了北京、香港、台北等地图书馆所藏的近代广州报刊缩微胶卷。这种潜心史料搜集的治学态度是值得肯定的。现在他将博士后研究报告修改整理后出版，我乐观其成，相信也一定会受到关注这一领域研究成果的专家学者和学子们的欢迎。

蒋建国十分注重从传播学、社会学、历史学等跨学科的视角研究近代报刊广告，他将报刊广告视为都市文化变迁的历史见证，并深入探讨近代报刊广告对民众消费行为和生活方式的深刻影响。他从近代广州商业经济发展与传媒业的互动、报刊广告形态与受众消费的延伸、洋货与国货广告的社会化进程、地方性媒介与报刊广告的本土文化建构、报刊广告与消费文化形塑等方面进行了深入研究。因此，本书在一定程度上深化了报刊广告史研究的领域，开拓了一些前人所未关注的问题，为近代报刊广告史研究提供了新的思路和方法。另外，书中辑录了100余幅图片，增强了报刊广告文化的视觉形象，弥足珍贵。它的出版，对关注广州地方史、广州地区新闻传播史和中国近现代社会经济文化史的读者，具有重要的参考价值。

在新闻传播史的研究方面，我最近一直强调要“多打深井”，多作深入的个案研究。蒋建国的这部专著，就是一部深入个案研究的成果。他“三年不窥园”，长期在图书馆里和故纸堆打交道，沉得下心，耐得住寂寞，终于有所成就，这一点是值得赞扬，也是值得同年龄段的中青年学者们学习的。当然，对于他说来，这些都只应看作是阶段性的成果。希望他不畏艰难，不断开掘，不断进步，在新闻传播史研究方面取得更大的成绩。

方汉奇

2008年7月于北京宜园

目录

CONSUMER IMAGE AND
METROPOLIS SPACE

第一章

理论、历史与研究框架

CONSUMER IMAGE AND
METROPOLIS SPACE

在近代报刊史①和城市史、社会史研究中，广告往往被视为报刊经营者和厂商促销的手段，尤其是近代报刊广告以其相对简单而杂乱的视觉形象，难以引起历史研究者的关注。然而，认真研读近代报刊广告的内容，可以从侧面审视报刊成长的历史、都市商业文化发展的历史和消费文化变化的历史。广告的推销特点非常明显，但广告作为反映消费动态和商业文化的重要载体，却是研究社会变迁的重要史料。本书以近代广州报刊广告为对象，涉及1827年到1919年间近百种报刊，本书将广告传播与都市消费文化的空间扩张和历史演变结合在一起进行研究。这里所指的消费文化，并不是西方后现代主义消费观念②，而是将它视为反映民众生活和社会变迁的载体。笔者曾将消费文化定义为人类在物质消费活动中不断累积的多元文化，其在此基础上逐步演化和生成的消费观念和价值取向③。在进入研究主题之前，本章首先要厘清广告与消费文化研究的理论脉络，了解国内外研究的现状，介绍国内报纸广告史研究的现状，提出本文研究的思路、框架及研究意义。

第一节　西方广告与消费文化理论

17世纪以来，欧洲印刷技术的革新和商业经济的发展，为报纸的发展创造了很好的条件。1609年，德国发行了世界上最早的报纸《报道》（*The Weekly Accout*）杂志，1645年1月15日，该报第一次在广告专栏的标题中使用“若干广告（Several Advertisements）的用语”④。“第一份真正的英文报纸在《伦敦公报》第六十二期，预告于一六六六年六月发行特别广告增刊。”⑤ 17世纪的英格兰，政府对新闻业实行严格的检查制度，各类小报设法避免检查，并通过刊登广告寻求生存之道。“广告业

① 通常意义的近代是指1840年以后，但是新闻史研究所指的近代是从报刊的性质来界定的。本书所研究的近代报刊，以1827年《广州记录报》的创办为起点，它是中国内地最早创办的新式报纸，内容、形式都不同于古代的邸报，在新闻史研究上，媒介与社会发展并不完全同步。

② 后现代主义理论一般将消费文化与消费社会联系起来进行研究，并在某种程度上将消费文化视为消费主义文化。然而，消费文化既是一个经济范畴，也是一个历史范畴。英国学者丹·史莱特（Don Slater）认为，消费文化也不纯粹是西方的活动，消费文化约莫于18世纪始兴于西方（Don Slater著，林佑圣等译：《消费文化与现代性》，台湾弘智文化事业有限公司2003年版，第2页），在历史研究中，消费文化则与人类活动联系在一起，其起源可以追溯到远古时期。感谢程曼丽教授对本书所研究的消费文化概念提出的疑虑。

③ 蒋建国：《广州消费文化与社会变迁（1800—1911）》，广东人民出版社2006年版，第1页。该书主要从宏观的层面研究近代广州物质、精神消费文化的演变过程。本书则从较为微观的层面研究具体的广告史料，将广告视为都市消费文化发展的历史见证，因而可视为研究近代广州都市文化的延伸。

④ ［日］清水公一著，胡晓云等译：《广告理论与战略》，北京大学出版社2005年版，第25～26页。

⑤ ［美］埃德温·埃默里，迈克尔·埃默里著，苏金琥等译：《美国新闻史——报业与政治、经济和社会潮流的关系》，新华出版社1982年版，第53页。

兴起，成为报纸的一个财源，报界遭遇的极端困难因此而得以解决。”① 在 18 世纪，报纸对于广告的依赖更为明显。1728 年，伦敦出版了《广告日报》，“类似《广告日报》的报纸至少用 3/4 的版面来打广告，读者和广告人的地位都得以提高”②。各类报纸将广告视为赢利的重要手段，并以此降低发行成本和销售价格，18 世纪中晚期，西方报刊普遍重视刊登广告，正如英国《晨邮报》的老板斯图亚特（Daniel Stuart）所言：“广告不仅增加财政收入，又可吸引读者，增进发行。而发行增加，又可吸引更多广告，所以，广告在报业经营中具有双重作用。”③

促使报刊广告发展的最主要原因是商业的繁荣。几乎所有早期的西方报纸都是在商业中心创办的，许多早期的报纸都以“广告报”命名，说明商业信息在早期的报纸新闻传播中占有重要地位。广告可以快速传递商品信息，帮助广告主实现商品营销的目的。报刊广告扩大了消费者的信息搜寻范围，降低了“信息成本”，在形塑消费者购物动机上扮演着重要角色。同时，报刊广告为商品的层次性作出了注解，在某种意义上讲，“人们利用广告按照自己的意愿建立社会联系……正如消费者可以利用广告了解各种不同商品的意义，一种商品在多大程度上是‘地位’商品或‘奢侈’商品，从而判定它是否适于作为礼品馈赠他人。广告也可以利用普遍通过馈赠礼品以加强社会关系的做法乘机推销商品”④。报刊广告还建构社会关系，赋予商品以特殊的文化意蕴，诚如杰克逊·李尔斯（Jackson Lears）所言：“广告不仅可以激励人们去购物，也是某种幸福生活的象征，同时还可以推销某种生活方式，广告关注民众个体的幻想，对现存的经济政治结构能够起到宣扬或者颠覆作用。”⑤ 在 17 至 18 世纪，报纸广告不断在商品销售中发挥重要作用，还不断促使人们把消费作为一种生活方式，创造出消费文化。

19 世纪 30 年代后，欧美发达国家相继进入“廉价报”发展阶段，“低价发行”实现了“文化下移”，使受众数量快速增长。大量的广告版面使受众得到许多“廉价”的商品信息，而广告也成为报纸利润的基本生长点。大量的报纸广告成为消费文化大众化的媒介力量。19 世纪末到 20 世纪初，西方第二次工业革命极大地扩大了商品生产的规模，商品种类日益丰富，商品在城市和流动社会中的意义更为明显。珀皮（Daniel Pope）认为，现代广告的滥觞，正是 19 世纪末期广告的功能由“告知”转变为“说服”之时⑥。报纸作为最具影响力的传媒，通过广告影响受众的生活。同

---

① ［加］哈罗德·伊尼斯著，何道宽译：《帝国与传播》，中国人民大学出版社 2003 年版，第 163 页。

② ［加］哈罗德·伊尼斯著，何道宽译：《传播的偏向》，中国人民大学出版社 2003 年版，第 127 页。

③ 转引自郑超然、程曼丽、王泰玄著：《外国新闻传播史》，中国人民大学出版社 2000 年版，第 64 页。

④ ［美］米切尔·舒德森著，陈安全译：《广告，艰难的说服》，华夏出版社 2003 年版，第 80 页。

⑤ ［美］杰克逊·李尔斯著，任海龙译：《丰裕的寓言：美国广告文化史》，上海人民出版社 2005 年版，前言第 1 页。

⑥ 转引自杨朝阳著：《广告理论》，台北新文京开发出版有限公司 2002 年版，第 63 页。

时，心理学的研究成果奠定了广告学的理论基础。以瓦尔特·迪尔·斯科特（Walter Dill Scott）1901 年出版的《广告论》为标志，先后形成了情理广告派、芝加哥广告派、USP 学派等广告理论。其中，报纸广告成为早期广告学研究的重要对象。19 世纪末，百货商店成为报纸发展的重要资金来源。报纸广告作为厂商吸引和控制消费者的工具，也是西方消费文化兴起的重要原因和结果。在“生产者文化”向“消费者文化”转移过程中发挥了重大作用。

19 世纪末，消费性产品最重要的广告载体还是报纸。诚如传播学家麦克卢汉所言：“到了 19 世纪末，由于发明了照相凸版制版法，广告业才进入高速发展的时期。于是，广告和图片可以互换……图片使报纸和杂志的发行量大增，报刊发行量大增反过来又提高了广告的质量，使它更有利可图。”① 从 1870 年到 1900 年，美国一般发行类的英文日报从 489 份增长到 1 967 份，所有日报的每日总发行量从 1870 年的 260 万份增长到 1900 年的 1 500 万份……从 1880 年到 1910 年，广告占报纸收入的份额从 50% 增加到 64%②。这一时期，其他主要资本主义国家的报纸广告也迅速发展，报纸广告成为大规模商品消费中最为重要的一环，报纸广告不仅推销商品，而且极大地推动了商品的文化实践过程。就商品消费的本质而言，是其能够满足消费者的需要，而这种需要，是对商品使用价值的“消费”。但是，“历史是富足的历史，而不是（基本）需要的历史”③。在农业文明向工业文明的演进过程中，商品满足消费者基本需要的使用价值作用不断弱化。“物品的生产和消费不是因为它们满足了某些‘固定’的需要，而是因为它们是‘头脑的需要’．满足我们的虚荣心。”④ 消费者之间的地位竞争以及对时尚的渴求，使商品在满足使用的同时，打下了深刻的文化烙印，具有丰富的社会意义。诚如凡勃伦在“炫耀性消费”理论中所强调的那样，人们为了进行社会地位竞赛，使消费品的效用在使用价值之外，“有了作为相对支付能力的证明和派生效用。消费品的这种间接的或者派生的用途，使消费行为有了荣誉性，从而使最能适应这个消费的竞赛目的的物品也有了荣誉性”⑤。消费者在购买消费品方面的荣誉竞赛，使物品所体现的社会意义不断强化，它在不同的所有者之间充当着社会身份区隔的作用。人们为了提高消费档次，对商品的时尚性非常重视。那些能够给消费者带来荣誉和地位的商品，不管其使用价值如何，只要能够满足消费者的声望和虚荣，

① ［加］马歇尔·麦克卢汉著，何道宽译：《理解媒介——论人的延伸》，商务印书馆 2001 年版，第 286 页。

② 转引自［美］约瑟夫·塔洛著，洪兵译：《分割美国——广告主与新媒介世界》，华夏出版社 2003 年版，第 19 页。

③ ［英］克里斯托弗·贝里著，江红译：《奢侈的概念：概念及历史的探究》，上海人民出版社 2005 年版，第 181 页。

④ ［英］克里斯托弗·贝里著，江红译：《奢侈的概念：概念及历史的探究》，上海人民出版社 2005 年版，第 121 页。

⑤ ［美］凡勃伦著，蔡百受译：《有闲阶级论》，商务印书馆 2002 年版，第 113 页。

就可以大大超过其本身的使用价值，成为奢侈性消费追逐的对象。广告为了“引人注目”，不断为新型的消费者提供“创造性需求”，消费者对时尚的崇拜，带有宗教般的虔诚，他们通过广告了解商品的优越性，并从购买行为中找到满足和快乐，这就使商品的符号意义进一步凸显。它不仅体现社会关系，还传播社会文化，人与物品的关系在商业社会发生了巨大的变化。

在商业社会，广告作为社会文化的重要组成部分，除了呈现商品的使用价值外，还通过商品符号展现了消费的文化意义。商品的交换价值，由于商品流动而显得格外重要。而消费者价值观的变化，对商品的价格产生重要影响。在商品流动过程中，时尚使商品具有非同寻常的符号价值。它通过对商品编码，赋予商品特有的“社会生命”，使商品通过一系列的编码和解码，展现丰富而生动的社会意义。广告作为商品符号的制造者和散播者，“通过一种同谋关系，一种与信息但更主要是与媒介自身及其编码规则相适应的存在，即时的勾结关系，透过每一个消费者而瞄准了所有其他消费者，又透过其他消费者瞄准了每一个消费者……它参照的并非某些真实的物品，某个真实的世界或某个参照物，而让一个符号参照另外一个符号，一件物品参照另外一件物品，一个消费者参照另外一个消费者”①。在不断的“参照”过程中，广告成为形塑和传播商品符号最为重要的媒介。

在广告文化传播过程中，商品从现实世界进入到影像世界。许多广告关于商品的介绍和推销，都带有标志性的符号意义。“广告最能说明内容的呈现影响意义以及感染观众的方式，将产品置于一种特殊的象征语境下，构成许多广告基础的基本技巧，这种特殊象征语境赋予自身没有意义的产品以意义。”② 在广告符号作用下，商品的使用价值被符号价值所遮蔽，由于广告推销，商品发生了“意义转移”，广告的目的，“就是使消费品变成代表某种文化含义的符号象征，或是让消费者在消费品和某种文化意义之间取得某种习惯性联想，以至一见到某种在广告上出现过的产品，就联想到它所代表的文化意义”③。

广告在形塑消费者购物动机上扮演着重要的角色，也是消费者获取商品知识或者改变生活信念所必须依赖的大众媒介。广告在操纵商品的同时，也通过象征性符号进一步影响消费者。消费者在不断吸收广告所传播的产品理念和价值观念后，在消费社会化的进程中，影响消费族群的消费观，进而创造出消费文化，克里斯托弗·拉希（Christopher Lasch）指出：“广告制造自己的产品：永不满足，焦躁不安，充满渴望而又感到厌烦的消费者。广告宣传产品的功能，不如它促使人们把消费作为一种生活方式的作用

① ［法］鲍德里亚著，刘成福、全志刚译：《消费社会》，南京大学出版社 2001 年版，第 134 ~ 135 页。
② ［美］黛安娜·克兰著，赵国新译：《文化生产：媒体与都市艺术》，译林出版社 2001 年版，第 16 页。
③ 王宁：《消费社会学》，社会科学文献出版社 2001 年版，第 155 页。

大。”① 广告的最大功效是改变消费者的行为，进而控制消费者的生活方式。

在商品世界里，广告充当了买卖双方的中介，它并不仅仅是充当说客，还营造着一种新的文化。“广告既是共同象征文化构筑的组成部分，又是共同象征文化的反映。”② 在广告的象征语境下，消费者和商品进一步风格化。苏特·杰哈利（Sut Jhally）认为：“资本主义‘挖空’了产品的真实意义，与此同时，广告就把自己的意义灌注进去，填满那些空壳。”③ 消费者通过阅读广告，得到的是经过符号编码的商品信息，并赋予了新的符号意义。“广告在意识形态上的真正的作用，并不是创造需求来影响市场占有率，更不是消解意识形态——它的作用在于给我们提供意义。”广告给商品重新编码，导致了意义输入上的主观性。“意义上的重组，使商品原有的‘自然’使用价值消失了，从而使商品变成了索绪尔意义上的记号，其意义可以任意地由它在能指的自我参考系统中的位置来确定。”④ 在广告社会里，商品的消费不断超越使用价值，而主要表现为符号消费。

在商品消费过程中，消费者为了显示身份、地位和阶层差异，对商品符号的标志性意义尤为看重。“为了要与众不同，消费者需要购买能够表现他自己或她自己记号的商品或者个性有关的商品——能够代表他们在社会中的为人或表示理想中的自我。”⑤ 为了显示身份，消费者之间展开金钱竞赛，不断创造出虚假的社会需要，为广告商和生产商生产出新的消费符号提供编码基础。在以符号为主的逻辑演绎过程中，“符号价值的逻辑代表了资本主义通过强加一种与商品的大规模生产之需求相适应的文化秩序的最终胜利”⑥。商品符号被无止境地大量伪造，消费者陷于虚构的符号世界里，用金钱文化维持着无法满足的虚假需要。

广告在很大程度上颠覆了消费传统、道德伦理乃至社会制度，使消费话语从原初意义上对需要的满足变成了无法满足的消费神话。面对光怪陆离的广告，“那种建立在真伪基础之上的意义和诠释的传统逻辑遭到了彻底颠覆，而那种和物质财富生产一样被工业化了的言语的生产，也就是神话（或范例），找到了现世事件”⑦。然而，广告符号提供的是真伪不分的混沌逻辑，为消费主义文化大行其道提供了广阔的空间。

在广告符号创造的商品世界里，消费成为当代社会的核心话语，消费从客体变成主体，消费作为生活的神话，导向着消费者的人生。广告符号充斥了生活空间，“既

---

① Christopher Lasch. *The Culture of Narcissism*, New York: w. w. Norton, 1978, p. 72.

② ［美］米切尔·舒德森著，陈安全译：《广告，艰难的说服》，华夏出版社2003年版，第125页。

③ ［美］苏特·杰哈利著，马姗姗译：《广告符码》，中国人民大学出版社2004年版，第219页。

④ ［英］迈克·费瑟斯通著，刘精明译：《消费文化与后现代主义》，译林出版社2000年版，第124页。

⑤ ［英］弗兰克·莫特著，余宁平译：《消费文化——20世纪后期英国男性气质和社会空间》，南京大学出版社2001年版，第118～119页。

⑥ ［英］西莉亚·卢瑞著，张萍译：《消费文化》，南京大学出版社2003年版，第66页。

⑦ ［法］鲍德里亚著，刘成福、全志刚译：《消费社会》，南京大学出版社2001年版，第139页。

不让人去理解，也不让人去学习，而是让人去希望，在此意义上，它是一种预言性话语，它所说的并不代表先天的真相（物品使用价值的真相），它表明的预言性符号所代表的现实推动人们在日后的加以证实”①。广告符号使消费者陷于虚幻之中，商品为消费者提供了鸦片般的迷幻，为了得到商品所带来的梦幻般的享受，消费由手段变成了人生目的，由需要变成迫切的日常行为，由理性控制变为非理性纵欲。

广告符号所取得的神奇地位，对消费主义文化的扩张提供了极大的便利。广告作为一种文化工业，创造了大众文化的需求，“我买故我在”，广告符号给购物以新的定义，在广告符号的渲染下，消费者的购物活动，逐步失去了物质意义，而演变为一种文化仪式或文化事件。消费主义文化成为控制消费生活，进而控制生产和社会文化的主流文化，主导着现代西方文化的发展方向。

在庸俗而泛滥的消费过程中，消费主义文化所倡导的消费至上的价值观，消解了人文精神。广告符号与商品符号在共谋的过程中，过多地强调时尚、虚荣和差异，导致了感性消费的虚假繁荣，使消费者在受到强烈的视觉冲击之后，极大地提高了感性上的需求和欲望。但是，在到处充满诱惑的广告符号旋涡中，消费者找不到正确的“上岸”途径，在迷宫般的商品诱惑中，消费者对周围的“事件”和生态环境置之不理，消费者醉心于广告符号构筑的镜像世界，广告不仅具备商业推销的功能，在疯狂的市场占领过程中，“很可能存在一种政治现实甚至医疗卫生的核心。广告人的修辞使公众进入醉眼朦胧、痴迷快乐的境地”②。然而广告符号提供的是一种肤浅、平面、单向、庸俗的消费文化，它在不遗余力地推销享乐主义、功利主义，使受众在得到广告文化和享受消费主义生活方式的染识后，被部落化和类型化，压缩在一个狭小的精神空间里，失去了应有的对话和交流的机会。以广告符号构筑的传播场域，形成强大的控制力，通过金钱文化，不断控制媒介、厂商和市场，进而影响政治、经济、文化，并以一种强势的权力话语制约消费者，广告成为消费社会的霸权主义者，它所导演的消费主义文化，使大众文化同质化、表面化、碎片化，它以商品笼络的方式，使受众成为消费社会的俘虏，遭受消费主义文化的霸权统治。

广告符号的泛滥，使消费的空间和时间被殖民化。在符号崇拜的过程中，消费社会在建构着新的广告宗教。在消费社会里，“市场机能与消费取代了传统文化的功能”③。消费主义文化取得了主导地位。然而，“在意义的社会性生产与私人占有方式之间，有一种不健康的紧张矛盾”。同时，“价值的运动侵袭了人类需要的物质和符号两个过程，破坏了上层建筑与基础相分离的观念”④。符号生产、消费与社会机制

① ［法］鲍德里亚著，刘成福、全志刚译：《消费社会》，南京大学出版社2001年版，第138页。

② ［加］埃里克·麦克卢汉、弗兰克·麦克卢汉著，何道宽译：《麦克卢汉精粹》，南京大学出版社2001年版，第34页。

③ 苏特·杰哈利著，马姗姗译：《广告符码》，中国人民大学出版社2004年版，第218页。

④ 苏特·杰哈利著，马姗姗译：《广告符码》，中国人民大学出版社2004年版，第219页。

不可调和的矛盾，加深了消费主义文化危机。这种新的文化脱节，表现为消费主义摧毁了传统的道德伦理，而在消费符号化过程中，广告作为没有终极意义的宗教，“缺乏作为聚合社会力量的道德因素”。势必导致消费社会的“历史性文化危机”。这种消费主义文化，在广告符号的强势语境下，“将作为关系到社会存亡的最重大分歧长期存在下去”①。

总体上看，西方学术界对于广告与消费文化理论的研究，明显受到后现代主义文化思潮的影响，将广告视为西方现代化进程中的重要社会现象，分析其在建构社会关系、形成消费文化等方面的作用，揭示广告崇拜对于社会文化的多重负面影响。但对报纸广告在建构消费文化方面的具体研究，相关成果尚不多见。由于西方广告与消费文化理论主要着眼于现代社会的分析，在运用相关理论研究近代中国报刊广告时，要注意其理论的时代背景并加以认真鉴别。

第二节　中国近代报刊广告史研究述评

早在先秦时期，我国便有广告活动存在。广告是古代社会商业信息传播的重要载体，也是反映古代社会变迁和文化发展的重要内容。但是，我国广告史的研究起步较晚，直到清末，江苏无锡人裘可桴写了一篇《广告文考》，这是我国最早研究广告史的专篇论文②。1918 年，我国成立了最早的新闻研究团体——“北京大学新闻学研究会”，将广告作为新闻学研究和教学的一大组成部分，并于1919 年出版了徐宝璜所著的《新闻学》一书，其中对“新闻纸之广告”作了专章论述。1926 年，新闻史学家戈公振在《中国报学史》一书中，也对广告作了专节论述，并指出：“广告为商业发展之史乘，亦即文化进步之记录。”这一观念，对于后来的广告史研究，产生了重要影响。该书在第六章第三节专门介绍了报刊广告的现状，利用统计分析的方法研究了当时代表性报刊的广告版面、定价、分类、章程等。1938 年，赵君豪在其出版的《中国近代之报业》一书中，用一章的篇幅介绍“广告之进步”，认为广告除了“推广分销、增加顾客”外，主要有以下几个方面的功效，即①引起需要也；②商品保证也；③划一货质也；④预防竞争也；⑤变革习惯也；⑥保持顾客也。③ 此外，一些地方新闻史著作也论及报刊广告经营，如项士元在1930 年出版的《浙江新闻史》一书中，在第五章专门论及广告营销情况④。1948 年，如来生撰写的《中国广告事业

① ［美］丹尼尔·贝尔著，赵一凡译：《资本主义文化矛盾》，三联书店 1989 年版，第 138 页。
② 裘可桴：《可桴文存》，转引自刘家林：《新编中外广告通史》，暨南大学出版社 2000 年版，第 2 页。
③ 赵君豪：《中国近代之报业》，上海申报馆 1938 年版，第 212 ~ 213 页。
④ 项士元：《浙江新闻史》，之江日报社 1930 年版。

史》（上海新文化社 1948 年版）则是中国第一本广告史专著。

在 1949 年之后相当长一段时期，广告史研究处于沉寂的状态。改革开放后，广告史研究引起一些新闻史学者的注意。1981 年，方汉奇在《中国近代报刊史》一书中，对近代报纸商业广告作了分析，并指出："资本主义的商业广告，在报刊的版面占越来越大的比重。通过广告，加强了帝国主义企业对这些报纸的影响和控制，加深了它们之间的联系，使这些报纸的宣传更加维护那些企业的现实利益，更好地为它们鼓吹，充当它们的喉舌。"① 之后，广告史研究引起了一些学者的注意，如樊志育的《中外广告史》（台北三民书局 1989 年版）、陈培爱的《中外广告史》（中国物价出版社 1997 年版）、刘家林的《新编中外广告通史》（暨南大学出版社 2000 年版）、赵琛的《中国广告史》（高等教育出版社 2001 年版）、许俊基的《中国广告史》（中国传媒大学出版社 2006 年版）、杨海军的《中外广告史》（武汉大学出版社 2006 年版）等，这些广告史著作都对中国古代广告发展的基本脉络、近代报刊广告的基本状况、一些重要报刊的广告形式和内容作了不同程度的介绍。但由于受到教材编写的局限，这些广告史著作在理论阐述方面较为欠缺。王放的《中国报纸广告一百年》一书，对 19 世纪末以后报纸广告的发展脉络进行了梳理，分析了报纸广告的表现手法、经营特色，以及分类广告与都市生活的关系等②。但是对于鸦片战争后到 19 世纪末期，中国报刊广告的发展状况则语焉不详。林升栋的《中国近现代经典广告创意评析——〈申报〉七十七年》一书，运用营销学、广告学理论对 1872 年以来的广告个案进行了创意分析③。徐载平等人编著的《清末四十年〈申报〉史料》对清末《申报》的广告史料进行了爬疏，但尚未进行深入研究④。秦其文采用近代报刊广告史料对企业广告进行了综合研究，认为企业广告，尤其是近代工商企业广告是报纸广告经营的重要对象，它收益高，手续简便，是报社聚财敛资的主要渠道⑤。但对近代报刊广告与消费文化的综合研究，目前尚没有相关的专著问世。

近年来，一些广告史研究的专题论文，涉及近代报刊史的诸多领域。如刘家林在《中国近代早期报刊广告源流考》一文中，考察了我国近代最早出现的报纸杂志广告，以及"广告"一词的起源⑥。朱英在《近代中国广告的产生发展及影响》一文中指出，近代中国广告的产生，是新式商业经营方式演变出新的产物，与众多报纸杂志以及其他各种新兴传播媒体的出现相辅相成，也与西方商业文化在中国的广泛传播紧密相关。广告的产生与兴盛对中国工商业的发展起了积极的促进作用（见图

---

① 方汉奇：《中国近代报刊史》，山西人民出版社 1981 年版，第 57 ~ 58 页。

② 王放：《中国报纸广告一百年》，广州出版社 1998 年版。

③ 林升栋：《中国近现代经典广告创意评析——〈申报〉七十七年》，东南大学出版社 2005 年版。

④ 徐载平等编著：《清末四十年〈申报〉史料》，新华出版社 1988 年版。

⑤ 秦其文：《近代中国企业的广告促销研究》，南开大学博士论文，2005 年。

⑥ 刘家林：《中国近代早期报刊广告源流考》，《新闻大学》，1999 年第 2 期，第 57 ~ 58 页。

1-1)。作者认为，目前尚未见集中探讨近代中国广告业的专著和专文①。但是，该文对于近代中国广告的介绍，使用的报刊广告史料并不全面，尤其是一手史料较为欠缺，报刊广告研究的作用和地位也没有得到充分论证。

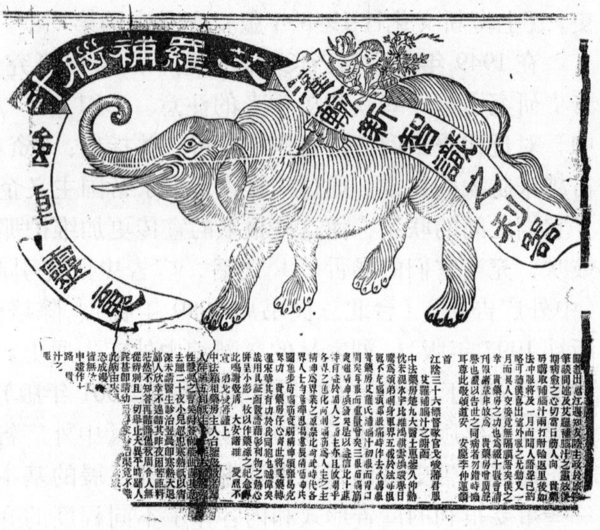

图1-1　充满想象的广告（《安雅报》，1912年6月25日）

相对而言，一些学者针对近代某一家报纸广告的专题研究，史料比较充实，论述角度也较为新颖。如对《申报》广告的研究，相关论文达数十篇之多。陈昱林认为，《申报》广告的诉求对象多层次化、内容多元化，涉及政治、经济、文化、社会各个领域，这些广告敏锐地体现着当时特定历史文化背景中上海人的社会文化心理。它们所传播的信息，所宣传的观念，推动着当时社会的剧变，对近代上海中西文化的交流、社会风气的形成，曾经发挥过不可小视的作用。……《申报》广告中体现出的“消费异化”这一社会问题主要表现在：崇洋风气的弥漫、社会消费的早熟化与恶习型消费②。文娟以近代《申报》刊登的小说广告为线索，着重论述了近代书局对小说的促销③。许纪霖、王儒年将近代《申报》广告视为都市大众文化的重要组成部分，并赋予消费多种功能和价值④。张晨阳则对19世纪30年代初期的《申报》女性广告进行集中分析，认为女性广告文化参与了上海都会文化和城市气质的构建，体现了当时现代性转型的上海大众消费的日常审美意识⑤。王省民通过《申报》香烟广告探讨了此类广告的中西文化融合趋向以及社会生活的开放⑥。陈彤旭以《申报》广告为

① 参见朱英：《近代中国广告的产生发展及其影响》，载《近代史研究》，2000年第4期，第87页。

② 陈昱林：《申报广告视野中的晚清上海社会》，苏州大学硕士论文，2005年。

③ 文娟：《近代书局对小说书籍的促销——以〈申报〉小说广告为例》，载《中文自学指导》，2005年第6期，第41~45页。

④ 许纪霖、王儒年：《近代上海消费注意意识形态之建构——20世纪20至30年代〈申报〉广告研究》，载《学术月刊》，2005年第4期，第82~90页。

⑤ 张晨阳：《〈申报〉女性广告：女性形象、现代性想象以及消费本质》，载《妇女研究论丛》，2005年第3期，第58~64页。

⑥ 王省民：《从〈申报〉香烟广告看中西文化的融合》，载《东南文化》，2006年第3期，第67~70页。

例，探究了20世纪30年代上海社会生活的多元价值观①。刘丽娟以《申报》为例，探讨了近代中国报纸广告所发挥的政治功效，通过广告可以表达立场或陈述政论，可以使用联络手段或动员方式间接地为政治服务，广告中的民族主义内容客观上助长了民众的爱国热情②。可见，《申报》广告成为研究近代社会史的重要对象。除《申报》之外，近代上海其他报刊广告的研究，近年来也引起了一些研究者的注意。如《上海新报》是上海最早出版的中文报纸，长期没有受到应有的重视。赵楠通过研究《上海新报》的广告，指出一些广告在介绍西方生活用品、生活习惯等物质文明和精神文明方面，给当时上海城市生活带来了广泛的影响③。19世纪末，一些内地城市如汉口、福州、长沙等地的报刊都大量刊登广告，如许清茂对1898年的《湘报》广告进行了详细考证，认为办报人注意把握报刊广告的运作规律，充分发挥广告宣传作用，为维新变法服务④。

近代报刊广告史的综合研究也引起了一些研究者的注意。尤其是天津、上海等通商城市，报刊广告业较为发达，对社会发展产生了深刻影响。孙丽莹综合运用了1886年至1911年天津出版的《时报》、《直报》、《大公报》等报刊史料，综合研究了报纸广告与近代天津社会变迁⑤。王笛在《街头文化》一书中，利用清末民初的《通俗画报》和《国民公报》中的广告，对成都下层民众的日常生活进行了深入研究，以展示街道的公共空间和大众文化⑥。美国学者葛凯（Karl Gerth）研究了清末民初大量的国货广告，认为国货广告揭示了国货运动的发展历程，对中国民族主义和民族消费文化的构建起着非常重要作用⑦。戴柏俊利用了报刊史料对清末天津的广告业进行了全面的分析⑧。亦鸣论述了近代上海广告业尤其是报刊广告的表现形式及其特色⑨。这些论著运用了大量第一手资料，注意论述报刊广告与社会变迁的关系，对社会史研究有一定的借鉴意义。

上述报刊广告史的研究者大多来自历史学界，他们比较注意史料的归纳和阐述，对广告传播的基本规律所论甚少，广告传播理论也较少涉及，尤其是广告传播与消费

---

① 陈彤旭：《论30年代上海报纸广告的多元价值观》，载《中国青年政治学院学报》，2002年第2期，第135～138页。

② 刘丽娟：《简论近代中国报纸广告的政治功效——以〈申报〉广告为例》，《福建论坛》，2007年第10期，第129～132页。

③ 赵楠：《十九世纪中叶上海城市生活——以〈上海新报〉为例》，载《史林》，2004年第1期，第34页。

④ 许清茂：《〈湘报〉广告考辨》，载《新闻与传播研究》，2003年第4期，第56～60页。

⑤ 孙丽莹：《报纸广告与近代天津社会（1886—1911）》，南开大学硕士论文，2003年。

⑥ 王笛著，李德英等译：《街头文化——成都的公共空间、下层民众与地方政治，1870—1930》，中国人民大学出版社2006年版。

⑦ ［美］葛凯著，黄震萍译：《制造中国：消费文化与民族国家的创建》，北京大学出版社2007年版。

⑧ 戴柏俊：《清末天津的广告业》，载《天津史志》，1994年第4期。

⑨ 亦鸣：《近代上海广告文化》，载《上海大学学报》，1992年第2期。

文化之间的论述，尚未见到专题论文。而在新闻传播史研究中，近代报刊广告史研究相对薄弱，相关论著较为少见。尤其对广告传播与消费文化之间的关系，即广告如何进行商品推销并建构消费文化的探讨较为缺乏。其原因可能有以下几点：一是近代报刊广告涉及面较广，进行综合研究难度较大。二是许多近代报刊广告资料极为分散，许多报刊已经失传，一些报刊也只能见到零散部分，难以进行专题研究。三是对报刊广告史的研究存在一些偏见。一些研究者认为，报刊广告史研究价值不大，仅从广告内容进行研究，难以挖掘深层的史料价值。广告仅仅是报刊的陪衬，缺乏新闻价值，广告史与消费文化史、社会史研究似乎缺乏有机联系。特别是近年来西方新闻传播理论大行其道，对于不起眼的近代报刊广告史，关注者寥寥，这在很大程度上降低了这一领域研究的兴奋点和学术价值。

近代报刊广告文化作为社会文化的重要组成部分，在告知商品信息，营造商业环境，提高经营效率，推进消费社会化等方面有着明显的效果。在近代社会，信息传播途径较为有限，报刊广告是极为重要的大众媒介，其内容之丰富，手段之多样，范围之广泛，与招牌广告、传单广告等传统广告形态相比，有着许多优势。同时，报刊广告受制度约束的程度相对较低，比较全面地展现了都市经济的本来面目，再现了当时民众日常消费的历史进程。因此，研究近代报刊广告，离不开受众对象的分析，更离不开消费文化的分析。然而，这方面的研究成果却非常少见。显然，深入研究报刊广告与消费文化发展之间的关系，无疑是一个极为重要且不可回避的问题。

第三节　研究思路、研究方法与主要观点

报刊广告是商业经济发展的产物，而消费是商业经济发展的根本动力，消费文化是商业文化和社会文化的重要内容，广告文化与消费文化之间存在着密切联系。因此，报刊广告应成为研究消费文化的重要载体，也是传播史和文化史理论应关注的重要对象。随着报纸在近代都市的发展，广告开始充斥着民众活动的各种公共空间。在近代都市生活中，报刊广告不仅提供了商业信息，它还以多元的方式，影响和改变消费潮流，与都市文明的步调彼此呼应，相互衬托。里温（Lyon）认为："广告是对抗传统经济的最大力量，也是对抗宗教徒消费的唯一力量。"① 在近代中国，广告虽然没有像西方工业革命时代那样具有颠覆性力量，但它作为一种经济和文化现象，对一些通商口岸城市的巨大影响，的确不容忽视。

近代中国报刊主要集中在商业发达的上海、广州、天津等少数通商口岸，报刊广告对于偏远农村地区的影响仍然十分有限。从受众的分布看，城市居民是报纸的主要阅读者和传播者，报刊广告的控制者也以城市商人和资本家为主。各种类型的商业广告，不

① 参见陈坤宏：《消费文化理论》，台北扬智文化事业股份有限公司 1998 年版，第 79 页。

仅联系着城市民众的日常生活，也极大地改变了都市文化传播模式，表征着都市文化的变迁。广告所反映出来的消费现象和文化意蕴，对于分析当时社会面貌，提供了很好的诠释途径。但是，当前对于报刊广告史的研究，多立足于对广告本身的史料解读。以报刊广告为媒介，研究都市消费文化和社会变迁，是一个较为新颖的理论话题。

近代报刊广告的发展线索，与都市文明和社会变迁有着极为紧密的联系。在鸦片战争之前，外国传教士和商人将报纸视为传播宗教和意识形态的工具，其商业价值极为有限。19 世纪 50 年代后，随着上海、香港商贸业的发展，经营外报的西方人对通商口岸的商业利益颇为重视，《香港船头货价纸》（见图 1－2）、《上海新报》（见图 1－3）的头版多为交通、店铺和商品广告，体现了外报传播功能的转变。之后，《万国公报》等外报将洋货广告视为传播西方文明的工具。而 19 世纪 80 年代后，随着国人自办报刊热潮的兴起，报刊广告作为反映近代民族工业化成就的窗口，受到近代工商人士的高度重视。报刊广告以洋货、土货之别而具有民族和国家的分野，洋货消费与西方文化之间有着互动关系，而国货消费则与民族主义和国家主权之间有着意识形态上的关联性，报刊广告由此而具有政治意涵。同时，由于广告涉及日常生活的各类商品和服务，其表现方式也印证了民众生活形态的变化。因此，本书不是从营销学的角度研究广告，而是从传播史、社会史和文化史的视角研究广告与消费之间的关联性。本书拟从以下几个方面展开思考：一是广告与消费的民族性问题，二是广告与消费者身份建构问题，三是广告与生活方式变迁的问题，四是广告与消费的公共空间问题，五是广告与消费时尚问题，六是广告与消费地理问题，尤其是报刊广告与地方文化的互动性问题。要系统解决这些问题显然有许多困难，本书着重以具体的广告内容分析为线索，通过广告的“叙说方式”和“言外之意”探究其文化意义和社会意义。

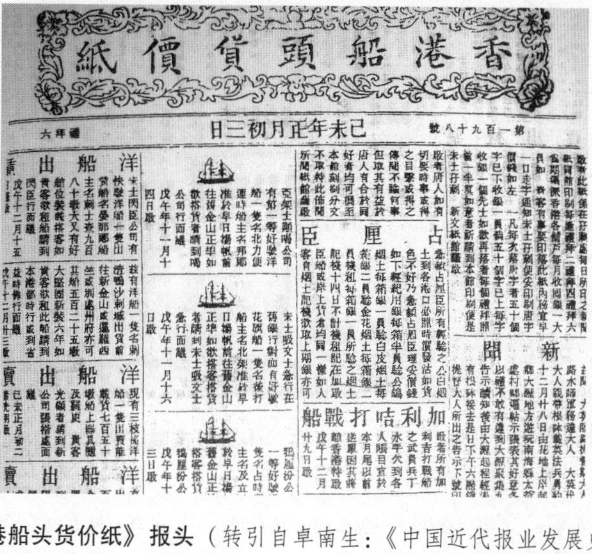
香港船頭貨價紙

第一百九十八號　己未年正月初三日　禮拜六

洋船出賣

新聞

加利咭打戰船

图 1－2　《香港船头货价纸》报头（转引自卓南生：《中国近代报业发展史》附录影印件）

图 1－3　《上海新报》报头（1872 年 9 月 5 日）

近代报刊广告史料极为丰富，但从具体的史料运用过程中，还有一个辨伪的问题，尤其是一些医疗、药品广告，含有大量的虚夸信息，一些虚假广告是否真正引导了消费需求，是值得怀疑的。但是，本书从文本出发研究报刊广告内容，注重的是有关商品和服务向社会渗透的过程，以及受众如何受到“引诱”并创造消费需求的过程。因此，本书是解构广告的文化意义，对于此类大众文化研究而言，“模糊的文字常常提供一些独特的、深层的和意想不到的信息”①。本书固然重视绅商等社会精英在形塑消费文化方面的引导作用，但对大众的日常消费与生活方式更为关注。尽管近代中国社会明显受到传统经济的影响，大众消费社会离普通民众还很遥远。但是，近代报刊广告在逐步塑造一种消费主义氛围，并力图打破小农经济的藩篱而与都市商业文化保持一致性的步伐。广告如何在都市空间扩张，如何建构新的生活方式和商业话语，受众如何在广告影响下进行渐进式消费，如何建立丰富的消费意象，是本书关注的焦点。

自 1757 年一口通商以来，广州一直是中国重要的商业城市，其商业文化的历史积淀颇为浓厚，城市消费文化具有明显的地域特色（见图 1－4）。广州是近代中国新闻传播事业颇为发达的城市，诞生了近代中国境内的第一份英文报纸《广州记录

图 1－4　十三行市集（香港艺术馆藏品）

① 王笛著，李德英等译：《街头文化——成都的公共空间、下层民众与地方政治，1870—1930》，中国人民大学出版社，2006 年版，第 10 页。

报》、第一份中文报纸《东西洋考每月统记传》、第一份中文周报《中外新闻七日录》、第一份石印中文报纸《各国消息》、第一份石印中文日报《述报》。从 1827 年到 1919 年，广州先后出版发行了百余种报刊。广州报刊业的发展历程，呈现首尾繁荣，中间平淡的特点。在鸦片战争前，广州是中国报刊业中心，这与广州的国际地位是相一致的。鸦片战争后到 19 世纪末，广州也出版了多种报刊，但与香港、上海比较，显得势单力薄，广州传媒的影响力相对较弱。但是，这一时期的报刊，在本土化方面，创出了特色，就其对于广州受众的影响而言，远远超出了鸦片战争前的中英文报刊，在印刷技术、新闻报道、广告策划、时政评论等方面，也取得了长足的进步。20 世纪初期，广州报刊业十分发达，反映出广州作为近代中国革命策源地和岭南政治、经济、文化中心的重要地位，广州报业与香港、上海形成鼎足之势。

由于种种原因，近代广州报刊有相当部分已经失传。经过笔者数年的搜寻，找到了 80 余种报刊，其中关于这些报刊广告的研究，目前尚没有相关成果问世。这些珍贵的第一手史料，是本书研究的基础和前提。同时，笔者多年来从事近代广州城市消费文化史研究，积累了大量清代方志、笔记、杂录、账本、家谱等数百种史料，以及数十种有关近代广州的英文文献，为本书历史背景分析特别是商业文化研究，提供了较充实的文献条件。与近代上海新闻传播史所取得的丰硕成果相比较，有关近代广州新闻传播史研究显得较为冷清①。但是，近代广州是一个典型的消费型城市，报刊广告业对整个商业社会的发展起着推波助澜的作用。研究这些多样化的广告，在很大程度上可以揭示当时商业发展的基本面貌，了解城市生活和社会发展的轨迹。这对深入研究近代广州报刊广告史的发展历程，考察近代广州社会消费文化的特色，理解报纸广告在社会变迁中的独特作用，有着十分重要的历史意义和现实价值。

本书将报刊广告史视为社会史的重要组成部分，综合运用新闻传播学、消费经济学、社会学、文化学等多学科方法进行研究，并将报刊广告视为一种产业、一种社会行为模式、一种文化系统，具体分析其刊出形式、营销方式、信息环境等方面的特色，以及广告传播与消费行为之间的关系。将报纸广告作为复杂的文化现象，深入考察近代广州社会转型过程中社会制度、日常生活、社会政策、社会心理、社会习俗、大众传媒等与报刊广告密切相关的因素，全面探究报刊广告文化的发展轨迹和基本特征，揭示广告在形塑和传播消费文化方面的功能和作用。

本书采用整体与局部、宏观考察与个案分析等方法，对报刊广告进行多方位的研究，重点探讨广告传播对都市消费文化发展的影响。因此，本书必须紧密结合近代广州城市发展史进行论述，通过对报刊广告业发展的社会背景分析，探讨近代广州报刊

① 梁群球主编的《广州报业（1827—1990）》（中山大学出版社 1992 年版）一书，对 1827 年以来的广州报刊史做了梳理，但该书对 1919 年前的报刊史研究所论不多，缺乏详细可靠的一手报刊史料，对报刊个案研究尚不够深入。

广告兴起的经济条件和技术条件，总结和归纳报刊广告的基本类型，对具体广告形态进行分类研究，如洋货广告、国货广告、娱乐广告等广告形式的内容与特色，等等。突出报刊广告在特定历史阶段的传播效果，以全新的视角审视报刊广告对民众消费行为和消费方式的深刻影响。同时从消费文化的角度对报刊广告进行综合考察，从而揭示报刊广告在都市消费时空变迁过程中的重要意义。

本书的主要观点有以下六点：

（1）商业经济对报刊广告的发展产生深刻影响。近代广州商品市场的繁荣，使城市消费型经济特色较为明显。早在一口通商期间，广州的招牌广告、传单广告在传播商业信息方面起着重要作用。而最早一批中文报刊的创办，使广州报刊广告脱颖而出，开启了商品信息传播的新时代。鸦片战争后，广州报刊传媒一度滞后，但在19世纪末期到民国初年，随着广州商业的繁荣和各类报刊的大量创办，报刊广告成为主导性的商品推销方式，在形式、内容、表现手段等方面都有极大的改观，报刊广告展现了城市商业文化发展的基本态势。通过对不同时期报刊广告的总体分析，可以看出广告业发展与经济、政治、文化等方面存在着极为密切的联系。报刊广告作为商业文化的载体，反映出商业信息传播的社会化进程。

（2）在近代广州社会，报刊广告随着受众的成长而不断发展，受众是形成和传播消费文化的主体。近代报刊广告传播的主要特色是告知性和劝说性，报刊媒介在传统社会起着大众传播主渠道作用。印刷和传播技术的进步，新兴消费型工业的发展，社会变革思潮的兴起，公共话语表达欲望的增强，使报刊受众的阅读率不断提高。报刊广告利用不断壮大的受众群体，向社会广泛传播商品信息。受众是广告发展的原动力，受众联系着媒介和社会，是广告发展的见证者和推动者。而报刊广告业的发展，不仅为报刊传播的大众化提供了条件，也使受众的活动范围更加广阔，并有力地推动了消费文化的空间扩张。因此，受众发展的历史，与消费文化有着密不可分的关系。

（3）洋货广告推动了消费文化的变革（见图1－5）。近代广州社会转型在某种程度上也是文化转型，文化思潮对消费行为和消费文化产生多方位影响。消费文化与流行文化是同步发展

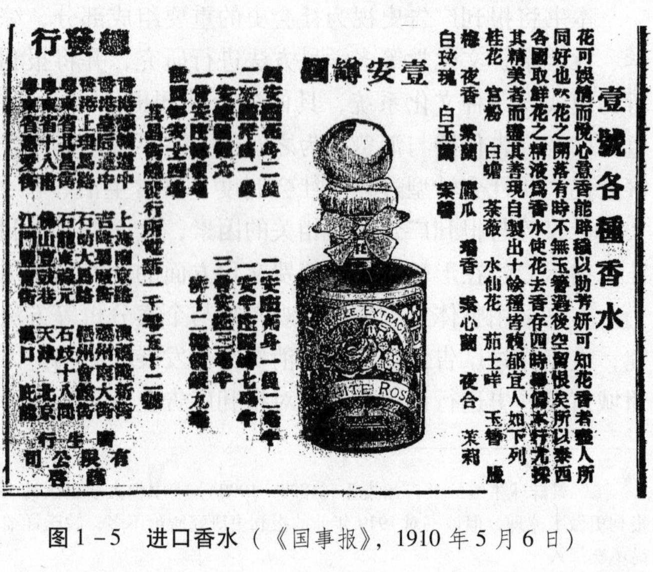

图1－5　进口香水（《国事报》，1910年5月6日）

的，报刊刊登的各类洋货广告，不仅改变了消费者对洋货的态度和购买行为，也向社会传播西方消费文化观，使洋货消费具有丰富的文化内涵和社会意义。洋货广告的传播有着明显的时段性，与商品价格、消费方式和消费观念有着直接的联系。报刊广告传播了洋货文化，日用洋货由于具有广泛的消费前景，成为洋货广告的主流，洋布、西药、洋烟等方面的广告，由于在性能和价格方面的明显优势，在说服受众方面具有较好的传播效果，从而在形成消费时尚，转变消费观念，推动洋货消费大众化方面起着推波助澜的作用。

（4）国货广告促进了消费文化的社会化。近代广州以生产日用消费品为主的消费型工业得到了快速发展，它与民众的日常生活紧密相连。其中，报刊广告作为推介日用商品的重要载体，为民众认识和了解国货，发挥了多方面的传播作用。药品、保健品、烟酒、服饰等日用商品广告，与民众生活息息相关，通过广告推销，在很大程度上节约了厂商的交易成本和信息成本，直接推动了国货消费市场的繁荣，进而极大地改变了民众的生活观念和消费方式，有利于拓宽广告主与消费者之间的沟通渠道。国货广告与国货运动互为一体，尤其是在近代广州社会转型过程中，随着广州工商业的发展，广州本地商品成为国货广告的重要内容，国货广告不仅传播民族消费文化理念，还建构广州本土消费文化模式。国货广告以插图、照片和其他表现方式，丰富广告文化的内涵，并不断地传播着新兴潮流和生活方式，对城市“消费革命”产生了直接的影响（见图1－6）。国货广告还从不同层面上反映了社会转型过程中出现的复杂现象，以及价值观和生活习俗在引导消费过程中发挥的独特功能。同时，国货广告所体现的社会区隔作用也比较明显，对经济发展和民众消费水平进行了全面的诠释，是社会变迁的一个缩影。

（5）店铺和百货公司广告拓展了消费文化的公共空间。各类店铺广告展现了城市商业经济发展的成就，店铺广告通过品牌营销，强化了专业化经营的商业形象。尤其是报刊刊登的店铺“分类”广告，有利于受众节约信息搜寻成本，为消费者提供多样化的选择。一些店铺广告对新式工业品的推销，更是开拓了受众的视野，增强了对工业文明的认识。店铺广告的信息传播，为受众提供了一种生活范式和价值追求，即使广告带有许多虚假

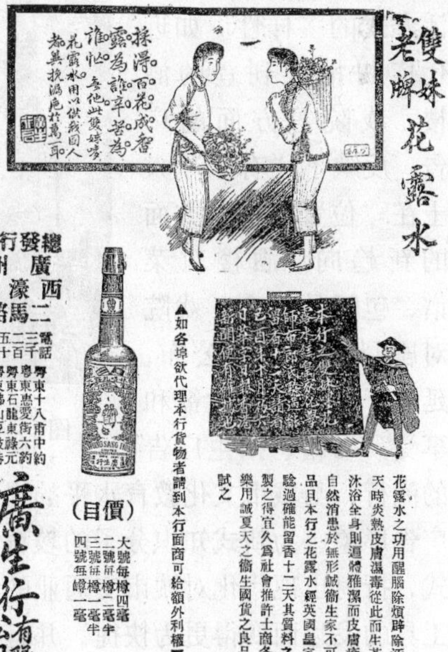

图1－6　国产香水（《国华报》，1919年9月9日）

和夸张的成分，它仍然诱导受众按照广告倡导的“理想生活”，以拥有某些商品来改变消费方式，树立对美好生活的信心。

百货公司广告则传递了西方新兴消费文化的理念，通过百货公司这一大众化的消费空间，新的购物方式逐步在城市社会流行，民众从流行的商业文化中，更直接地感受到外部世界的变化，尤其是西方现代工业所带来的巨大变革。广告对百货公司的赞美，代表了新的消费潮流和生活方式，在开放和自由的消费空间里，新兴的消费秩序开始颠覆传统的权力结构，金钱文化超越政治文化，对沉闷的社会等级制度提出挑战，工业化浪潮所带来的消费革命，在百货公司广告的话语解释中，逐步被普通民众所理解和认同，并通过新型的购物体验，汇聚成巨大的消费潮流，为城市消费文化带来几许清新的空气。

（6）饮食、休闲、文教、交通、博彩等方面的报刊广告表明了消费方式的多元化。通过阅读不同种类和内容的广告，可以折射出消费对象之间的差异性和生活方式的多样性。如近代广州报纸刊登的酒楼、戏院等方面的广告，反映了“有闲”人士在“位置消费”方面的新趋向。酒楼对菜谱、包间的推介，戏院对剧目、票价的公布，延伸了消费者的食欲和享受。书籍、招生广告的流行，与城市文化教育水平的提高和新思潮的兴起密切相关。新式学校和教科书的广告形象，为新式知识分子的教育消费进行了诠释。火车、轮船改变了传统的交通方式，折射出现代化对城市交通业的影响（见图 1－7），而民众的出行方式，随着交通工具的发达而变得更为快捷，并且由奢侈向大众化消费方向发展。报刊广告见证了城市现代化的历程，尤其在清末民初，消费时尚的流行，消费观念的变革，审美情趣的变化，通过日益丰满的广告形象，为城市消费文化提供“历史见证”。而博彩广告的流布，与报刊的“公共精神”极不相称，博彩广告通过具有强烈诱惑力的赌博信息传播，直接导致了异化消费的加剧，对社会产生了诸多负面影响。

图 1－7　粤汉铁路开工典礼（《赏奇画报》，1906 年第 7 期）

总之，本书对近代报刊广告的研究，既重视广告文本的解读，又试图通过解读广告信息，与近代都市社会生活建立密切联系，进而对都市消费者和消费文化进行长期的历史考察。近代广州报刊最初刊登的市场行情，是否产生过商业信息传播的变革；报刊广告业如何进行竞争，并争取消费者的认可；报刊广告怎样渗透到家庭，影响购买行为、动机和“社会参与体验”，又怎样在公共场域大行其道；报刊广告如何与都市消费潮流实现互动；报刊广告如何建构社会身份，形成文化品位，促进消费大众化；广告主、媒体和受众之间怎样进行权益博弈，并形成多元的文化共同体，等等。对于这些问题的探究，需要将广告视为形塑社会文化的重要因素，在都市社会变迁的时空中进行艰苦摸索。

第二章

商贸信息、都市社会与报刊广告

CONSUMER IMAGE AND
METROPOLIS SPACE

"消费文化就是一个社会拥有大量消费商品。"[①] 要研究报刊广告与消费文化之间的关系，必须首先理解商品在城市社会的作用和意义，从商品信息传播过程探究广告兴起的原因，以及广告对都市消费文化发展所产生的影响。

第一节　一口通商：信息传播与国际形象

一、十三行：国际化的信息港

早在秦汉时期，广州就已是南方著名的商业城市，但广州商业经济的鼎盛，始于清代。清代广州商业文化的繁荣始终与其对外贸易联系在一起，"虽寻恒货殖与番商水火无交者，亦因市舶之丰歉为赢缩"[②]。清政府平定"三藩之乱"后，于康熙二十三年（1684 年）设立广州、江苏松江、浙江宁波、福建泉州等对外贸易港口，乾隆二十二年（1757 年）广州成为唯一的通商口岸，之后的八十余年，广州一直是全国进出口商品交易中心和对外开放的窗口，一口通商成就了广州商业的畸形繁荣（见图 2－1）。当时曾有人赋诗云："广州城郭天下雄，岛夷鳞次居其中。香珠银钱堆满市，火布羽缎哆哪绒。碧眼番官占楼住，红毛鬼子经年寓。濠畔街连西角楼，洋货如山纷杂处。"[③]

图 2－1　外国商馆（资料来源：［英］托马斯·阿罗约绘画，李天纲主编：《大清帝国城市印象》，上海古籍出版社 2002 年版，第 199 页）

---

① ［美］米切尔·舒德森著，陈安全译：《广告，艰难的说服》，华夏出版社 2003 年版，引言第 3 页。

② 同治《南海县志》卷五，"建置略二"。

③ （清）印光任、张汝霖：《澳门记略》上卷。

十三行制度，是清代垄断贸易的结果，十三行就是洋货行。法国人伊凡（Yvan）初到广州十三行，描绘了自己的观感：

（商馆）部分采用欧式风格，部分采用中式风格建造。它由两层组成，屋顶形成一块露台，铺着花岗岩，当阳光照射时，就像点缀着钻石。第一层就像个巨大的仓库，堆着大捆的丝绸，一箱箱的茶叶，成罐的麝香，这些都是欧洲社会准备从中国进口的货物。我们的住处在二楼，可以看到河景。我们左边，是庞大的商馆建筑群，飘着欧洲各国的国旗；相反，在珠江左岸，满布中国的庙宇和房屋，以及成百上千的街巷。此情此景就像是一幕神话歌剧场景的再现。①

范端昂描述十三行货物流通情况时说："其出于九郡者曰广货，出于琼州者曰琼货，出于西南诸番者曰洋货，分列十三行中。"② 李调元在《南海竹枝词》中咏道："奇珍大半出西洋，番舶归时亦置装。新出牛郎云光缎，花边钱满十三行。"③ 十三行成为国际化的商贸区，道光年间的文人史善长在《珠江竹枝词》中描写了十三行的异域风情："金碧洋楼耀眼鲜，旗杆猎猎彩云边。隔江人望初灯上，星斗都疑落九天。"④ 十三行当时是中外商品最集中的地方，商业贸易造就了伍秉鉴、潘仕成等拥有千万以上家资的富商巨贾，同时使广州的消费品市场空前繁荣。除了亚洲各国外，西班牙、英国、美国、荷兰、瑞典、法国、丹麦等主要资本主义国家都与广州有贸易往来。从1764年到1833年，英美和其他西方国家对中国的进出口总值从554.587 2万两上升到2 263.624 9万两⑤。外国进入广州的船只吨位，在1730—1830年的一百年间，增加了将近22倍，英国进入广州的船只吨位，则增加近36倍⑥。当时广州口岸，出口商品以丝和茶为大宗，进口商品以毛织品和棉花为大宗。其他商品品种繁多，据《粤海关志》的税则统计，仅粤海关征收的衣服、食物、用物、杂货、船料等类商品多达上千种⑦。特别是一些珍稀洋货，如钟表、人参、毛呢、羽纱、燕窝等，成为皇家、官府和富商进行奢靡消费的追逐对象。如乾隆皇帝对洋货非常感兴趣，在乾隆二十三年（1758年）的一道谕旨中，他要求广州洋行，"买办洋钟表、西洋金珠、奇异陈设或新式器物……皆不可惜费"⑧。

---

① Dr. Yvan. *Inside Canton*, London: Henry Viaetelly, Bough Square, 1858, p. 32.
②（清）范端昂：《粤中见闻》卷二十一。
③（清）李调元：《粤东皇华集》卷三。
④（清）史善长：《味根山房词钞》卷一。
⑤ 参见严中平等编：《中国近代经济史统计资料选辑》，科学出版社1955年版，第4~5页。
⑥ 转引自汪敬虞：《十九世纪西方资本主义对中国的经济侵略》，人民出版社1983年版，第10页。
⑦ 参见（清）梁廷楠总纂：《粤海关志》，广东人民出版社2002年版，第172~197页。
⑧ 中国第一历史档案馆藏：军机处寄信档1552卷，第1册。

一口通商贸易，使广州迅速崛起为世界著名的贸易中心城市。正如瑞典人龙思泰所评论的那样："广州的位置和中国的政策，加上其他各种原因，使这座城市成为数额很大的国内外贸易的舞台……中华帝国与西方各国之间的全部贸易，都以此为中心。中国各地的产品，在这里都可以找到……"① 广州的开放，使世界各地的商人普遍认为："在广州做生意比在世界上任何其他地方都更方便和容易。"② 广州贸易体系对西方人具有强烈的吸引力，以十三行地带的外国人为例，1839 年，常住在夷馆区的外国人约有 300 人③，这是鸦片战争前广州外商的数量。其实，在一口通商期间，大量外国侨民长期居住在澳门，平时则往来于粤澳之间，侨民在广州的衣食住行对广州人的消费习惯和消费方式产生了一定影响。

在这个国际化都会里，贸易是联结中西商人的纽带，贸易也促使广州城市功能的转变。民国《番禺末业志》云："各省货物必先运来广州，再运去外国，外国货物亦先运道广州，乃运进各省。举国内外，咸以广州为独一口岸。故豪商大贾、珍物奇货皆于斯焉。"④ 从 1757 年至 1840 年，广州作为国际贸易中心的地位，不仅体现在中西方商品的流通，还凸显了它作为国际化媒介都市的地位。"作为媒介的城市，具有沟通私人领域和公共领域的基本功能。"⑤ 在"阅读"作为文本的城市空间，建筑物在向人发出信息。空间是由于经验而产生关联的场所，而解读城市的受众对日常生活和公共领域的探究成为媒介信息的重要来源。中国近代报刊最早出现在广州，与其国际贸易而带来的功能转变有着直接联系。贸易的发展推动了社会流动性的加剧，尤其是大量中西方商人汇集于此，极大地提高了信息传播的重要性和必要性。交流是实现商贸交易的基本前提，而传播产生于交流的需要，为了降低交易成本和生活成本，寻求一种中西方商人都易于理解和传播的媒介，成为这座国际化都市媒介延伸的一项重要任务。

二、广州英语：文化融合与国际交流

贸易范围的扩大，对于跨文化传播产生深刻的影响。中西商人在业务经营和日常交往过程中，需要解决语言上的沟通问题。诚如英国社会学家霍尔所言："语言是一

① ［瑞典］龙思泰著，吴义雄等译：《早期澳门史》，东方出版社 1997 年版，第 301 页。

② ［英］格林堡著，康成译：《鸦片战争前中英通商史》，商务印书馆 1961 年版，第 55 页。

③ Samuel Wells Williams. *Recollections of China prior to 1840*, *Journal of North – China of the Royal Asiatic Society*, New Series No. VIII, Shanghai, 1874, p. 11.

④ 民国《番禺末业志》卷四，工商业第四。

⑤ 城市作为媒介的理论，见［日］佐藤卓己著，诸葛蔚东译：《现代传媒史》，北京大学出版社 2004 年版，第 24 页。法国传播学家让·诺埃尔·让纳内认为，媒介的历史包含了一个广阔的研究领域，其任务是研究在时代进程中，一个社会如何对自身及其他社会加以表现，以及所有涉及这一研究领域的人们是如何努力使这幅画面按照自己的意图而改变的。见［法］让·诺埃尔·让纳内著，段慧敏译：《西方媒介史》，广西师范大学出版社 2005 年版，第 1 页。

种文化中表达思想、观念和情感的‘媒介’之一，因此，经由语言的表征对意义的生产过程至关重要。”[①]一些行商使用“广州英语”[②]与各国商人进行交流，这种语言“巧妙地运用了听惯的外国音调，成功地弥补他自己语言的不足，并按照他的单音节的表达方式，同时使用最简单的中国话来表达他们的意思”[③]。这种“广州英语”发展成为中西商人极为重要的交际媒介，19世纪初期，在广州商馆附近还出售一本《鬼话》的小册子，用形象生动的画面和丰富的想象力，巧妙地解释外文的意思，从而使当时一些下层的仆人、苦力和店铺老板能够掌握较为简单的“广州英语”，这些粗通英语掌握一定交流技巧的广州人，在19世纪的中外贸易中，充当着商品信息传播者的重要角色。英国人图古德·唐宁在游记中写道：

有些来访者看来刚开始自己做生意。他们不懂一个英语单词，只靠死记硬背学会了这些场合必用的几个。因此他们像鹦鹉学舌，重复着他们货物的名称，将单词拖长到不合理的长度，并不时停下来回想剩下的部分。“你……要……买什么东西？要这样的贝壳……昆虫……扇子？乐于为你效劳。”你询问这些新手任何有关他们货品的问题，他们只会以重复货品名称作为回答。直到你提到“美元”一词——它好像碰到了这些机器人的另外一个键。然后他们就开始他们的“效劳”（pidgeon）中最感兴趣的一环。[④]

在19世纪二三十年代，在广州的外国人当中，仅有3人懂得中文[⑤]。而广州大量的行商、买办、通事等，通过“广州英语”，与西方商人进行贸易信息沟通，就市场行情和价格等方面进行谈判和交流，使贸易重要的交易环节得以实现。通过不断实践，“广州英语成为许多数额巨大的生意或极为重要的事情的便利的交际媒介”[⑥]。“广州英语”作为垄断贸易时期形成的特殊文化现象，在鸦片战争后，对于其他通商

---

① ［英］斯图尔特·霍尔编，徐亮等译：《表征》，商务印书馆2005年版，第1~2页。

② “广州英语”也称为“广东英语”，主要是广州本地人和欧洲人共同使用的一种变种英语，它结合广州方言，利用了英语的发音，它是中西方语言交流的产物，也是对外贸易的产物。对于“广州英语”的研究，主要成果有：章文钦：《广东葡语和广东英语初探》，载《岭峤春秋——岭南文化论集》（一），中国大百科全书出版社1994年版；刘圣宜、宋德华：《岭南近代对外文化交流史》，广东人民出版社1996年版；周振鹤：《鬼话：华英通语及其他》，《读书》，1996年第3期；周振鹤：《红毛番话索解》，《广东社会科学》，1998年第4期；吴义雄：《“广州英语”与十九世纪中叶以前的中西交往》，《近代史研究》，2001年第3期。这些论文都对“广州英语”的源流进行了考证，但关于“广州英语”的传播意义，却很少提及。

③ ［美］威廉·C. 亨特著，冯树铁译：《广州“番鬼”录》，广东人民出版社1993年版，第44页。

④ ［英］图古德·唐宁著，沈正邦译：《番鬼在中国（1836—1837）》，未刊稿，第56~57页。

⑤ 这3人是传教士马礼逊、商人亨特和德庇时。但他们所懂的中文，仅仅局限于广东话，对于高深的中文，也只能是略知皮毛而已。见［美］威廉·C. 亨特著，冯树铁译：《广州“番鬼”录》，广东人民出版社1993年版，第44页。

⑥ ［美］威廉·C. 亨特著，冯树铁译：《广州“番鬼”录》，广东人民出版社1993年版，第45页。

口岸城市的贸易也产生重要的影响。上海、天津、南京、厦门等城市在通商之初，都需要广东籍的买办从事中介服务，为当地商人充当翻译，“广州英语”遂在这些城市流传开来，成为五口通商初期的外贸通用语言，并发展为另外一种洋泾浜英语，在传播外贸信息方面发挥着更为重要的作用。

“广州英语”不仅解决了中西贸易中的许多难题，还成为当时广州人与西方商人日常交往的媒介。西方商人除了交易上需要与行商、通事、买办交流外，在日常生活中，他们与广州下层民众和其他商人有着较为广泛的交往。由于清政府不允许外国人在广州过冬，那些往来于澳门与广州之间的船只，成为船家与西方人交流的一大平台。许多西方人初次到广州，就靠这些船家充当翻译，引导他们与当地商人交流。而西方商人的日常消费，不仅需要买办给他们操办，在日常生活中，如果没有中国仆人为他们提供各种服务，他们难以在广州生活下去，这些仆人不仅要照顾洋商们的日常起居，对于西菜的制作和其他西方生活方式，也耳濡目染。仆人们通过“广州英语”进行交流，了解到西方人生活的各个方面，当他们迈出商馆，则成为西方文化的传播者。尽管这种浅层次生活习俗的传播，与文字传播有着很大的差距，但是，在19世纪初期，这种在下层人之间流行的“广州英语”，对于中西民间文化传播，仍然具有重要意义。除了商馆的仆人之外，居住在商馆附近的商家、居民、疍民等，也有机会学习和传播“广州英语”。鸦片战争前夕，美国人霍贝斯（Robert Bennet Forbes）记载：“在商馆附近少数街道向外国人开放，十三行街在商馆后面，广场前面划分为三条街，豆栏（Hog Lane）街、新中国街、旧中国街，在这些街道溜达，可以看到许多小小的中国商铺，买到诸如手工艺品、象牙、银器、鸟笼、爆竹、中药、茶叶之类的商品，这里还有一座教堂。”① 在这个开放的公共空间，外国人与广州人可以自由交易和交流，“广州英语”作为语言媒介，为日常消费和生活消闲增添了新的通道。乃至下层社会的疍女也运用“广州英语”与“番鬼”进行交易和嬉戏：

女孩们（疍女——笔者注）也驾着小船出来了。她们是为将桔子、大蕉之类的水果卖给路人。这些女子身体尤为健壮，驾船技术非常好……一些年轻的番鬼假装想买水果，放慢船速，以让女孩赶上……当她相当靠近番鬼船时，再次大喊：“你们要水果！是全部要大蕉，还是桔子?”但当船上有只手毫无目的地伸出船尾，好像要去抓什么东西时，划船者用尽全力驶离了这一充满诱惑的奖品。就这样，事情结束了又开始，直到这位少女已离初次开始这场徒劳无益的追赶之地一二米远。这位天朝帝国的水果商并没有甘心不报此仇，她勃然大怒，用清亮动听的中国话咒骂这些逃跑的叛逆者。其间不时能听到“番鬼”一词，而这也是他们唯一能听懂的；之后，又用许

---

① Phyllis Forbes Kerr（ed）. *Letters from China: the Canton-Boston Correspondence of Robert Bennet Forbes, 1838—1840*. Mystic Seaport Museum. c1996，p. 10.

多奇怪的英文咒骂（这里还是不重复为好）。后面这些话令番鬼不禁哄然大笑，而这位可怜受骗的牺牲者刚刚还很生气，现在却也情不自禁笑了。这里需要公正地补充一点的是，此时番鬼是真想买水果了，以对受害一方光明正大地补偿，但为时已晚。虽然他们不停叫喊，招手让女孩过来，但这位肤色黄褐的少女仍站在远处的小船上，她只是愉快地微笑着，露出洁白的牙齿，回答道："不可以。"这句话用最佳的伦敦英语表达就是："我希望你能买到。"①

同时，洋货贸易的盛行，影响着城市文化的公共话语体系。在一口通商期间，十三行是世界各国的商贸活动中心。在那里，各种洋货琳琅满目，为广州人初步认识西方物质文化提供了很好的机会。一般认为行商、通事、买办和商馆仆役是最先了解西方消费文化的少部分人群。但是，在19世纪初期，这种小范围的了解，有了扩张的趋势，正如李调元的竹枝词所反映的那样："广州夫娘高髻妆，不戴素馨必瑞香。见客纤纤红指甲，一方洋帕献槟榔。"② 当时广州社会的下层妇女，在日常生活中非常注意装扮，在社交场合经常使用洋手帕，这在某种程度上证实了当时下层妇女已经使用了进口洋货，虽然是价格不高的手帕，但洋货消费已经进入下层社会，这在当时中国其他城市是难得一见的。

三、中西商人与传教士：行走的媒介

在传统社会，商人政治地位极为低下。但是，广州一口通商之后，行商凭着雄厚的经济实力，通过向朝廷捐献巨款，为皇帝备办贡品而获得官位。如同文行创始人潘启就曾获得三品顶戴，怡和行行商伍崇曜更是晋升一品光禄大夫。行商还通过向广东地方官员行贿，得到地方政府的庇护。这些行商凭借强大的经济资本和政治资本，垄断了广州口岸的对外贸易。而他们在与外商进行贸易活动的过程中，积累了丰富的谈判技巧和贸易经验。与之同时，他们与外商的交流也日益深入，成为沟通中西文化的重要中介人物。他们不仅较早对珍稀洋货有全面了解，还通过私人领域的密切交往，对西方文化有着深刻体会。他们与外商作为"行走"的媒介，为早期中西贸易和文化传播作出了一定贡献。

值得注意的是，在一口通商期间，传统知识精英难以近距离接触西方商人，他们固守着传统道德礼仪，对广州的"番鬼"们不屑一顾。而行商们在经济利益最大化的原则下，能够以平和而宽厚的态度对待外商，一些行商甚至与外商建立了深厚的友情。如乾嘉年间十三行的总商潘有度多次接待外商，与他们品茶赏园，纵谈西洋近事，有一首宴客诗为证："客来亲手酌葡萄，响彻琉璃兴倍豪。寒夜偎炉倾冷酒，不

① ［英］图古德·唐宁著，沈正邦译：《番鬼在中国（1836—1837）》，未刊稿，第44页。

② （清）李调元：《粤东皇华集》卷三。

知门外雪花高。”① 在这里，他对西方人喜欢喝葡萄酒，且喜饮冷酒的生活习惯是较为尊重和熟悉的。他对西方用品也较为喜爱，收藏了当时最佳的世界地图和航海图，以及“千里镜”等珍贵物品，其学识和眼界超过当时的一般商人。他写下的《西洋杂咏》20 首，对 19 世纪初期的西方文明，作出了自己的主观评价，其中有相当一部分诗是对西方消费品和消费文化的总体认识。如他对望远镜的描述非常独到：“万顷琉璃玉宇宽，镜澄千里幻中看，朦胧夜半炊烟起，可是广寒人家住。”② 这些夸张而生动的描述表达了他对千里镜功效的认识，也体现了他对拥有这种当时中国社会极为少见和奢侈消费品的优越感。行商们通过他们的言传身教，在广州上层社会传播着经过他们过滤的“西洋观”，并通过都市空间向其他社会阶层散播。

与之相似，一些外商长期在广州生活，通过他们的书信和日记，为西方世界传播了丰富多彩的广州形象。如美国人罗伯特·贝勒特（Forbes，Robert Bennet）对 1838 年 12 月 30 日参加的一次宴会作了生动描述：

我们被明官（Mingqua）、明官的侄儿和其伙伴群亨（音译）请进一个灯火通明的大厅，大厅一边座位的一半是安排给我们的，另外一半是与客人相区分的左边，右边为敬。寒暄之后，每个座位右边放上一个小茶壶，茶杯上加上了少许茶叶，我们品着没有糖和奶油的中国茶。大约过了五分钟，晚宴正式开始。我们走进餐厅，两边的椅子上蒙着华美的红布，两张桌子约 6 英尺长 3 英尺宽，也铺着漂亮的桌布。主人们坐在右边，左边空着以备上菜之用。首先端上的是各式精美的小水果盘，大约有 20 余种水果，第一道是一碟堆成金字塔模样的水果，点缀着一朵小花。不同的水果颜色相映成趣。……大约吃了六小碗不同的汤，仆人们不断更换汤碟，……吃完六道菜后，我们抽着喜欢的雪茄烟离开了座位，大约过了 15 分钟，又被邀请重新入座。……第一道菜是与火腿、葱、胡萝卜等佐料一起熬成的鸭肉，刚好尝过它，第二道端上的是切成细片的鲨鱼鳍，五个碗装着汤汁，第三道菜是八角杯装着的烤成咖啡色的小鸟，……另外七八个盘子盛着各式各样的菜肴，我们只能偷偷张望，品味着每道佳肴。……③

行商接待外国客人的盛宴，集中表现了当时广州社会最为丰富的餐饮文化，其宴会的程式、规格蕴涵着深刻的文化品位，它对餐饮细节的讲究，对茶、水果等的制作，对菜谱的选择，都是经过精心设计的，使西方人对此赞叹不已。

---

① 《番禺潘氏诗略》（第 2 册），载《义松堂遗稿》。

② 《番禺潘氏诗略》（第 2 册），载《义松堂遗稿》。

③ Phyllis Forbes Kerr. *Letters from China: the Canton-Boston Correspondence of Robet Bennet Forbes*, 1838—1840. Mystic Seaport Museum, c1996, pp. 83, 84.

西方人还不简单满足于与中国社会精英的交流，他们对广州城市生活充满了好奇之心。美国人奥斯曼德·笛费安尼（Osmond Tiffany JR）来到广州后，就对广州社会各阶层的生活方式和风俗习惯抱有浓厚兴趣，他说："日复一日，我漫步在广州街头，观览各种商铺，花很多时间呆在珠江水上人家并与疍民相熟。我竭尽所能地与社会各阶层打交道。"① 正是这些西方人深入广州街头，才为西方社会传播了真实的广州形象。如法国人伊凡描写了广州阴暗的一面：

> 在商店前面，在每个街角，沿着房屋，到处可见成群的乞讨者；盲人靠着墙，拄着棍；做零工的女裁缝正在缝补旧衣服；理发师们正在给老人剪发，或者做一些当时街上流行的卷发。乞丐们享受着在广州的唯一特权：他们可以呆在任何商店的门口，唱歌或者长时间聚在一起互相敲打竹板，而店主没有权力赶走他们！这些可怜的恶棍直到得到救济品才会被迫离开！一个人必须经历这种歌唱和这种不协调的声音的折磨，才能懂得这种风俗的特殊本质。一场 Auvergnats 的音乐会，炖锅和铜勺的声音，都比这些穿着破旧衣服乞讨的人和谐。我经常看到这些衣衫褴褛的人固执地与贪财的商店主竞争……②

与商人和游客们的轻松描述不同，19 世纪初期来到广州的传教士们则怀有很强的政治目的。在近代西方社会，宗教在意识形态上具有很强的渗透力，通过宗教途径说服中国民众，是来华传教士的重要任务。但是，15 世纪以来，传教士在中国的宗教传播活动，效果并不明显，难以改变中国人对于"蛮夷"的偏见。由于制度约束、语言障碍和文化隔膜，传教士的活动范围和传教途径非常有限。但在 19 世纪初期的广州，传教士的境遇比其他内地城市要好一些。其原因在于广州已开放多年，一些西方人活跃在广州的上层社会，在处理官员、商人之间的关系方面，积累了较为丰富的经验，当时广州社会许多商人对这些外国人持友好态度，一些行商与洋商甚至成为朋友。这就为传教士进入广州社会提供了一定的便利条件，通过洋商的帮助，传教士有更多的机会深入到广州民间社会，近距离地接触民众，观察社会生活的方方面面。一些广州人甚至还可以用"广州英语"与外国人直接交流，这是在当时中国其他城市无法见到的文化奇观。

在对广州社会多方了解的基础上，一些外国传教士认为，在清政府的严厉控制下，利用传统方式进行传教，不但有极大的危险性，其传播效果也不明显。为了更直接地与中国文化亲近，一些传教士开始学习中文，从口头传播转向文字布道。这在中西文化传播史上具有重要意义，它改变了单纯的人际传播模式，极大地拓展了传播的

---

① Osmond Tiffany JR.. The *canton Chinese*, Boston and Cambridge: James Munroe and Company, 1849, p. 1.

② Dr. Yvan. *Inside Canton*, London: Henry Viaetelly, Bough Square, 1858, p. 63.

空间。这些传教士游走于广州城乡和中国内地，“他们对影响通商口岸之外的中国人接触和了解西方消费者和西方视觉消费文化中所扮演的角色却十分重要。通过他们带有西方文化背景的服饰和举止，传教士实际上充当了可以行走的广告，他们不仅仅在新的信仰形式上为中国人提供了选择。这些传教士的住所为当地人提供了更多接触新的物质文明和生活方式的机会”。①

中西方商人和传教士利用他们娴熟的专业知识和交往技巧，为19世纪初期的广州社会打造了一个具备国际化特色的信息港。他们与生活在传统社会的一般民众有着显著的区别。他们在商业、文化乃至政治上有着极为迫切的利益诉求，为了达到各自的目的，他们很大程度地开放了私人的生活空间，使私人领域和公共领域有着融合的趋向。他们关注商贸行情和政治动向，彼此有着共同的利益链条。每次的见面和交流，都有可能蕴涵着最新的“消息”。因此，这些以十三行为中心进行国际交流的商人和传教士们，是行走的媒介。他们凭借对商贸信息和社会事务的敏锐观察力，在19世纪初中西交往和文化传播中发挥着核心作用，无论是他们使用广州英语进行交流，还是使用书信和杂记进行文字传播。他们都扩展了广州信息传播的空间，提升了广州作为国际化都市的影响力。

四、商业文化：空间扩张与广告传播

对外贸易的发展，使广州府②及其珠江三角洲地区自然经济不断瓦解，商业经济逐步繁荣。从消费的角度讲，城市的基本经济功能是满足居民生活的基本需求。而粮食是最为重要的生活资料，张维屏说：“粤东人多而米少，粤之米，不给粤东之食，向取于粤西……迩来无虑是者，则已有洋米故也。洋米来自外洋，风顺数日可至，粤东得此接济，虽荒歉或可无恐。”③ 广州地区的粮食能够从国内外市场获得，有了比较多的市场选择，使米价保持相对稳定，为农业商业化发展提供了较好的基础。在较为开放的市场体系中，经济利益是农民从事生产和流通的最终追求目标。相对于种植水稻，种植其他经济作物能够带来更多的经济效益。19世纪初期，广州商贸经济的繁荣，吸引了国内大量商人前来经商和居住，大量农村流动人口也到广州寻找生计，城市人口的大量增长，对附近乡村而言，意味着区域内贸易机会的增多和市场的扩张。

早在清代前期，以广州为中心的岭南市场，已成为全国商品的交易中心之一。

① ［美］葛凯著，黄震萍译：《制造中国：消费文化与民族国家的创建》，北京大学出版社2007年版，第39页。

② 清初广州府辖12县，清代中后期，辖14个县，其辖区覆盖珠江三角洲大部分地区。珠江三角洲是西江、北江和东江三角洲的总称，本文所讨论的农业商业化问题，主要是广州附近的南海、番禺、顺德、增城、花县等地的农业发展对广州消费市场及其广告业的影响。

③ 陈在谦：《岭南文钞》卷十。

"清代前期岭南地区主要商品的流通总额达6 008.7万两，人均2.4两，远高于全国人均1两的水平。扣除转口贸易，岭南本地市场流通的商品总值达5 134万两，而广州作为转口贸易的中心，可以从贸易中得到丰厚的利润，其消费水平远远高于岭南其他地区。在交易品种中，粮食占到31.6%，布匹、盐、丝织品、铁器、缸瓦瓷器等占33.45%，经济作物占35%"①。除了粮食主要是由外部市场运销而来，主要手工业产品和经济作物，基本上是由本地市场衍生的。这些商品交易，除了依托广州这一主要的批发中心外，农村商业零售基本在各级圩市中完成，圩市作为联结城乡商品交易的纽带，对广州这样的中心城市而言，存在着巨大的商业机遇。

圩市作为公开化的市场组织，极大地降低了信息搜寻成本。圩市的发展不是一成不变的，它随着人口密度、消费需求、交通状况以及地区经济发展的变化而不断调整。广州作为区域性中心城市，市场化程度远远超过广东其他地区。南海县圩市数在明代后期仅为19个，嘉庆道光年间达到133个，其中包括桑市、茧市、谷市、猪市、花市、卖书坊、灯市等33个专业市场。番禺县在乾隆年间的圩市数为88个，广州城内的圩市在同治年间为29个②。圩市交易的商品，大部分是一些当地的产物和当地人必需的生活品，"在产物缺乏、地方狭小的集市中，单交易着米粮蔬菜之类和茶盐农器等，反之，在产物多的地方，是有各样各色的产物汇集于此交易的"③。圩市的增多，为广州商业经济的繁荣提供了更为广阔的市场。诚如杰克逊·李尔斯所言："集市并不代表一种被团团包围的孤立农业传统，而是象征了乡镇地区与国际化大都市的融会之处。"④

由于国际市场对广东生丝的大量需求，在鸦片战争前，广州生丝的生产和养蚕、种桑业非常兴盛。如南海九江乡遍种桑树，"墙下几无隙地"⑤。大量栽种经济作物，使九江乡的稻田几乎消失，农民的基本生活物质需要从市场上购买，这种专业化生产的直接后果是对外部消费品市场的严重依赖，农民的消费不再是一个家庭内部的问题，而成为市场网络体系中的一个链条。在道光年间，"九江乡一天消费2 000石谷物。所需要的大米都需要从广州等地的市场中购买，一年需要粮食的数量约为70至80万石"⑥。农业的专业化，使农民的消费支出发生较大的改变，家庭直接消费的农产品与间接从市场上获取消费品之间的比例不断降低，农村市场化水平得以明显提高。

---

① 参见罗一星：《清代前期岭南市场的商品流通》，载《学术研究》，1991年第2期，第75~77页。

② 根据同治《南海县志》卷五、同治《番禺县志》卷十八、宣统《番禺县志》卷六、同治《广州府志》卷六十九综合计算而得。

③ ［日］加滕繁著，王兴瑞译：《清代村镇的定期市》，载《食货》，1937年第5期，第44页。

④ ［美］杰克逊·李尔斯著，任海龙译：《丰裕的寓言：美国广告文化史》，上海人民出版社2005年版，第8页。

⑤ 道光《南海县志》卷六，"物产"。

⑥ 参见高王凌：《传统模式的突破——清代广东农业的崛起》，载《清史研究》，1993年第3期，第106页。

商业化农业是农村的一次产业革命。"高度发达的商业化农业，直接诱导了市场规模的扩大。也诱发了组织变化，组织从诸如家庭和手工业的纵向一体化走向专业化。"① 专业化导致技术变迁，降低了商品产出成本。尽管缺乏明确的产权界定，从事商业化农业生产的农民，由于土地制度的约束，无法得到所有的劳动成果，作为生产者主体，他们所拥有的农业产品数量较为有限。但是，商业化农业分工的细密化，使农民的基本消费资料和扩大再生产都必须寻求市场。而土地所有者租金的获得，必须通过农业商品的货币化才能实现。对农民而言，种植经济作物，其根本目的是为了获得更多的货币，以获得比种植粮食更多的比较利益，以丰富的消费品提高家庭生活水平。因此，专业产生导致了城乡市场网络的延伸，市场成为与民众密切联系的生存体系。概言之，没有市场，农业商业化达不到最终的目的，农民的预期消费更加无法实现。同样，没有市场，城市消费体系的稳定性和消费结构的多元化将无法实现。

鸦片战争前，广州是当时中国交通最为发达的城市，从广州开通了到达拉美、日本、帝汶、北美、欧洲、大洋洲、俄罗斯等世界各地的航线，广州也是国内重要的水陆航运中心，全国进出口货物，都需要通过粤海关检验进出。同时，珠江三角洲四通八达的水系，为广州通往各圩市的航运创造了条件，交通的发达，极大地促进了广州商品市场的流通和集结。

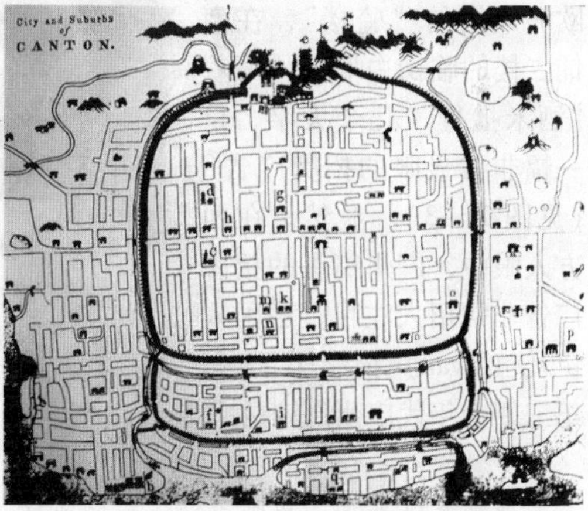

图 2-2 广州地图（引自 Descripton of the City of Canton，Canton，1834）

对外贸易的独特优势、市场网络的拓展、交通的便利和悠久的商业传统，使 19 世纪初期的广州成为中国商业之都。清代以降，广州城区面积发生较大变化（见图 2-2）。"清初顺治四年（1647 年），总督佟养甲筑东西二翼城，各长二十余丈，直至海旁，为门各一，即今所谓鸡翼城也。"② 鸡翼城扩展了原有的街道布局，形成了东西向的商业大街，二大街口，则为南北小巷，密密并排，伸向江边。清代中期以后，广州城区街道布局奠定了今天广州老城区的基本格局，全城属于番禺管辖的街道有 48 条，属于南海管辖的街道有 44 条，道光年间，广州商业繁华，歌舞升平，成为世界著名的商业都会。正如一首竹枝词所言："升平旧事记从前，动费豪家百万钱。昔日

① ［美］道格拉斯·C. 诺斯著，陈郁郁、罗华平等译：《经济史中的结构与变迁》，上海三联出版社 1999 年版，第 88 页。

② （清）仇巨川纂，陈宪猷校注：《羊城古钞》，广东人民出版社 1993 年版，第 96 页。

繁华今日梦，有人闲说道光年。”① 广州城南濠畔街一带，是传统的商业中心：“朱楼画榭，连属不断，皆优伶小唱所居，女旦美者，鳞次而家，其地名西角楼。隔岸有百货之肆，五都之市，天下商贾聚焉。屋后多有飞桥，跨水可达曲中，宴客者皆以此为奢丽地……当盛平时，香珠犀象如山，花鸟如海，番夷辐辏，日费数千万金，饮食之盛，歌舞之多，过于秦淮数倍。”② 濠畔街是当时著名的商业中心，俞洵庆在《荷廊笔记》中记载：“隔岸为濠畔街，商贾聚焉。今街名如旧，市肆依然。”③ 十三行及其附近街道，则是洋货交易的集中地带，中外客商云集，成为19世纪初期广州商业发展的一道独特风景。

随着商业的繁盛，商家在生意上的竞争日趋激烈。一些商家注意通过招牌广告提高知名度，在19世纪初期的广州外销画中便有描绘商业广告的图画，一位小商贩正在出售“黄瑞明香”④，英国画家托马斯·阿罗姆描绘19世纪初期的广州街道，明显受到西洋文化的影响，商铺二楼的窗户，装着澳门风格的百叶窗，商铺也类似欧洲风格的“骑楼”，在商铺二楼的临街白墙上，写着“酒米批货”几个大字，是一幅非常显眼的招牌广告⑤（见图2－3）。显然，在西方人眼中，广州街头的招牌广告非常招人注目。法国人伊凡（Yvan）描绘了19世纪三四十年代广州商铺的广告：

图2－3 广州街头（［英］托马斯·阿罗约绘画，李天纲主编：《大清帝国城市印象》，上海古籍出版社2002年版，第201页）

商铺装饰奢华，招牌美观，或侧或横，排在商店的入口处。这些招牌乃用黑、红或蓝底，配以绝妙的文字，镀金，用浮雕雕镂。无论你看向哪边，右边抑或左边，你

① 雷梦水等编：《中华全国竹枝词》（4），北京古籍出版社1997年版，第2756页。

② （清）屈大均：《广东新语》卷十七，中华书局1985年版，第475页。

③ （清）俞洵庆：《荷廊笔记》卷四。

④ 此画作于1790年，图上有“黄瑞明香”四个大字，见《18—19世纪羊城风物——英国维多利亚阿伯特博物院藏广州外销画》，“各行各业”。

⑤ 参见：Phyllis Forbes Kerr（ed）. *Letters from China*：*the Canton－Boston Correspondence of Robert Bennet Forbes*，1838—1840，Mystic Seaport Museum. c1996，pp. 60，61.

总会看到商人追求完美的招牌，它们的确是迷人的装饰品，环绕着铺面周围。没有一个国家，即使在巴黎，人们也不会发明这么机智的方法，通过展示它们来宣传货物，并吸引顾客。一瞥到这些奇特货物，犹如梦境一般。①

美国人亨特也多次记载了广州街头的“招牌纸”，它与一般招牌广告不同，具有传单广告的性质，他描述了一家“同记和合”绉纱铺的招牌纸：

窃以为，绉纱当如义理节操，不容有丝毫瑕疵，具有无可争议之美质。为求制作之尽善尽美，织机、用料、工匠，皆须精心选择。惟有此数项俱佳，方得驰誉各省，历久不衰。

本号产品，能集此数美于一身，故自开业之始，以迄于今道光□年，历经二十九载而保有可羡之品质。惟今为防他人冒充本号产品，特采用二字新名，见于所有包装，自此使用，不再更改。故若见有所售绉纱纹理疏松，表面粗糙不平者，即此已可断定其为冒牌之劣货，断非本号之织品。

数载以来，有人于工艺未能得其要领，而觉模仿我印章为易为，以此欺骗顾客。故此本号取名“同记”（Tung-Kee），以彩色字体印于所有包装，并加“和合”（WO-HO）二字。②

此类“打假”广告，在当时商铺颇为常见。如另外一家熔金铺的广告，揭发一些不法商贩的行径，并设法加以制止：

更有本钱不足之同业，雇用流氓无赖，袭用我铺广告（原文翻译有误，当时并无“广告”之称呼，应为告白，笔者注）词句，模拟我铺口吻，仿照我铺款式，而制造低劣之货品，千方百计，以图欺骗……（今年）乾隆二十三年（1758年）四月，本店采用竹纹纸为招牌纸，见之可与所有假冒者区分。凡有欲购本铺货品者，请熟认此招牌纸，勿忘铺名——“益美合记”（Yik-Me-Hap-Kee）与“德龙云记”（Tik-Lung-Wan-Kee）及帖旁之小印③。

值得注意的是，亨特第一次到达广州的时间是1825年，当时他才是一个13岁的少年，而这则广告创作于1758年，说明它至少有67年以上的传播历史。19世纪初，这类招牌纸在广州商铺较为盛行，亨特在杂记中曾多次提到。另外，在街头也可见到

① Dr. Yvan, *Inside Canton*, London: Henry Viaetelly, Bough Square, 1858, p. 59.

② ［美］亨特著，沈正邦译：《旧中国杂记》，广东人民出版社1992年版，第222页。

③ ［美］亨特著，沈正邦译：《旧中国杂记》，广东人民出版社1992年版，第198~199页。

其他类型的广告，如有一则巡游广告云："一个看来双目失明的男人，不时背着招贴牌在广州的街上行走。他是一个卖药的小贩。这种药方的'历史'吸引了许多人跟着他，一边走一边看那贴牌，这是可以想象得出的最滑稽的情景：他迈着稳定的、沉静的步子走着，而'读者'们则急切地跟着。"① 这类流动的广告牌，以新奇吸引受众，在传播上的轰动效果较为明显。

商业的繁荣，为饮食服务业的发展提供了很好的条件。"食在广州"具有悠久的历史，在19世纪初，一些酒楼、食品店、茶楼纷纷利用招牌广告、传单广告招徕顾客。如位于永安桥的永利酒店，始于明代，历史最为悠久。据史料记载："广州城货店，以小东门外永安桥区永利酒店为最古。区伟川孝廉昌豪尝语余曰：'吾家酒店，始自前明，然无徵不信，君盍为诗以徵之？'余即席赋绝句云：'万瓦鳞鳞雉堞遮，小东门外一帘斜。永安桥畔行人识，二百年前旧酒家。'伟川喜，越日以旧酒为报。"② 值得注意的是，诗中所说的酒帘，是酒楼的重要标志物，具有招牌广告的意味。梁松年在《梦轩笔谈》中记载广州酒楼的酒帘："今羊城酒楼以花红纸作大圆毬缕，纸尾四周垂悬于店门，首此则古酒店之变制。"③ 古代酒帘多用布制，其成本很高，且颜色花样单调，而花红纸价格低廉，可以根据酒楼的经营特色和店主的审美情趣进行多样化的设计，既节省成本又能彰显个性，从一个侧面反映了当时酒楼广告的特色。

阮元督粤期间（1817—1826年），广州民间社会对西方消费方式已经有了初步了解，在酒楼内部装饰上，利用"西洋画"进行广告传播，"省城布政司街酒馆用木版画西洋夷馆式。元（阮元）曰：'此被发祭野也。'立谕郡县拆毁之"④。这一看似不大的事件，有着深刻的文化意义。它说明当时的公共消费场所，已经对西方文化有一种向往，酒馆主人敢于抛弃传统酒馆的装饰，以西方情调取悦于顾客，尽管被官方加以压制，但是这种崇洋之风在公共消费场所的出现，说明西方文化已经在广州有了一定的影响。在19世纪初，广州街头的酒馆并不多见，酒馆的张贴画，无疑是在向社会传播着一种异质文化。这在当时中国任何内地城市，都是不可想象的事情。

19世纪初期，一些点心铺也兼营酒楼业务，并采取上门服务的方式，为主顾操办各类筵席，如位于官帽巷的某点心铺，其招牌纸云："本店精工制作喜庆筵席、龙凤包点、中秋月饼……满汉筵席，丰俭由人。"⑤

广州人喜饮茶，街头茶店随处可见。一些位于十三行的茶店，对其多年经营的午时茶用招牌纸写道："万应午时茶，气味纯正芳香；性质温和，不寒不热。健脾开

① ［美］亨特著，沈正邦译：《旧中国杂记》，广东人民出版社1992年版，第156页。

② 《番禺县续志》卷十二。

③ （清）梁松年：《梦轩笔谈》卷九"酒帘"。

④ 黄佛颐编纂，仇江等校点：《广州城坊志》，广东人民出版社1994年版，第223页。

⑤ ［美］亨特著，沈正邦译：《旧中国杂记》，广东人民出版社1992年版，第192页。

胃，止渴生津，祛寒去湿……所用各药，均经精心挑选，品质超群，不惜工本，饮者无不称便……每小包两块，每盒二十小包。惠顾君子，请认明招牌。”① 此类招牌纸的推销意图较为明显，成为商家品牌营销的重要策略。

除了招牌纸之外，广州民众在商务活动和日常生活中，也利用广告解决一些难题。“譬如当一个小孩走失了，或者有人不见了一只狗，或者东西被盗，寻找的办法至为可笑。一张手抄的帖子，写着那孩子，或狗，或失物的情形，张贴在街头或公众场所，许下寻回的赏格。如果丢失的是孩子，常常把帖子贴在棍子一端，由一个人打着穿街过巷；这人肩上还用竹竿挑着一面锣，边走边打，不时停下来，让行人读那帖子。”② 可见，在非商业领域，广告也是传递信息并行之有效的媒介。

值得注意的是，19 世纪初期，一些广州竹枝词也反映了商业广告发展的状况。叶廷勋在《广州西关竹枝词》中也感叹道：“古寺长安日出迟，铺陈百货欲居奇。珍奇不少传家宝，流落民间价不知。”③ 表明了商人注意商品陈列，商品信息传播的意图较为明确。又如，江仲瑜《羊城竹枝词》云：“双门高耸五云中，列肆东西宝货充。种得水仙成蟹爪，果然人巧夺天工。”④ 描绘了道光年间广州街头商品琳琅满目的状况。

19 世纪初期广州街头的各类广告，已成为当时较为常见的一种传播媒介。形式多样、内容丰富的广告，成为商业文化和视觉文化的重要组成部分，也是市场丰裕和消费社会化的象征。各类广告的流行，极大地提高了商品营销的传播效果，使商品信息传播具有更强的流动性，为不同类型的消费者提供了“深度背景”的广告信息，商人们对商品质量的甄别和赞美，为消费者了解市场，观赏商品，降低供求信息不对称的风险，提供了很好的载体。尤其是大量的传单广告随着流动受众的传播而不断深入到民间社会，传单“阅读率”的提高，使广告作为文化载体的作用得以提升。传单广告采用了先进的制版技术，印刷数量大，成本低廉，能突破传播的空间限制，比较真实地反映了广州商业经济发展状况和消费文化的社会变迁。

① ［美］亨特著，沈正邦译：《旧中国杂记》，广东人民出版社 1992 年版，第 191～192 页。

② ［美］亨特著，沈正邦译：《旧中国杂记》，广东人民出版社 1992 年版，第 159 页。

③ （清）叶廷勋：《广州西关竹枝词》，见雷梦水主编：《中华竹枝词》（4），北京古籍出版社 1997 年版，第 2761 页。

④ （清）江仲瑜：《掷余堂吟草》，见雷梦水主编：《中华竹枝词》（4），北京古籍出版社 1997 年版，第 2750 页。

第二节　鸦片战争前报刊广告的萌芽

一、对外开放与近代报刊的出现

19世纪初期，广州洋货市场是面向全国销售的，洋货行面向民众开放，尽管大多数洋货并非普通民众所需，然而，大量的洋货摆设在大街小巷，制造了一种新奇而丰裕的形象："异乡货物随着市场交换逐渐撒播开来，或许已经在世俗的世界中横向地影响了意识的发展。"① 洋货在呈现过程中，不仅体现其价值和使用价值，还具有丰富的文化意义，即便普通的看客，也会从中感受到某些新奇和趣味。而这些洋货的真正使用者，是当时洋货消费文化的主导者，在19世纪初期，只有广州的民众才有得天独厚的条件，感受洋货所营造的西洋气息，成为洋货文化的感受者和传播者。在这个意义上讲，一些洋货具有文化传承和社会历史的作用，"就好像人一样，有能力影响我们的信仰，指导我们的行为，能够自我展示，引申出责权关系并带给人快乐"②。19世纪初期的洋货和"广州英语"还充当着大众传播媒介的作用，在广州这样一个具有开放传统的都市空间里，向社会下层撒播着西方物质文化的符号。而西方精神文化，由于文字上的隔阂，难以向广州民间社会渗透，直到报刊传媒的出现，才露出一丝希望之光。

"一口通商"时期，广州是世界瞩目的国际贸易城市，汇集了大量来自欧美的客商，由于制度、观念、文化等方面的差异，许多外商对于称之为"Canton"的广州非常陌生。这个充满神奇的城市，却是许多西方人的淘金乐园。在一些外商的日记和通信中，广州被描绘成为当时最具魅力、最为富裕的东方城市。一些传教士也将这个中国唯一开放的口岸，视为传播"福音"的桥头堡。一些西方人甚至声称："广州是中国唯一有感觉的城市。"要想到中国发财，认识中国文化，必须经过漫长的旅程，来到这个国际化大都市，从中西贸易中寻求无限的商机。

但是，广州毕竟离西方世界非常遥远。尽管16世纪以来，西方的报纸传媒在信息传播方面逐步主导着传播的空间。而在18世纪末到19世纪初，中国的传播技术和管理体制却非常落后，程式化的官方报道，只能为极少数官员所掌握。普通百姓只是通过政府的布告了解一些大事。至于经贸信息，基本上依赖人际传播。除了极少数的"中国通"之外，西方商人对广州行商、通事、买办有着严重的依赖，他们之间通过

① ［美］杰克逊·李尔斯著，任海龙译：《丰裕的寓言：美国广告文化史》，上海人民出版社2005年版，第9页。

② ［英］西莉亚·卢瑞著，张萍译：《消费文化》，南京大学出版社2003年版，第19页。

"广州英语"传播着贸易信息，进行日常交易和文化对话。在报纸作为大众传媒出现之前，西方商人通过广州行商、通事、买办，积累了对广州贸易体制和交易习惯的基础知识，进而通过私人交往，进入行商家庭，初步了解广州上层商人的生活状况，对中国人的生活习惯有了一定认识。这些私人交往，通过西方人之间的口头传播和文字传播，为中西贸易和文化交往打开了一扇小小的窗口。然而，这是一扇极为狭窄的窗口。只有极少部分西方商人对广州社会有肤浅的认识。

传播产生于社会的需要。广州贸易的繁荣，使越来越多的西方国家开始产生要与这个东方城市进行交往的冲动。但是，文字、语言的隔膜，时间和空间的限制，使西方国家对这个神秘的城市感到陌生。那些身处广州的外商，深刻体会到自己国家的利益诉求，对于本国较为发达的报纸媒介也有清醒的认识。他们需要利用大众化的媒介，向西方国家传播来自广州的信息。同时，一些传教士也希望通过中文媒介，传播西方基督教的"福音"。这种对大规模传播的渴求，是来自生活于广州的外商和传教士，而不是精明的中国商人，这是很值得深思的。

早在明代，一些传教士已经在广州等地进行传教活动，然而，在广州这样一个商贸城市，早期传教士的传教活动并没有取得明显成效。1722 年 11 月 1 日，耶稣会传教士杨嘉禄（Jacques）在一封信中说："若把组成广州的所有人计数在内，有人认为至少有一百万人口……但这么多百姓中基督徒有多少呢？可惜仅寥若晨星！不过广州毕竟有几处教堂，还有热忱的传教士。只是此地商贸的喧哗吸引了中国人全部的注意力。"① 可见，在广州这样一个具有浓重商业氛围的城市传教，其效果并不明显。19 世纪初，英国伦敦传道会派遣马礼逊（Robert Morrison）入广州传教，"服御饮食，与华人同。有天主教人来自北方，教以汉文……英商延马氏在羊城为翻译，由是日干公事，晚则宣道，教授圣经……嘉庆十九年（1814 年）有蔡科信道领洗，此为粤人信耶稣教之始……一千八百三十四年（即道光十四年）马氏卒，葬于澳门，马氏传道于中国，二十五年，备尝艰苦，领洗者仅四人"②。可见，传教士尽管在华活动频繁，要使华人真正信奉基督教非常困难。由于马礼逊多年研习中文，在传道过程中，深知在中国这样的大国，各地语言风俗不同，但文字是一致的。马礼逊和其他传教士感到，要想广泛开展传教活动，必须利用中国文字，将基督教经典翻译成中文，免费散发给中国民众。而当时清政府对传教士的活动密切监视，马礼逊和米怜（William Milne）遂在马六甲建立传教基地，马礼逊重视马六甲，有以下三个理由："①槟城是英国在马来半岛最早获得的殖民地（政治稳定因素）；②当时已有不少华侨侨居（传

① 《耶稣会传教士杨嘉禄（Jacques）神父致修道院长拉法埃利（Raphaelis）先生的信》，见［法］杜赫德编，郑德弟译：《耶稣会士中国书简集》（2），大象出版社 2001 年版，第 272 ~ 273 页。

② 《圣教东来考》，第 6、7 页。原件藏于广东基督教协会，承蒙陈志强先生借阅并复印，深表谢意。

教对象的存在）；③靠近中国（方便对华传教）。"[①] 他们在这里建立印刷所，大量印刷宗教书籍，宣传基督教教义。他们在布道过程中，深刻认识到报纸比起一般中文书籍有着独到的优势，其传播范围广，阅读对象多，传播速度快。对于急于扩大宗教影响，打开对华宣传窗口的传教士而言，创办报纸，成为进一步扩大宗教影响的必然要求。1815 年 8 月 5 日，在马礼逊和米怜的合作下，世界上第一份近代中文报纸在马六甲诞生了，它就是《察世俗每月统记传》（Chinese Monthly Magazine）（以下简称《察世俗》），这份采用雕版印刷的，每期 5 到 7 页，1821 年才停刊，共出版七卷 84 期，其主要内容为宗教知识，特别是对《圣经》的解释，为了适应中国人的道德说教，该报还结合儒家传统伦理进行宣传，同时，也传播一些简单的科学知识，如对日食、月食的介绍，令华人大开眼界。

值得注意的是，《察世俗》还注意刊登广告，以扩大报刊的影响力。这类"告贴"是非营利性的，却是中国近代新闻史上最早的报刊广告，其文云：

凡属呷地各方之唐人，愿读《察世俗》之书者，请每月初一二三等日，打发人来到弟之寓所受之。若在葫芦、槟榔、暹罗、安南、咖留吧、寥里、龙牙、丁几宜、单丹、万丹等处，所属各地方之唐人，有愿看此书者，请于船到呷地之时，或寄信与弟知道，或请船上的朋友来弟寓所自取，弟均为奉送可也。[②]

但是，这份以宗教传播为主的报纸，并没有将眼光投向广州社会。它与真正意义上的新闻纸有较大差距。它很少关注政治时事和社会新闻，其商业信息量非常有限。尽管广东人梁发参与了这份报纸的编辑和撰稿工作，但他作为一名基督徒，主要兴趣在宣传宗教教义方面。虽然他曾经多次回广州，利用广东府试和乡试的机会，散发报纸和宣传品，但他并没有将广州见闻通过报纸介绍给海外受众。19 世纪的最初 20 年，海外华文传媒关于广州的报道极为罕见。

1822 年 9 月 12 日创办的《蜜蜂华报》（*A Abelha da China*），是中国境内的第一份外文报纸，它以葡萄牙文印刷，由葡萄牙人安东尼奥主编，由于葡萄牙人久居澳门，该报主要关注本国事态，对于中国消息，则很少刊登。但澳门距广州毕竟只有百余公里，葡萄牙人在广州十三行建有商馆，广州发生的重大事件如果涉及葡萄牙人的利益，《蜜蜂华报》也会对此进行报道。如道光二年（1822 年）的火烧十三行事件，使许多外国商馆蒙受巨大损失，《蜜蜂华报》就刊登了一位葡萄牙人的见闻："11 月 1 日（下午），周五晚 10 时许，我跑到庄园的北边，当时大火已经吞没了彼尔逊先生的新庄园和鲁伯尔茨（Robarts）先生、弗拉谢尔（Fraser）爵士旧庄园中的房屋。11

① 卓南生著：《中国近代报业发展史》，中国社会科学出版社 2002 年版，第 15 页。

② 《告贴》影印件，转引自卓南生著：《中国近代报业发展史》，中国社会科学出版社 2002 年版，第 31 页。

月2日上午9时，一些印度水兵前来救火，他们拉倒了一些房屋……公司的仓库烧毁了，旧庄园有四分之三的部分保留下来，新庄园只剩下了四分之一，公司的损失大约为四百万葡币，中国的Goqua，Chouqua，Mauqua的Hongs[①]全部烧毁了，许多中国人在火灾中丧生……”[②]这是外文报纸对于广州火灾的一次新闻报道，虽然简单直白，却对一次重大火灾作了较全面的描绘。然而，关于广州的报道实在太少，因为毕竟这份报纸的受众对象只是葡萄牙人。

在广州外围创办的中西文报纸，是一些传教士对中国意识形态的初步渗透，他们在宗教布道的过程中，对中国人和中国文化有了一定的了解，对报纸传播的社会作用有更深刻的认识。尽管在办报活动中遇到了各种困难，但多年的办报经验，使他们领会到，在中国这样一个地大物博的古老国家，民众对西方国家有着很多偏见，特别是中国统治者的狂妄自大，对中西文化交流非常不利。传教士在南洋一带的频繁活动，使他们有机会直接与华侨交流，对如何克服中国的偏见，有了一套成功的说服经验。特别是通过报纸的散布，使传教活动取得了较为明显的效果。马礼逊、米怜、麦都思等传教士，深受伦敦布道会等宗教组织的赞赏。而西方统治者对于传教士的活动也颇为关注，19世纪初期中西贸易的巨大逆差，使西方国家非常希望打开中国这个封闭国家的大门，改变贸易中的不均衡状况。这样，传教士们不但带着宗教传播的任务，还以宗教布道为掩护，利用西方先进的传播工具，为西方国家提供更可靠的中国政治、军事和文化等方面的情报。

二、早期中英文报刊与广告的滥觞

道光年间，清政府对西方传教活动的禁锢，有所松动。特别是广州一口通商所带来的巨大经济利益，使最高统治者对于广州贸易体制充满了期待。广州商人与地方官员之间，经过双方长期的试探和博弈之后，在分享外贸利益方面形成了一套潜规则，并在某种程度上结成了利益同盟。十三行行商的私人别墅，是当地官员经常出入的地方，地方官接受行商的贿赂，风险很低，他们在共同追求经济利益的过程中，会就一些贸易细节和处理外国事务等方面达成妥协。行商不但是中西贸易的重要角色，也是中西方交往不可或缺的角色。他们长期跟外商打交道，积累了处理对外事务的丰富经验。许多西方商人在贸易过程中，与行商、通事乃至中国仆人建立了友谊。他们通过行商的引荐，开始私下对地方官员进行贿赂，在19世纪初期，一些广州地方官员家里藏有望远镜、地图、钟表之类的舶来品，这些珍贵的洋货，有相当部分来自洋人的

① Goqua，Chouqua，Mauqua是当时广州三位著名行商的名字，根据梁嘉彬考证，Goqua系东裕行行商谢嘉梧，Chouqua指东生行，Mauqua指广利行，见《广东十三行考》，广东人民出版社1999年版，第328、224页。又据［美］马士记载：此次火灾，Mauqua（茂官）所受损失最重。（《东印度公司对华贸易编年史》（第4卷），中山大学出版社1991年版，第65页）Hong即“行”，指十三行的商铺，译为夷馆、商馆。

② 转引自程曼丽：《〈蜜蜂华报〉研究》，澳门基金会1998年版，第146～147页。

“孝敬”。洋人们通过贿赂的方式，与地方官员、商人、绅士等上流社会人士有了很好的私交，为深入广州社会，了解中国情况，打下了坚实的基础。

随着与中国人交往的增多，许多西方人感到，除了利用宗教打开中国的大门之外，对于这个保守而自大的国家，更应利用西方科技、文化的优势，向中国人展示西方文明的先进之处。通过文化传播，促使中国人改变对西方人傲慢和鄙视的态度，这样的转变是一个漫长的过程，需要许多具有献身精神的西方人充当传道者。这些人必须对中国的情况有相当的了解，一般应该懂得中文，在中国有一定的社会关系，才能在漫长的旅途后进入中国内地考察。一些热情的传教士在深入中国民间社会进行详细考察后，对中国的落后和贫穷有了深刻认识，特别是对官员腐败和政府无能感受颇深。对于这个虚弱的国家，大量地输入鸦片，不仅可以获取暴利，而且能极大地改变中西实力的对比。而要控制鸦片的销售，通过战争打败这个原本神秘的东方帝国，是以英国为首的西方国家越来越强烈的愿望。这对那些具有强烈政治意识的传教士而言，为西方国家效劳的愿望更为迫切。“他们为此议论纷纷，并积极为本国当局出谋献策，行动上也变得日益肆无忌惮，到处践踏清廷法令，并非法派出船只多次到中国沿海搜集情报，窥探虚实。”① 广州作为当时中国的唯一通商口岸，无疑是外国人最多、活动最为频繁的城市。如 1831 年东印度公司的统计表明，除了英国公司之外，非葡萄牙人的外侨人口中，英国人共 32 人，且大多数为英国商人②。英国在对华贸易中处于绝对优势。英国人在广州贸易中积累的丰富经验，为其开展舆论宣传，策划对华战争的前期情报工作，加强西方文化的强势导入，都有较为明显的优势。而借鉴传教士前期办报的经验，发挥报纸的“喉舌”作用，是一些具有媒介从业经验的传教士长期以来的愿望。从 19 世纪 20 年代后期开始，西方人首先在广州开展办报活动，企图通过媒介，为入侵中国做好舆论上的准备（见图 2 - 4）。

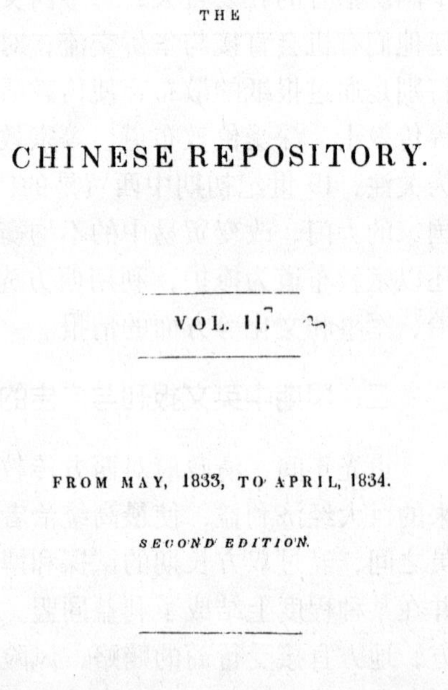
THE

CHINESE REPOSITORY.

VOL. II.

FROM MAY, 1833, TO APRIL, 1834.

SECOND EDITION.

CANTON:
PRINTED FOR THE PROPRIETORS.
1834.

图 2 - 4　中国丛报封面（《中国丛报》第 2 卷）

① 方汉奇主编：《中国新闻事业通史》（第 1 卷），中国人民大学出版社 1992 年版，第 179 页。

② ［美］马士著，区中华译：《东印度公司对华贸易编年史》（第 4 卷），中山大学出版社 1991 年版，第 269 页。

《广州记录报》（Canton Register）（见图 2－5）是中国出版的第一家英文报纸。1827 年 11 月 8 日，英商马地臣（James Matheson）和美商伍德（Wiliam W. Wood）在广州创办。该报以报道经济、商业行情及中国官方公布的材料为主。在创刊时曾声称：我们的主要努力是发表丰富而准确的物价行情①。1833 年，该报开始出版商情副刊《广州市价表》，对于广州本地市场价格行情非常关注，从其对商业行情的报道来看，其目的主要是为西方读者提供广州进出口商品的价格行情，从而加深对广州市场的认识，为外贸活动提供大量一手资讯。该报具有广告传播的性质，是中国内地英文报刊广告的萌芽。

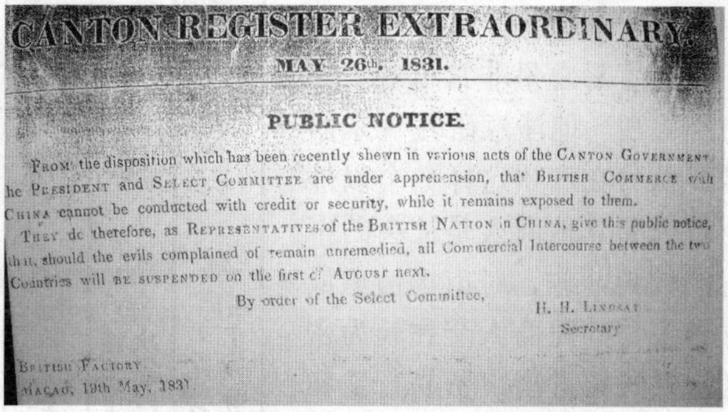
CANTON REGISTER EXTRAORDINARY.
MAY 26th. 1831.

PUBLIC NOTICE.

FROM the disposition which has been recently shewn in various acts of the CANTON GOVERNMENT the PRESIDENT and SELECT COMMITTEE are under apprehension, that BRITISH COMMERCE with CHINA cannot be conducted with credit or security, while it remains exposed to them.

THEY do therefore, as REPRESENTATIVES of the BRITISH NATION in CHINA, give this public notice, that, should the evils complained of remain unremedied, all Commercial Intercourse between the two Countries will BE SUSPENDED on the first of AUGUST next.

By order of the Select Committee,

H. H. LINDSAY
Secretary

BRITISH FACTORY
MACAO, 19th May, 1831

图 2－5　Canton Register（资料来源：暨南大学新闻与传播学院资料室藏影印件）

广州中文报刊的出现，要稍晚一些。《东西洋考每月统记传》（Eastern and Western Ocean's Monthly Investigation）是中国境内出版的第一份中文报刊，于 1833 年 8 月 1 日创办，创办者为普鲁士传教士郭士立（Karo Friedrich Auqust Gutzlaff）。他 20 岁时加入荷兰布道会，23 岁来到荷兰的殖民地巴达维亚，并开始学习中文，26 岁时另外加入伦敦布道会，大力宣传基督教新教，并与来华的英国传教士、商人和外交官建立了广泛的联系，为他进入中国内地开展传教活动打下了基础。1831 年，郭士立曾经到达北京、天津进行传道，1833 年 4 月他返回广州，对来华的工作任务已经有了明确的认识，通过创办一份报纸，"改变中国人对西方人的印象，当为最为重要的事项了"②。其宗旨是为在华特别是在广州的外国人的利益服务，这与《察世俗》的办刊方针有明显的区别。郭士立在出版计划书中曾宣称："这个旨在维护广州与澳门的外国人利益的月刊，就是要促使中国人认识我们的工艺、科学和基本信条，与其高傲和排外的观念相抗衡。"③ 而宗教方面的任务，则退居其次。在他看来，满足西方利益

① 方汉奇主编：《中国新闻事业通史》（第 1 卷），中国人民大学出版社 1992 年版，第 186 页。
② 卓南生：《中国近代报业发展史》，中国社会科学出版社 2002 年版，第 47 页。
③ *The Chinese Repository*（1833）Vol. 2，p. 186.

集团的现实需要，比起长远的宗教布道，显得更为重要。可以说，郭士立在办报理念上实现了由“宗教”到“世俗”的重心转移。

值得注意的是，《东西洋考每月统记传》（以下简称《东西洋考》）对广州贸易动态非常关注，注重报纸在传播商贸信息方面的特殊作用。在19世纪30年代，广州对外贸易空前繁荣，除了鸦片贸易之外，西方输入商品的种类和比例也发生了较大变化。毛织品、五金、毛皮和其他西方产品所占比重较大，中国输出的茶叶、生丝、南京布、食糖等产品在西方国家销路颇广，在广州的贸易总量非常可观。郭士立对贸易行情特别重视。他注意研究《东西洋考》的受众对象，认为在广州这样一个以外贸为中心的城市，行商和其他商人是社会的中坚力量。这些人思想较为开放，对市场信息最为敏感，而郭士立本人与广州商人交往较为密切，知道商人迫切需要了解进出口贸易行情和商品价格。而在信息严重不对称的情况下，一般商人要想快速、详细地了解某种商品的价格，往往要付出较高的信息搜寻成本，而且，如果信息严重滞后，会使许多商人错失贸易良机。为了满足这些商人的迫切需要，进一步提高报纸的社会影响力，《东西洋考》从道光甲午年（1834年）正月开始，开辟《市价篇》专栏，介绍“省城洋商与各国远商相交买卖各货现时市价”（见图2-6），分为“出口的货”和“入口的货”，对广州市场进出口货物的市场价格进行详细调查，定期在报纸上进行公布，如1834年正月的进口洋货价格为：“密腊，每斗平等八元至十四元；海参每担顶上三十六元至五十元，次等六元至十二元；槟榔，每担二元二毛五；冰片，每斗六元至二十元；呀兰米，每担经择二百八十元至三百元，未择一百八十元至二百元；花布，长二十八码，每匹二元半至四元半；燕窝，每斗顶上三十元，次等一十一元；洋布，长四十码，每匹三元半至四元，上幼洋布每匹长四十码，四元至五元；洋米，每担二元六毛至二元八毛；鱼翅，每担上等二十八元，平等二十三元至二十四元……”① 对物价的详细报道，显

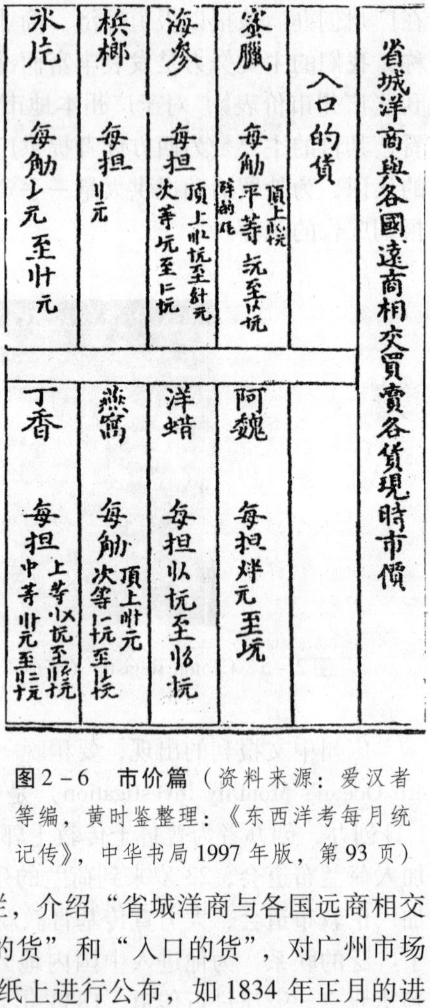

图2-6 **市价篇**（资料来源：爱汉者等编，黄时鉴整理：《东西洋考每月统记传》，中华书局1997年版，第93页）

① 参见《东西洋考每月统记传》，道光甲午（1834年）正月，市价篇。引自爱汉者等编，黄时鉴整理：《东西洋考每月统记传》，中华书局1997年版，第80页。

示出《东西洋考》作为当时广州唯一中文媒体的权威性，为中文读者提供了大量有用的贸易信息和价格行情。

《东西洋考》的货价行情，是我国境内中文报刊广告的萌芽，在报刊广告史上具有重要意义。它在近代报刊史上首次对市场货价行情进行了披露，记录了108种进出口货物的详细价格，“对于研究当时的中外贸易有很高的资料价值”①。作为报道货价行情的专栏，《市价篇》所列举的货物价格，是在对广州市场进行综合调查和统计后得出的，可信度较高。它具备广告传播的基本要素，由报刊媒介所发布，对特定的生活者或者使用者传播价格信息，具有告知或公告的意义。这种物价行情的报道，开启了近代广州报刊广告的新风，晚清广州相继出版的一些报刊继承了《东西洋考》货价行情报道的传统。

尽管当时广州街头有其他形式的广告，但就其传播形式而言，与报刊广告有着较大区别。传统的招牌广告，位置固定，在传播空间受到明显限制。而一些传单广告，则针对性不强，受众的真正需求与广告内容有着较大差距。《市价篇》比较集中地对广州进出口货物价格行情进行公布，其信息量大大超过了招牌广告和传单广告，当时广州国际贸易处于最为繁荣的时期，《市价篇》对于货物价格动态的公告，在降低信息搜寻成本方面，正如美国经济学家道格拉斯·C. 诺思所分析的那样：“信息费用由于买者和卖者大量存在而降低，在这些条件下，价格包含了同样的信息。”②《市价篇》集中公布当时广州市场的主要货物价格，充分利用了报刊传播范围广，受众较多，时效性较强等方面的优势，从而有利于降低交易成本。买卖双方通过阅读《市价篇》，对市场货价进行理性分析，就某类货物的价格进行综合判断，改变了传统的价格搜寻模式，使远离广州市场的客商通过阅读《市价篇》直接掌握价格行情，为促进大规模的交易提供了一条更为快捷的通道。

《市价篇》反映了鸦片战争前夕广州消费市场的态势。经过70多年的一口通商，广州进口洋货的价格普遍下降。以羽纱为例，1798年，市场价格每匹平均为40两③，1829年，羽绒（羽纱）的价格为每匹27.5两④。1834年，《东西洋考》的《市价篇》中记载的价格为每匹15元至18元⑤。从1798年到1834年，羽纱作为一种奢侈品，其价格下降的趋势非常明显。18世纪晚期到19世纪初，英国输往广州口岸的货

① 黄时鉴：“前言”，见爱汉者等编，黄时鉴整理：《东西洋考每月统记传》，中华书局1997年版，前言第20页。

② ［美］道格拉斯·C. 诺思著，陈郁、罗华平译：《经济史中的结构与变迁》，上海三联书店、上海人民出版社1994年版，第38页。

③ ［美］马士著，区宗华译：《东印度公司对华贸易编年史》（第2卷），中山大学出版社1991年版，第628页。

④ ［美］马士著，区宗华译：《东印度公司对华贸易编年史》（第4卷），中山大学出版社1991年版，第198页。

⑤ 《东西洋考每月统记传》，道光甲午（1834年）二月，市价篇。引自爱汉者等编，黄时鉴整理：《东西洋考每月统记传》，中华书局1997年版，第94页。

物主要以毛织品和金属品为主，种类比较单一，而在1834年，《市价篇》上公布的进口商品多达一百余种，贸易的种类有了较大幅度的提高，如洋布在18世纪是奢侈品，但在1834年，其价格已经大为下降。“花布，长二十八码，每匹二元半至四元半；洋布，长四十码，每匹三元至五元；上幼洋布，每匹长四十码，四元至五元。”①当时的土布价格相对较低，“苏蓝布，每百匹九十一元，土蓝布，每百匹七十五元”②。但是，洋布比毛织品实用，对于社会中上层而言，其价格还是可以接受的，19世纪初期，洋布消费在社会中上层逐步流行。

《市价篇》总共刊出了5期，之后由于种种原因而停办了。但是，它确立了一种报道方式，对以后的报刊物价报道产生了深刻的影响。创办于1838年10月的《各国消息》延续了《东西洋考》的物价报道特色，从其第2期内容看，第3页至第7页，主要刊登“广东省城与各国远商相交买卖各货现时市价”③，对进口洋货的价格报道较为详细，如海参、檀香、燕窝、哔叽等货物的价格，都有刊载。另外，在第2页上还对广州商业行情进行了分析，读者可以看出一段时期以来某些洋货的价格行情的变动情况。许多商人通过阅读这份报纸，可以得到市场行情的可靠信息，为以后的交易提供了决策参考。大量的商业信息，反映了《各国消息》传播的转向，它极大地提高了报纸的经济价值，迎合了广州外贸经济发展的需要，实用价值得到了很大提高。

第三节　19世纪中后期的报刊广告业

一、报刊业的沉寂与复苏

第一次鸦片战争后，中国被迫实行五口通商，西方人关注的焦点从广州移向上海。大量具有开拓意识的粤商也不断迁移到上海，广州的贸易地位逐步下降，在广州的外国人数量也不断减少。1855年，上海的进出口总额开始超过广州，成为中国第一大港口。而广州在两次鸦片战争期间遭受外国侵略者的洗劫，贸易日渐萧条，加上太平天国起义和盗匪盛行，广州商业经济发展受到严重制约。同时，香港作为新的国际贸易港口，在19世纪50年代后迅速发展，并取代广州成为国际贸易中心城市，许多粤商将商行总部迁往香港，直接与外商在香港进行贸易，仅将广州作为货物中转地。广州的新闻传播事业逐渐落后于香港、上海。19世纪50年代后，《遐迩贯珍》、

① 《东西洋考每月统记传》，道光甲午（1834年）四月，市价篇。引自爱汉者等编，黄时鉴整理：《东西洋考每月统记传》，中华书局1997年版，第127页。

② 《东西洋考每月统记传》，道光甲午（1834年）二月，市价篇。引自爱汉者等编，黄时鉴整理：《东西洋考每月统记传》，中华书局1997年版，第95页。

③ 参见卓南生著：《中国近代报业发展史》，中国社会科学出版社2002年版，第62页。

《香港船头货价纸》、《香港中外新报》、《中外新闻七日报》、《香港华字日报》等中文报刊相继在香港创办。19世纪五六十年代，上海也出现了《六合丛谈》、《中外教会新报》、《上海新报》等报刊，这些报刊将上海视为传播西方文化和商业信息的窗口，以迎合西方利益集团贸易扩张的需要。1862年，《上海新报》的一则《本馆告白》对广告的价值和作用进行了深刻剖析，其称：

大凡商贾贸易，贵乎信息流通。本行印此报，所有一切国政、军情、市俗利弊、生意价值、船货往来，无所不载。类如上海地方，五方杂处，为商贾者或以言语莫辨，或以音信无闻，以致买卖常有阻滞。观此闻报，即可知某行现有某货定于某日出售，届期亲赴看货而面议，可免经手辗转宕延，以及架买空盘之误。又开店铺者，每以货物不销，费用多金刷印招贴，一经风雨吹残，或被闲人扯坏，即属无用。且如觅物、寻人、延师、访友，亦常见有招贴者，似不如叙明大略，印入此报，所费固□无多，传闻更更觉周密。又有客商往来通商各口，每以舟楫不便为憾，此报载列各船开行各口日期，于附搭寄信等事甚便，阅此无不备然。……①

广州在创办报刊方面，落后于香港和上海。但它毕竟是有着深厚文化底蕴的城市，与香港、上海有着紧密的联系。特别是与香港报业有着非常密切的关系。从1843年到1870年，广州仍然创办了数家中英文报刊，英文报刊主要有，创办于1843年的《广东探报》（*Reports From Canton*），1860年由香港迁往广州出版的《中国之友》（*The Friend Of China*），等等，这些英文报纸主要刊登广告和航运信息，存在时间不长，影响不大。而传教士在广州创办的《中外新闻七日录》和《广州新报》，是这一时期广州报刊业的代表。但是这几份中文报刊却很少刊登广告，其商业经营的意识非常淡薄。鸦片战争后，随着外商和传教士大量迁移，广州的商贸地位大为降低。第二次鸦片战争期间，英法联军占领广州后，毁炮台，劫库款，焚房屋，② 开始了长达三年的殖民统治，广州社会各界对西方殖民者极为痛恨，由此滋长了强烈的民族主义情结，在广州的西方传教士由原来的宗教布道转向医学传教，并以此拉近与下层民众的距离。因此，这些传教士创办的中文报纸，在传播理念上偏向当地民众感兴趣的时政和民生新闻，并以很低的价格向下层民众发行。从受众的角度分析，香港、上海的中文报纸的读者以商人为主，而广州报纸的读者多为传教士结识的病友和下层民众，他们消费能力很低，不同类型受众对报纸的诉求有着很大差异。这就使广州报刊淡化了商业价值而追求地方新闻的趣味性③。

① 《本馆谨启》，载《上海新报》，1862年6月24日第1页。

② 蒋祖缘、方志钦主编：《简明广东史》，广东人民出版社1993年版，第474页。

③ 关于1840年代至1870年代的广州中文报刊，现存的仅有《中外新闻七日录》，这份报纸是中国最早的石印新闻周报，它刊登西方新闻、香港、上海等地新闻和广州地方新闻，其中广州地方新闻以反映下层民众的生活为主，可读性很强。

经过鸦片战争后近30年的恢复和发展，19世纪70年代后，广州经济逐步走出了困境。1876年的贸易值为25 739 690海关两①，1886年达到37 593 405海关两②。广州外贸经济得到迅速发展，“尽管处在逆境和市场激烈竞争之中，广州仍然保持着商业中心的重要地位，且在人们的技术和勤奋方面尤其如此”③。

19世纪晚期，广州作为连接香港和岭南贸易市场的中介，充当着转口贸易中心的角色。这一时期，广州出口贸易以厂丝为主，茶叶、棉布等传统出口货物数量大为降低，进口商品以工业消费品为主，奢侈品和艺术品所占比重很低，贸易结构发生了明显变化。但是，广州作为贸易城市的基本功能并没有消退，随着西方工业文明的发展，对外贸易经济的作用和意义更为突出。19世纪晚期广州经济的发展，进一步体现了商业城市的基本特征，并在近代社会转型过程中呈现自身的新特点。其中，生产与消费分离度，远远高于鸦片战争前，专业化生产使珠江三角洲的家庭自给型经济基本解体，广州商业经济在岭南市场的直接辐射力大大超过一口通商时期，民众对外部市场的依赖十分严重，通过农业商业化生产换取消费资料的交易模式非常明显，其中部分生活资料不再由广州本地市场供给，而是通过进口西方工业品获得。这使晚清广州呈现明显的消费型城市的特征。

经济的发展，为报刊业兴起提供了良好的条件。但是，正如前面所分析的那样，外国传教士不再将广州视为传教的中心，而将资金、技术、人力和物力投入到香港、上海报业。在19世纪70年代前，广州很少创办中文报刊，这对于一个正在恢复和发展的岭南中心城市而言，是很不正常的。而香港、上海等地早期自办报刊的经营者，有相当部分来自广州，广州本地创办的报刊之所以晚于香港等地，“一个重要原因是广州为香港的近邻，香港报纸都兼以广州地区的读者为发行对象，传送也比较方便，在当地办报的迫切性因而减弱”④。但是，广州毕竟具有中国内地最为悠久的办报历史，对于传教士垄断的中文报业，有远见的广州文人早已表示不满，在香港出现第一批中国人自办报刊后，广州当地文人也不甘落后，开始了自办报刊的努力。1872年创办的《羊城采新实录》，是广州地区中国人自办的第一张报纸，但该报存续时间不长。从1884年到1896年，广州掀起了一股办报的热潮，先后创办了10多种报刊，主要有《述报》、《广报》、《岭南日报》、《岭海报》、《岭学报》、《中西日报》、《中华日报》等，这些报刊在近代新闻史上具有一定的影响。

---

① 广州海关志编委会等编译：《近代广州口岸经济社会概况——粤海关报告汇集》，暨南大学出版社1995年版，第176页。

② 广州海关志编委会等编译：《近代广州口岸经济社会概况——粤海关报告汇集》，暨南大学出版社1995年版，第295页。

③ 广州海关志编委会等编译：《近代广州口岸经济社会概况——粤海关报告汇集》，暨南大学出版社1995年版，第209页。

④ 方汉奇主编：《中国新闻事业通史》（第1卷），中国人民大学出版社1992年版，第325页。

二、报刊广告：形式与内容的变化

19 世纪五六十年代，随着香港、上海的崛起，广州的国际贸易地位逐步降低，许多广州大商人、买办、通事到香港、上海创业，西方社会也不再将广州视为传播中国信息的中心。特别是香港报刊业的兴起，使广州的传媒业发展受到很大牵制。《东西洋考》刊登市价行情的传统，由于广州报刊业的衰落而难以继承。而从 1855 年起，香港的《遐迩贯珍》新开辟“布告栏”，每号内容相似，如汽船出发时间的预告、英国制药商及牙科医生的“告贴”和“启贴”等，同时也刊登了英华书院的招生通知[①]。而创刊于 1857 年的《香港船头货价纸》，内容以船期、货价、行情和广告等商业信息为主，也可以说是中国的第一家以商业新闻为中心的报纸[②]。这一时期，报刊商业广告已经在香港大行其道，成为了解传播香港商业信息的重要渠道。而上海最早的中文报纸《上海新报》英文名称为 *The Chinese Shipping List & Advertiser*，直译为《中文船期广告纸》，即是一张船运商情的一览表[③]，以刊登广告为主要目的。但是具有悠久广告传统的广州，由于商业的衰落、报刊业的凋零，报刊广告难得一见。

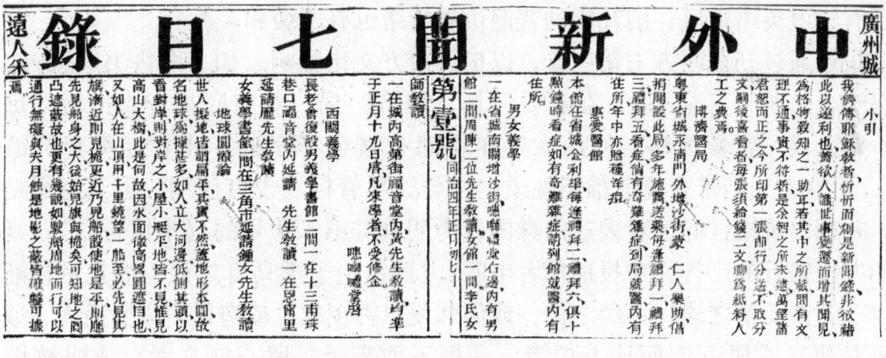
廣州城 中外新聞七日錄 遠人采焉

小引
我儕傳耶穌教者、忻忻而創是新聞錄、非欲藉此以邀利也、蓋欲人識世事變遷、而增其聞見、為格物致知之一助耳、若其中之所載、間有文理不通、事實不符者、是余智之所未逮、高望諸君恕而正之、今所印第一張、即行分送、不取分文、嗣後喜看者、每張須給錢二文、聊為紙料人工之費焉。

博濟醫局
粵東省城永清門外增沙街、蒙 仁人樂助倡捐開設此局、多年施醫送藥、每逢禮拜一、禮拜三、禮拜五看症、倘有奇難雜症、到局就醫、內有住所、年中亦贈種洋痘。

惠愛醫館
本館在省城金利埠、每逢禮拜二、禮拜六、俱十點鐘時看症、如有奇難雜症、請到館就醫、內有住所。

男女義學
一在省城南關增沙街、嗯嘛嚧堂右邊、內有男館二間、周陳二位先生教讀、女館一間、李氏女

第壹號 同治四年正月初七日

師教讀
一在城內高第街福音堂內、黃先生教讀、均準于正月十九日啓館、凡來學者、不受修金。
嗯嘛嚧堂啓

西關義學
長老會復設男義學書館二間、一在十三甫珠巷口福音堂內延請 先生教讀、一在恩甯里延請麗先生教讀、
女義學書館一間在三角市延請鍾女先生教讀

地球圓體論
世人擬地、皆謂扁平、其實不然、蓋地形本圓、故名地球、為據甚多、如人立大河邊、低側其頭、以看對岸、則對岸之小屋小艇、平地皆不見、惟見高山大樹、此是何故、因水面微高、略圓遮目也、又如人在山頂、用千里鏡望一船、至必先見其旗、漸近則見桅、更近乃見船、設使地是平、則應先見船身之大、後始見旗與桅矣、可知地之間凸遮蔽故也、更有幾說、如駛船周地而行、可以通行無礙、與夫月蝕、是地影之蔽、皆確鑿可據焉。

图 2-7 《中外新闻七日录》创刊号（1865 年 2 月 2 日）

同治四年（1865 年），由英国传教士湛约翰主编的《中外新闻七日录》（见图 2-7），打破了广州报刊业的长期沉寂状态。这份报纸充分利用医学传教士在广州开办的几家医院发行。作为依附于医院的报纸，该报主要是报道新闻和传播科技知识，正如其创刊号小引所言：“我侪传耶稣教者，忻忻而创是《新闻录》，非欲藉此邀利也。盖欲人识世事变迁，而增其闻见，为格物致知之一助耳。若其中之所载，间有文

① 卓南生：《中国近代报业发展史》，中国社会科学出版社 2002 年版，第 83 页。

② 卓南生：《中国近代报业发展史》，中国社会科学出版社 2002 年版，第 115 页。

③ 1868 年后，上海新报进行了改版，第一、三、四版为广告，第二版为中外新闻。关于《上海新报》的研究，参见赵楠：《十九世纪中叶上海城市生活——以〈上海新报〉为视点》，载《史林》2004 年第 1 期。

理不通，事实不符者，是余智之所未逮，万望诸君恕而正之。今所印第一张，即行分送，不取分文。嗣后喜看者，每张须给钱二文。聊为纸料、人工之费焉"①。由于不以赢利为目的，该报对于刊登广告并不热衷。在19世纪60年代中期，广州商业已经处于恢复阶段，民众对商业信息的需求较为迫切。但《中外新闻七日录》在一些新闻性质的文章中，仍然有广告性质的文字。如创刊号刊登了《博济医局》、《惠爱医院》、《男女义学》、《西关义学》4篇带有广告性质的文章，虽然没有标明为"告白"，但其推销的意图较为明显。如博济医局为湛约翰主持，自然要加以介绍，"此局多年施医送药，每逢礼拜一、礼拜三、礼拜五看症，倘有奇难杂症，到局就医，内有住所，年中亦赠种洋痘"②。博济医局是慈善性医院，但该文带有广告宣传的意图，仍然较为明显。又如介绍西关义学："长老会复设男义学书馆二间，一在十三甫珠巷口福音堂内，延请□先生教读，一在恩宁里，延请庞先生教读。女义学书馆一间，在三角市，延请钟女先生教读。"③还有一家唐英书塾的广告云："英国人未士詹伯家，向在河南洲嘴设教番话、番字。因门徒多而馆房少，现迁西关三角市。凡有志欲学者，请至三角市唐英书塾。每月脩金贰元，半幼童初学者，每月脩金一元半。甚易上手，且唐书并解。"④ 这则刊于农历1867年8月的广告，从一个侧面反映了当时广州社会已有学习英语之风，前几年的普遍仇外情绪也有所缓和。

该报还通过刊登西方书籍广告，以扩大西方文化影响。如一则售书广告云："有英国医士合信所著《全书》，在惠爱医馆、博济医局、双门底福音堂出卖，每套五本，价银九钱。惠爱医馆、河南太盛洋货铺有《英华字典》出卖，每套价银两员(元)。"⑤ 这是一则带有商业推销性质的广告，尽管标题没有注明，但其意图是推销书籍，并列出价格，向读者表达的意图较为明确。第139号的《本馆告白》，则是一则倡明办报宗旨的广告，对投稿作者申明："盖欲绝子虚乌有之谈，故先示杜渐防微之意也。若夫无稽之谈，不经之论，或倡邪说以害正教，或造讹言以毁商人，或假公事以报私仇，或居下流而讪上位者，一概不敢妄录。留心斯文者，请赐教焉而勿吝。"⑥ 这则广告，体现了该报追求新闻报道客观、公正的立场。这在当时是具有远见的办报方针。

但是，这份以新闻报道为主的周报，除了少数几期刊登广告性质的文字之外，并没有延续《东西洋考》报道广州市场行情的做法，这与办报者的宗旨和广州的形势有着密切关系。当时广州商情不再是西方社会关注的焦点，而传教士在广州的医学播

① "小引"，《中外新闻七日录》，1865年2月2日。
② 《博济医局》，载《中外新闻七日录》，1865年2月2日。
③ 《西关义学》，载《中外新闻七日录》，1865年2月2日。
④ 《英国先生标红》，载《中外新闻七日录》，1867年9月5日。
⑤ 《各种书出卖》，载《中外新闻七日录》，1865年2月16日。
⑥ 《本馆告白》，载《中外新闻七日录》，1867年10月3日。

道事业，与早期的宗教布道有着很大的差异。以新闻打动读者，是办报者的主要目的。而商业行情，并不能引起这些没有商务背景的传教士的注意，更不能引起以街坊为主体的下层受众的关注，这在1865年创办的《广州新报》则表现更为明显。《广州新报》的创办者美国传教士嘉约翰（John Glasgow Kerr）也是一位医生，该报同样依托医院发行，特别注重以当地新闻吸引读者的注意，很少见到广告性质的文字。西方传教士在办报方针上的转变，导致了新闻传播的偏向，使报刊远离商业市场，未能充分发挥传播商业信息的作用。而19世纪70年代，除了1872年创办的《羊城采新实录》短暂发行之外，广州市场上难以见到本地报刊的踪影，更谈不上报刊广告的传播。

光緒甲申年十二月初一日

述報

本報每日一張每月逢十書局停工本館初開事皆草創每月六逢十停派俟消路既廣當增闊紙張每月印足三十日以免間斷　賜顧者請至省城多寶大街海墨樓石印書局十八甫嘉禾書室十七甫品經堂雙門底六雅齋儒林閣河南金花廟源信棧掛號以便派送或向送報人掛號亦可每月價銀壹中員閱週年者派足十二個月價銀五大員脚力在內各埠信資閱者自給零沽每張一分二厘代消至百張以外九折算五百張以外八五折算凡印登告白第一日每字價銀四厘第二日至第七日按日每字價銀三厘第八日起按日每字價銀二厘不論登報幾天至少以五十字起計多則以十字遞加圖樣另議

图2-8　《述报》，1885年1月16日

1884年创办的《述报》（见图2-8），打破了广州报刊业的沉寂。《述报》是我国最早出版的石印日报，印刷非常精美，字体工整美观，版式设计独出心裁。其《本馆告白》声称：“每日一张，每月逢十书局停工。本馆初开，事皆草创，每月亦逢十停派。”[①] 该报每期4页，第1、2页“述中外紧要时事”，第3页“译录西国一切图式书籍”，第4页刊登“各行告白及货物行情、轮船出入日期”[②]。可见，每期的广告所占的比重较大。但是在19世纪80年代，一般商家和企业的广告意识不强，《述报》的广告一般以书籍类为主，如《海墨楼石印书局告白》（见图2-9）、《越南今地舆图》、《售书告白》等广告，都以较为固定的版式，出现在1884年每期《述报》的广告栏目上。其中书籍广告基本上为海墨楼石印书局所刊登，因为同为一家主顾，刊登广告颇为方便，而且节约费用。其他类型的广告，尚不多见。

1886年创办的《广报》，则是一家具有浓厚商业气息的报纸。其告白称：“本局所出报章，凡本城地方，向例皆即日派到，以供快览。如即日未有报送到者，即

① 《述报》，1884年9月19日。

② 方汉奇主编：《中国新闻事业通史》（第1卷），中国人民大学出版社1992年版，第325页。

图 2－9　海墨楼书局广告（《述报》卷六，第 105 页）

是派报人之误。"① 日报传播的时效性可见一斑。《广报》主要面向广东地区，在海外也颇有影响。《广报》创办之际，广州的商业经济已经基本上摆脱了两次鸦片战争以来的颓势。各类生丝、厂丝大量出口，极大地促进了珠江三角洲地区农业商业化的发展和近代民用工业的繁荣。1884 年至 1885 年，广州口岸共出口 2 218 包厂丝去伦敦，出口 5 973 包缫丝到欧洲大陆，出口 3 412 包经丝去美国，出口 2 006 包长丝到印度②，由于国际市场对蚕丝的大量需求，丝价不断提高，一般每担在 400 元至 500 元

① 《广报》，1887 年 11 月 25 日。

② 广州海关志编委会等编译：《近代广州口岸经济社会概况——粤海关报告汇集》，暨南大学出版社 1995 年版，第 292 页。

之间。丝属于初级加工品，特别是机器缫丝的大量出口，使厂丝的附加值大为提高。以丝为主要产业的加工业直接带动城市相关产业发展，特别是商业、饮食服务业等发展迅速，广州城市的消费型特色进一步显现。新兴的工商资本和大量流动人口，对商品信息非常敏感，他们迫切需要通过便捷的途径，获取相关的市场信息。《广报》作为广州最具影响力的大众媒介，自然注意到民众对商品信息的渴求，为了更好地向读者报道广州市场动态，《广报》开设了一个名为《省城货价行情》（见图2－10）的栏目，早在鸦片战争之前，传教士在广州创办的《东西洋考每月统记传》、《广州记录报》等报纸中也有此类性质的栏目。但是这些报纸刊登的市价行情，主要以刊登进口商品的价格行情为主，且内容较为简单，对广州本地日常用品并没有作详细分析。《广报》的货价行情则立足于日常消费品价格的报道，主要反映了米、油、豆、水产品的最新价格。

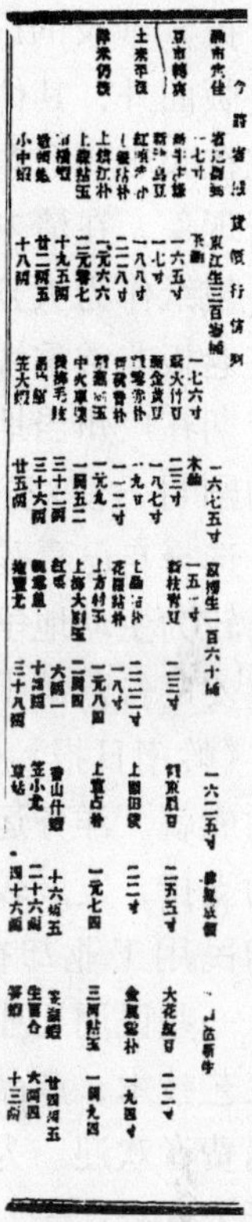

图2－10　省城货价行情（见《广报》1887年11月18日）

《广报》广告具有时代特色，它在形式和内容上都有所突破。其广告版面经常根据内容的需要进行调整，如1887年11月的广告内容较少，但几则广告都具有鲜明特色。以11月15日的4则广告为例，第一则是《股份价值行情》，第二则是药店的推销广告，第三则是一家旅店的广告，第四则是推销其创办人邝其照编译的《华英字典》的广告。同时，《广报》的广告注意编排上的美观，由于使用铅字排版，在版面设计上，注意突出广告标题，视觉冲击力较强。

19世纪90年代，广州经济已呈现一派繁荣的景象。一个集贸易、工业、农业为一体的经济体系已经显示出强大功能。机器缫丝业为广州经济带来了巨大的转机，使广州的社会结构和消费水平发生深刻变化。新的专业农民、工人、城市雇工、民族资本家等社会阶层，改变了传统的阶层划分。外贸收入成为广州保持较高消费水平的重要经济来源。为生产和生活服务的各行各业，特别是不断增多的商业店铺，扩大了消费市场的网络体系，金融业作为服务于新式丝厂和农民扩大再生产的借贷机构，获得了广阔的生存空间，大量民办工业在乡间创办，有利于城乡经济的融合，城乡之间的社会流动性也大大增强。报刊与商业社会的联系非常紧密，报刊广告的内容和形式发生了巨大变化。

创办于光绪十七年（1891年）的《岭南日报》，在内容编排上，与之前的广州本地报刊有着明显的区别。它在第一版显著位置刊登广告（见图2－11），体现了其广告营销策略方面的大胆突破。在此以前，广州其他报纸很少在第一版刊登广告。《岭南日报》的广告，在某种程度上反映了商业的变化态势，与《广报》相比，《岭南日报》涉及的广告类型更多，除了药品广告占据重要版面外，其他一些类型的广告也纷纷亮相，如戏院在头版刊登票价及剧目广告，乃是报纸广告业的新现象。在清末传播媒介较为落后和单一的情况下，报纸作为大众媒介的传播优势是独一无二的。戏院老板非常重视在报纸上作剧目的宣传。一些戏院定期在广州当地报纸的显要位置刊登最近将要出演的剧目，使戏迷能够及时了解到演出市场的信息，选择自己喜爱的节目。这种提前公布剧目的做法，较为主动地争取到潜在的观众，是戏院经营者的重要广告营销手段。

《岭南日报》的广告还体现了当时民用工业发展的成就。洋务运动后，广州大工业由于缺乏清政府的支持，发展较为滞后。但是，适应民众日常消费的民用工业却在19世纪90年代后得到快速发展，一些民用工业尽管规模不大，但采用了西方先进工艺技术，产品性能较好，价格也较为适中，颇受消费者欢迎。为了拓展市场，许多厂家和店铺在报纸上刊登广告，大力推销其产品。如《始创上门油漆行》、《广聚元精造各款皮箱》、《均和安记机器厂创制机器水龙租赁》等广告，表明了一些新兴行业开始进入消费市场，融入民众的日常生活。日用消费类广告的增多，反映了19世纪90年代报刊①广告的新趋势。

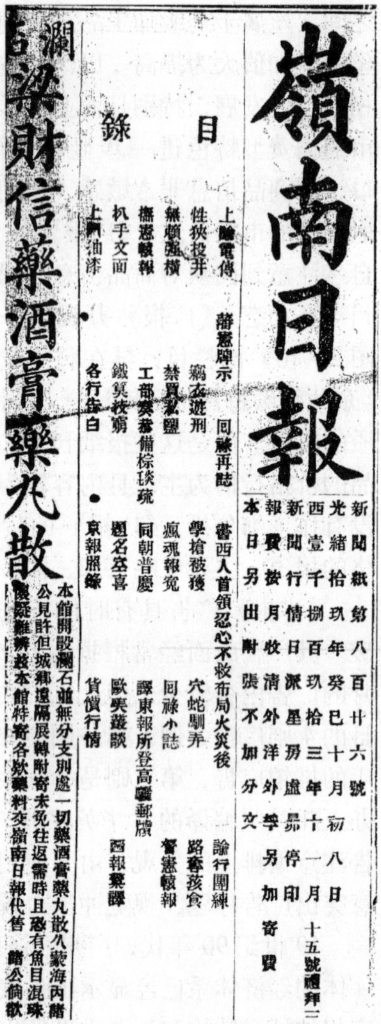
嶺南日報

新聞紙第八百廿六號
光緒拾玖年癸巳十月初八日
西壹千捌百玖拾三年十一月十五號禮拜三
新聞行情日派呈昂停印
報費按月收清外洋外埠另加寄費
本日另出附張不加分文

目錄
上諭電傳　藩憲牌示　同禁再誌　書西人首領忍心不救布局火災後　諭行團練
性狹投井　竊衣逃刑　學槍被獲　穴蛇馴弄　路毒孩食
無賴強横　禁買私鹽　瘋魂報冤　同祿小誌　督憲轅報
撫憲轅報　工部奏籌備棕毯疏　同朝普慶　譯東報所登高麗郵牘　西報彙譯
扒手文面　鐵冥技窮　匿名盜喜　歐美叢談
上門油漆　各行告白　京報照錄　貨價行情

瀾石梁財信藥酒膏藥丸散
本館開設瀾石並無分支別處一切藥酒膏藥丸散久蒙海內諸公見許但城鄉遠隔展轉附寄未免往返需時且恐有魚目混珠懷疑難辨茲本館特寄各欵藥料交嶺南日報代售　諸公倘欲

图2－11　《岭南日报》，1893年11月15日

创办于1891年的《中西日报》，是《广报》风格的延续。但其广告却比《广报》有了很大的改观。《中西日报》的广告内容，与同期的《岭南日报》很少重复。广告涉及的范围更广，如书院课榜、道观告白、招生广告、书籍广告、迁铺广告、欠款声明、戏院广告、租房广告、商品拍卖广告、茶楼酒楼广告，等等，拓展到文教、商业、餐饮、娱乐业等各个行业。其中一些新式广告，为其他报纸所罕见，如19世纪90年代初，香港、澳门饮食业在本地报刊刊登广告的做法使广州

① 传教士李提摩太曾经统计了1894年的中国报刊，他认为当年中国有报纸76种，其中上海32种，香港6种，粤东6种，粤东报纸基本上集中在广州。广州报刊数量虽与上海有较大差距，但仍然位居国内第二。见李提摩太：《中国各报馆始末》，《时事新论》卷一，国政。

一些茶楼酒楼的经营者受到启发。他们认为，在茶楼酒楼竞争加剧的状况下，通过报刊广告提高知名度，是招徕生意的便捷途径。一些酒楼为了吸引顾客，纷纷在发行量较大的《中西日报》上进行广告宣传。如当时著名的怡珍酒馆，“开设已有数十年，历经变故，今仍在故址重建”，利用开业之际，刊登广告云：“楼上厅房布置甚佳，已于本年四月十五日开张。大小满汉，而外有堂小酌。山珍备蓄，海错纷陈。酒旨肴嘉，咸擅易牙之技；价廉货美，洵称适口之宜。故凡仕宦绅商到滋欢叙者，无不意悦情怡。”① 这是广州报刊广告中较早刊登的酒楼广告，它注意突出其烹调方面的特长，企图通过广告营销提高品牌知名度。

在清末维新运动中，广州维新志士充分利用报纸的喉舌作用，以开启文明之风，广西方见闻、传播西方文化。在维新派的大力倡导下，一些开明官绅、商人也纷纷加入到办报的行列中。这一时期报刊的派系斗争较为明显，在倡明办报动机的同时，无论是维新派还是保守派，都充分利用当时报刊舆论颇受民众关注的时机，大量刊登各类广告，以获取厚利。如《安雅书局世说编》的第一、二版显要位置均刊登广告，第三、四版才刊登新闻，第五、六版基本为“各行告白”。广告占到三分之二左右的篇幅，除了传统的医药、书籍、茶店、拍卖等广告外，房地产、保险、学堂招生、招工、洋货、邮政、彩票等各类广告，也经常在报纸上出现，它充分反映出报刊在服务工商业方面的强大功能。报纸广告种类的大量增加，表明当时新兴行业积极开拓广州消费市场，各行业在品牌营销、产品推广、信息传播等方面，都非常注重报刊广告的特殊功效（见图2－12），如《安雅书局世说编》1901年11月28日第一、二版广告主要有《大清广州邮政局》、《大西洋澳门彩票改开大彩》、《吗啡粉发售》、《德厚祥记告白》、《买屋告白》、《育才书社告白》、《书社聚会》、《鸿济公司阶砖发客》、《广东全省彩票》、《卖屋告白》、《礼耀堂买屋地续告》②，等等。其中包括房地产广告4

图2－12　广告手段的变化（《安雅书局世说编》，1902年2月1日）

① 《省城怡珍酒馆告白》，载《中西日报》，1892年6月16日。

② 《安雅书局世说编》，1901年11月28日第1页。

则，彩票广告3则。另外，学堂招生和企业招工广告，也常出现在该报。同时，一些广告还采用插图的形式引起受众的注意，如一则《吗啡粉发售》的广告，上面配上了产品商标，一则治疗眼病的广告，则画上一只眼睛，一则药品广告，则画上一个药葫芦等，在广告创意上注意图文并茂，以提高广告传播的营销效果。

第四节　20世纪初期报刊广告的繁荣

一、消费型经济与报刊广告发展的契机

20世纪初期，广州消费型工业的快速增长为报刊业特别是报纸广告的发展提供了强大的动力。据不完全统计，1895—1913年珠江三角洲兴建机器船舶修造厂10余家、水电厂4家、机器磨粉业6家、建筑材料砖瓦、水泥、玻璃厂4家、火柴厂5家、卷烟厂2家、印刷造纸等厂3家、缫丝厂50余家、织染厂5家、机器织布厂10余家①。据1912年农商部统计，当时广东有2 426家工厂，其中有2 212家设于1911年以前，使用动力的有136家，共拥有动力4 566马力。广东无论"工厂数"和"使用动力数"都居全国首位②。当时广东的机器工业主要集中在广州地区，特别是与城市居民生活密切相关的轻工业、交通运输业、修理业都集中在广州。1910年，广州新设重要机器厂矿15家，资本总额达到578.1万元③。其中大部分为民办的轻工企业，其产品主要是居民日用消费品，特别是小型机器企业基本上从事日用工业品的生产。广州之制造厂，"凡用外国机器制造者曰袜、曰丝辫线、曰胶灰，其出货俱称大宗；此外用机器制造之货尚络绎不绝……此该地商务所以日见发达也"④。张之洞督粤期间，对广州工人制造机器的才能深为赞许："粤工多习洋艺，习见机器，于造枪、造弹、造药、造雷皆知门径。"⑤而工匠对于工业产品的制造则更为熟练，"粤东取材宏富，其人与西人相习，其制造与西人相似，至于工匠灵敏，制作坚固，即西人亦赞许之"⑥。广州在推行工业化的过程中，主要依赖本地民间资本，其发展方向以满足居民的日常消费的工业品为主，这与洋务运动期间的军需工业有了很大的区别（见图2-13）。清末广州工业，正如曾仲谋认为的那样："是以消费工业即与衣食住有关的工业为主体……主张推进祖国社会的发展，非要振兴解决生活的现代工业不

---

① 参见许檀：《鸦片战争后珠江三角洲的商品经济与近代化》，载《清史研究》，1994年第3期，第73页。

② 参见邱捷：《辛亥革命前资本主义在广东的发展》，载《学术研究》，1983年第4期，第72~74页。

③ 王敬虞编：《中国近代工业史资料》（第二辑下册），科学出版社1957年版，第654页。

④ 《广州商务调查》，载《东方杂志》，1909年第6期。

⑤ 孙毓棠编：《中国近代工业史资料》（第一辑下册），科学出版社1957年版，第1223页。

⑥ 孙毓棠编：《中国近代工业史资料》（第一辑下册），科学出版社1957年版，第1223页。

可，于是中国现代工业之一部的广东工业的消费工业，便随着其现代军需工业而振兴了。又因为当时国人不知道自我独立的解决生活问题的重心，并不只在于消费工业，而实在于主要的以生产工业为基础的现代工业经济的生产工业与消费工业，所以只振兴上述的消费工业，以为那就可以解决自身的生活问题了。”①

消费型工业的兴起，为机器制造业发展提供了广阔的市场（见图2－14）。《农工商报》就曾对洋商从事机器贸易业务评论道：“洋货中以买机器一项，为生财捷径，而我国有志实业者，苦无问津，殊可慨也。”② 其实，广州消费型工业，基本上是依赖进口机器而发展起来的。即便是较为简易的火柴业，“土制虽有太和、平洲、义和、佛山巧明、三眼桥崇昌、清远老怡和公司，除盒片外，其余柴枝、赤磷、盐酸等资料，全靠外国运入”③。可见广州制造业的技术创新能力很低。虽然有能工巧匠，但缺乏基本的科技知识，即便是简单的模仿，也受到原料和技术的限制，未能取得技术上哪怕很小的革新。清末，广州一些地方官员对于技术进步还有所注意，如有新闻报道，针对民间能人仿制显微镜的活动，官方公开表示支持，认为“裨益教育，杜塞漏邑”。由此可以看出，某些地方官员对振兴民族制造业还是有所期待的，只是这种奖励措施，在当时的制度性缺陷中，显得十分寂寥。

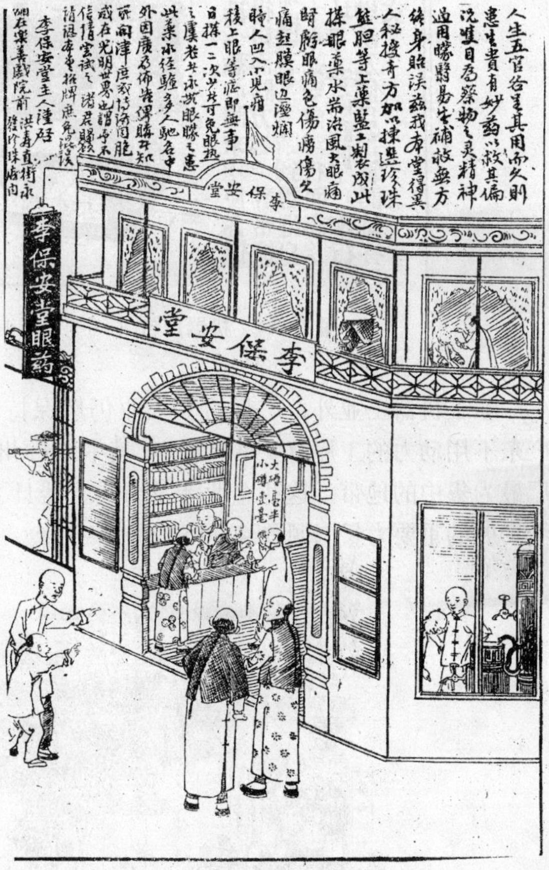

图2－13　《赏奇画报》，1906年第5期

① 曾仲谋：《广东经济发展史》，载广东省银行1940年版，第121页。

② 《想买机器者须知》，载《农工商报》，1907年第6期。

③ 《制造火柴调查》，载《农工商报》，1907年第35期。

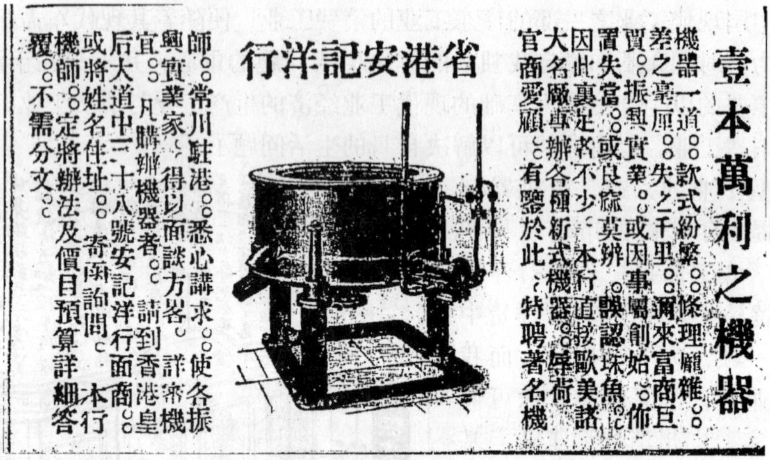

图 2－14　**机器广告**（《光汉日报》，1911 年 12 月 5 日）

除了机器工业外，广州的手工业仍然保持着较为稳定的发展态势。1912 年统计广东不用动力的工厂有 2 290 家①。其中以广州为中心的珠江三角洲地区是手工业工厂最为集中的地带。这些企业涉及织造、器具、饮食、药品等各种行业，成为区域经济发展的重要力量（见图 2－15）。

图 2－15　**广昌丝厂**（《赏奇画报》，1906 年 15 期）

① 转引自邱捷：《辛亥革命前资本主义在广东的发展》，载《学术研究》，1983 年第 4 期，第 73 页。

民国初年，随着朝代更替和社会动乱，广州商业曾一度受到影响。如1912年7月11日的《民生日报》报道："近来银价日高，而纸币价日落。一般小贩商人，倍形困顿，即大行商业，各项交易，因银根短少之故，不无牵障。打铜街、灯笼街各银号，多以生理不前，辄行停闭……而各项小贩，纷纷检收货物，负担自归。其商业之大者，亦连忙上铺不暇。市面情形，较昔日倍行冷淡。"① 但是，在1912年至1919年间，"希望与失望、前进与倒退、失败与成功相互交替"②。动乱并没有对进口造成很大的影响，1912年至1920年的9年时间里，进口总值均维持在15 000万左右的水平上③，西方新型工业品的进口额大量增加。随着机器工业的发展，新型火柴、卷烟、制药、电力、自来水等企业纷纷设立，粤汉、广九、新宁、三佛铁路的开通，加上轮船、汽车交通工具的使用，使广州与港澳和珠江三角洲城乡之间的联系更为紧密。这些有利条件，使广州工商业在动乱中，仍然保持着较快的增长势头，如士敏土厂、制造新局、轮船招商局 、电力公司等，已颇具规模。士敏土厂"自划归实业司接管后，经关司长刘总办加以整顿，一面改良制土，以应市面之贩运；一面推广销路，以杜外人之搀夺……日前每桶价值三元有奇，近则涨至四五元有奇。暹罗及南洋各埠，尚纷纷投资顶买，争先恐后。几有应接不暇之势云"④。工商业的发展，使商业形态发生了极大的变化，民国初年，先施、真光、生生、大新等新型百货公司纷纷设立，直接推动了消费文化的大众化进程。

消费型工业的兴起，金融、交通、保险等新兴行业的发展，推动了城市经济的快速发展，为报刊业的繁荣提供了有利的环境。报馆的开设，不仅需要社会各方面的资金投入，更需要进行独立的产业化运作。除了少数官报之外，私人性质的报刊，必须有明确的社会定位，通过自身的经营特色吸引受众，进而积累经济资源和文化资源。报纸要获取更多的利润，就必须充分利用经济手段，进行市场化运作，这样，各类企业、店铺与报刊之间互为依托。企业通过报刊广告推销产品，提高知名度，报纸则从各类广告客户那里获取源源不断的资金，不断进行市场扩张。没有发达的市场，就不可能有繁荣的报刊业。

报刊业的发展与政治环境的变化也有着密切联系。20世纪初，各种政治势力纷纷登场，在控制话语权方面，他们都从传统的门派之争，转向成熟的整体对抗。各派别面对的社会形势，与19世纪末也有明显区别。由于清政府在社会公共领域缺乏足够的制约能力，使地方政治势力空前膨胀，尤其是在广州这样一个具有革命传统、开放而相对自由的城市，各种政治派别之间的争论和斗争更为激烈。作为近代第一份中文报刊的诞生地，广州的传媒事业有着很好的文化根基，各种政治派别对报纸传媒非

① 《羊城市面之悲观》，载《民生日报》，1912年7月11日。

② 广州海关志编委会等编译：《近代广州口岸经济社会概况——粤海关报告汇集》，暨南大学出版社1995年版，第993页。

③ 黄增章：《民国广东商业史》，广东人民出版社2006年版，第11页。

④ 《士敏土之大有起色》，载《民生日报》，1912年9月11日第5页。

常倚重，并视之为扩大政治影响的有效途径。除了利用19世纪末原有的报纸进行政治宣传外，各派政治势力竞相创立属于本派别的报刊，并以此作为向对方进攻的最有效武器。检视20世纪初广州新创办的报刊，大部分都有明确的政治主张，在受众看来，政治倾向的差异意味着对某种报刊的取舍。政治性报刊代表着不同利益集团的现实诉求，也为受众的意识形态划分了一条明显的界线。

戊戌变法失败后，新思潮在广州迅速传播，新兴民族资产阶级和进步知识分子对于君主立宪深感失望。孙中山早年经常在广州从事革命宣传活动，并培养了一批革命信徒。在孙中山革命排满思想的影响下，许多广州革命志士充分利用报刊媒介揭露清政府的腐败无能，宣传民主革命思想，主张以暴力革命推翻清政府的统治，建立民主共和国家。在20世纪初期，民主革命派创办了许多报刊，如《群报》、《人民报》、《南越报》、《国权报》、《平民报》、《天民报》、《齐民报》、《震旦日报》，等等。这些报纸，言辞颇为激烈，威胁到清政府的统治基础，出版后便遭到地方当局的多方查禁，存在时间不长。寿命最短的《天民报》，仅出版两天，就被地方当局取消。

一些革命党人所创办的报刊，在版面形式上进行了创新。为了更好地传播革命道理，突出新式报刊的独特个性，一些报刊分为庄谐两部，庄部刊登论说、电讯、新闻等，谐部则以副刊的形式出现，专门刊登粤讴、歌谣、南音、班本、小说、野史等，内容通俗易懂，形式多样，许多作品来源于日常生活，多方面表现市井文化，同时，在叙事中夹带议论，对封建落后思想进行批判和讽刺，深受读者喜爱。

这一时期，广州创办了一些具有守旧和鼓吹君主立宪思想的报纸。这些报纸大多与地方政府有着一定的联系，办报者利用官方资源，获取一些独家报道，以博得名声，如《羊城日报》、《国事报》等。《羊城日报》迎合清政府假意维新、预备立宪的需要，故意装出为民请命的架势，利用民众对贪官的仇恨心理，揭露一些地方小官吏的不法行径，以博得读者嘉许，而对地方大员，则丝毫不敢得罪。由于保守派多为地方士绅，经济实力雄厚，善于观言察色，对于时势有较为深入的研究，其创办的报刊销路颇广。

针对当时革命派和保守派的论争，一些商业社团保持了中立的态度。20世纪初期，一些商业团体和大商人，特别关注经济利益，对于政治上的纷争则避而远之。他们充分利用广州商贸发展的良机，注意发挥商业报纸在传播商业信息方面的独特作用。报纸经营者善于拓展商业市场，寻求与工商企业的合作，如《七十二行商报》、《商权报》、《总商会报》、《农工商报》等，这些报纸不涉及党派，不参与政治争鸣，以传播商业行情，获取利润为主要目的。

二、报刊广告发展的新阶段

20世纪初期，广州报刊发行量的快速增长，影响力逐步增强，为推动报刊广告业的发展提供了很好的条件。与19世纪晚期相比，这一时期的报刊广告在投放数量、文案制作、表现手段、涉及范围、传播方式等方面都有显著的变化。

广告收入是维系报刊生存的重要支柱。诚如民初报史专家姚公鹤所言："报馆于售报之外，其大宗收入，本以广告为首……故报馆营业之盈绌，实以广告之多少为衡。"[①] 由于清末民初的广州报刊基本上为自负盈亏的经济实体，各家报刊为谋求赢利，无不重视刊登广告。广告一般都占到报刊版面的一半以上，如1910年的《七十二行商报》（见图2－16），每期共出8页，其中第1、2、5、6、8页和第3页的一半版面为广告，又如，1910年的《国事报》，每期也出版8页，其中第1至4页及第7、8页的一半版面为广告。各报普遍将最为重要的第一、二版辟为广告专版，将广告费视为报纸的重要资金渠道。以《羊城日报》1906年10月9日的第一版广告为例，主要广告有《沙面裕兴泰洋行广告》、《省港火船》、《铁路众股东公鉴》、《招牌同名广告》、《南雅石印书局迁铺广告》、《培正师范传习所增广学额广告》[②]，等等。值得注意的是，此前广州报纸广告所用名称一般为告白，"广告"[③] 一词在当时还颇为时髦，一些报刊在第一版以"广告"称之，而其他版面的广告仍然称为"告白"。

图2－16 《七十二行商报》，1910年9月10日

清末民初的报刊广告数量也有明显的增长。如1887年11月17日的《广报》刊

① 姚公鹤：《上海报业小史》，见杨光辉等编：《中国近代报刊发展概况》，新华出版社1986年版，第270页。

② 见《羊城日报》，1906年10月9日第1页。

③ 刘家林认为，我国报纸最早使用"广告"二字的当数《申报》，1901年10月18日的《申报》正张第二版下第四栏载有一则报纸创刊的广告——《商务日报广告》。见刘家林：《新编中外广告通史》，暨南大学出版社2002年版，第4页。可见，"广告"一词，出现在中国报纸上，时间较晚，而1906年的《羊城日报》，普遍使用"广告"一词，说明其对广告术语的运用颇为自如。

登广告共11则，1892年11月15日的《岭南日报》刊登广告共15则，1901年11月29日的《安雅书局世说编》共刊登广告35则，1910年5月6日的《国事报》刊登广告共67则，而民国初期的《七十二行商报》、《民生日报》每期的广告投放量一般都在60则以上。图2-17对几份报纸的广告投放量进行了比较：

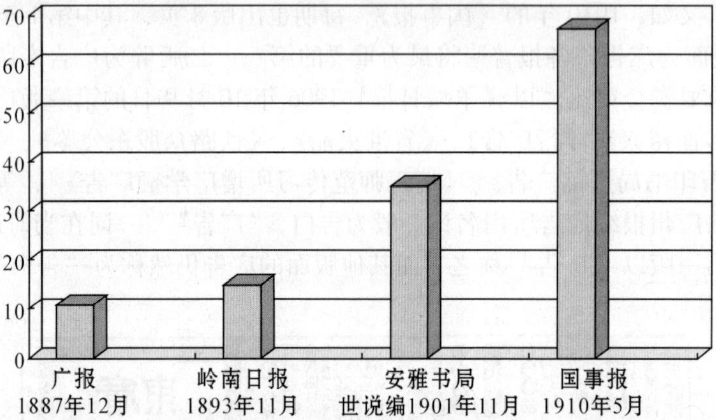

图2-17　清末部分报纸广告投放数量比较　单位：则

20世纪初期的报刊广告内容涉及当时各行各业。如《七十二行商报》的广告，与其"七十二行"相称，内容涉及当时几乎所有商业领域。从商品广告的种类分析，医药广告仍然占有较大比重，如潘人和号、两宜轩、梁同济、朱芳兰等老字号都经常在该报刊登广告。除了商品广告之外，其他新兴行业的广告也占有较大比重，如银行广告、保险公司广告、公司招股扩股广告、房地产广告，等等，这些广告反映了清末广州金融业、工业和房地产业的繁荣。经常刊登广告的有上海汇丰银行、大清广州银行、上海华通水火保险公司、冠球联保火险有限公司、普华保险有限公司、香港福安保险公司、中国华安人寿保险有限公司等数家金融保险机构，这些机构资金雄厚，在拓展业务时，重点关注那些具有投资偏好和较强经济实力的绅商，从而选择在商业性报纸进行推销。由于商业经营的基本条件是选择理想的铺面，当时房地产广告主要是以铺面转让和买卖为主，每天相关广告多达十多则乃至数十则，多冠以"买铺告白"、"顶铺告白"、"声明告白"等名称，各类商铺转让广告，反映了清末民初广州商业经济的繁荣。中小商人数量的增多，极大地改变了城市阶层结构和人口结构，促进了城市消费型经济的发展。

清末广州报刊广告的市场分割呈现多元化态势。但药品、保健品、日用品广告占有主导地位。特别是保健品广告，占据了报纸头版显著位置。如1910年5月的《国事报》，在头版第一条刊登了《华大宝利医生新发明无腥气鳘鱼肝油》（见图2-18）广告，系香港中西药房发布，对鱼肝油的功能吹嘘得神乎其神，第二条广告为推销纽约波典牛奶公司的牛奶广告（见图2－19），第三条是威建大药房推销的仁丹广告。而《南越报》的广告，多刊登补脑汁、爱理士红衣补丸、人造自来血等补品。许多补品广告刊登一个整版，如中法大药房发布的《人造自来血》广告，声称“一国之盛衰在于民气，而一身之强弱在于血气”①。将补品与国家兴盛联系起来，颇为夸张。但是，这些补品价格很贵，如艾罗医生补脑汁，“每大瓶银二元，每打二十元”②，这些神乎其神的补品，往往带有严重的虚假欺骗的成分，即使是一些民主革命派所办的报刊上，保健品广告也屡见不鲜。

图2－18　鱼肝油广告（《国事报》，1910年5月6日）

清末民初，随着广州经济的发展，特别是机器动力的广泛使用，报刊上出售机器的广告较多。香港、广州的一些洋行纷纷利用报纸媒介推广机器产品，如碾米机、面粉机、采矿机器、织布机器、印刷机器等，这些新型机器广告较为全面地展示了制造技术的巨大优势。与之相应的机器产品如皮鞋、袜子、糖果、烟酒等日用消费品，则成为报刊广告的新宠。特别是清末广州禁止鸦片运动取得一定成效后，各类香烟广告乘势而入，以另外一种方式诱导消费者，具有较好的推销效果。而真光公司（见图2－20）、先施公司等新式百货公司的广告，则体现了大众消费方式的流行。

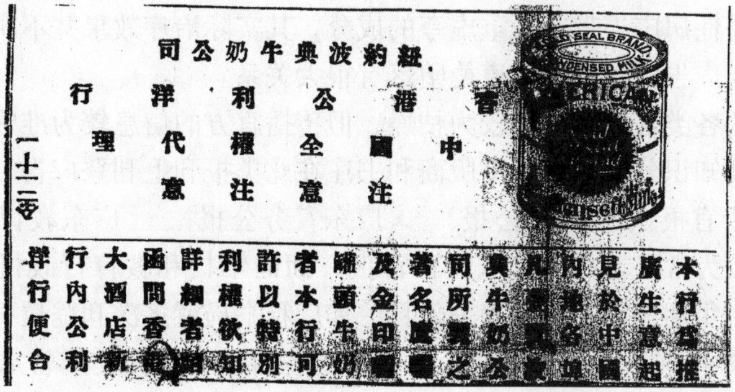

2－19　进口奶粉广告（《国事报》，1910年5月6日第1版）

① 《人造自来血》，载《南越报》，1910年5月19日。

② 《艾罗医生补脑汁》，载《南越报》，1910年4月14日。

一些专业性较强的报刊则针对目标受众细化的特点，突出一些行业性较强的广告，如《天趣报》、《游艺报》为消遣娱乐类报纸，其受众对象主要为“有闲人士”，这类读者对于酒楼、茶楼、赌馆、妓院等娱乐场所的消费需求较为旺盛，在这类报纸上投放饮食、娱乐消遣类广告，效果较为明显。清末广州酒楼业颇为发达，一些酒店为了开拓市场，利用《游艺报》读者对象颇具消费力的特点，经常在该报刊登广告。酒楼广告注意突出菜谱、消费环境等方面的特色，强调酒楼的消费档次。清末广州高级酒楼往往与妓院为邻，许多著名酒楼都集中在陈塘、东堤一带，高级酒楼可以极大地满足富豪们的声色之娱。酒楼为了招徕生意，刻意突出其与妓院的密切关系，在《游艺报》、《天趣报》的广告宣传中大力吹嘘有妓女陪同宴饮的妙处。另外，治疗性病的广告就大有用武之地。在每天的第一版上，性病、性药广告都较为常见，香港一家洪桂昌的诊所，在《游艺报》上常年刊登《擅医花柳》、《珍珠白浊丸》等广告，吹嘘其治疗性病的神奇功效：“包医限期列左……限日全（痊）愈，过期不愈，原银加倍送回。”① 此类广告，对于那些因嫖染病的色鬼们，无疑提供了很多治疗的信息，但是性病广告带有严重虚夸的成分，其实治疗效果并不明显。性病广告的虚假宣传，与广告管理无序和道德堕落有很大关系。

图 2－20　真光公司减价广告（《国华报》，1918 年 8 月 17 日）

清末民初的各类官报，内容较为枯燥，但传播官方的信息较为准确。其受众对象以官绅、学生和知识分子为主。出版商和书庄在此类报刊上刊登广告，具有较强的针对性。在《两广官报》、《广东公报》、《广东警务公报》、《广东教育官报》等报刊上，书籍广告较为常见。如《广东教育官报》面向学校和教育行政机关，故其广告以教科书为主，每期最后几页为售书价目，如广雅书局就多次刊登教科书广告，该广告刊登的书籍共 40 种②，涉及当时各类学堂的各科教材，此类广告从一个侧面反映了当时广东新式教育教材编撰工作的成果，以及新学的普及程度。由于教科书发行量

① 《香港洪桂昌迁铺告白》，载《游艺报》，1905 年 7 月 12 日第 4 页。

② 《售书价目》，载《广东教育官报》，1910 年第 1 期。

大，成本低廉，出版商的定价相对较低，适应了各类学堂的客观需求。

图2－21　化妆品广告（《天趣报》，1910年11月24日）

总之，近代广州报刊广告的发展历程，是社会变迁的一个缩影。鸦片战争前，广州报刊对商业信息的传播，标志着近代报刊广告业的萌芽。鸦片战争后的30多年，报刊广告业曾一度沉寂，但从19世纪80年代起，随着广州商贸业的恢复和繁荣，城乡经贸联系的加强，专业化生产水平的提高，报刊广告业得到快速发展，并成为商业文化的重要载体（见图2－21）。报刊广告展现了商品社会的丰裕景象，为消费者提供了全新的信息传播方式。全面深入地研究报刊广告的具体内容、表现手段、说服方式和传播效果，可以多视角分析广告文化背后所蕴涵的丰富意义。而广告如何承载消费者的期待和欲望，见证消费者生活方式和都市社会的变迁，则需要从消费文化与社会文化的层面进行全面解读。

第三章

广告、受众与消费文化形塑

CONSUMER IMAGE AND
METROPOLIS SPACE

第一节 技术、成本与广告传播

一、广告形态：技术和视觉的角度

价格低廉的报纸总是倚重两个东西，一是技术进步，一是新闻①。近代广州报刊印刷技术一直走在全国的前列。1833 年创办的《东西洋考每月统记传》，是国内最早采用石印技术②的报刊，之后，《各国消息》、《述报》等报刊都采用了石印技术。石印的文献，文字和图画与原作不差毫厘，文字多为蝇头小字，笔画清晰，彩色石印的文献，画面的色彩明暗浓淡一同原作，几乎可以乱真③。石印与传统雕版印刷相比，制版速度相对较快，节约了时间成本和印刷成本。但石印技术有许多不便利之处，石板笨重，不便于操作，石板材质碎，制版和印刷很不容易。使用石印技术印刷的报刊，由于印刷速度较慢，复制成本较高，对于广告栏目的设置，一般采取简单处理的方式。广告字体、标题设计都比较单一，很少见到图文并茂的广告，视觉冲击效果不太明显，这些早期的报刊广告，一般以货价行情、书籍广告、轮船航行日期等方面的内容为主，广告文案缺乏创意，说服力和视觉冲击力不强。

19 世纪末期到 20 世纪初，随着铅印技术④的广泛使用，报刊的印刷质量大为改观，报刊版式的设计也不断创新，如《广报》在报头两侧标明其“派报处”，醒目地向受众进行“推销”，经营网点的多少，不仅代表了报刊的发行范围，还向受众展示了报刊的实力（见图 3－1）。这种“软广告”，为清末广州各大报刊普遍采用。随着发行量的增多，20 世纪初期的一些报刊头版的“代理处”增加到 20 多处，1912 年 5 月出版的《民生日报》（见图 3－2），在港澳和省内外的代理处更是达到了 52 处⑤。代理处的增多，体现了报刊发行量和影响力不断扩大。

---

① ［加］哈罗德·伊尼斯著，何道宽译：《传播的偏向》，中国人民大学出版社 2003 年版，第 138 页。

② 石印是平版印刷的一种方法，是德国人 A. 逊纳菲尔德（1771—1834）于 1798 年发明的。它是根据石材吸墨及油水不相容的原理创制的，其基本程序是：先将文稿平铺在石板上，上面涂上脂肪性的药墨，使原稿在石板上显印出来，然后涂上含酸性的胶液，使字画以外的石质略为酸化再开始印刷。因酸化的石材受水拒墨而无色，未酸化的部分拒水着墨而显色，这样便将字画按原样印在空白纸页上。见 http：//baike. baidu. com/view/363847. htm。

③ http：//baike. baidu. com/view/363847. htm。

④ 创刊于 1853 年的《遐迩贯珍》是中国近代最早使用铅字印刷的中文报刊，但内地报刊采用铅字印刷始于 1872 年的《申报》。汉字铅印技术是由传教士引进的，其始作俑者为传教士马礼逊，他于 1807 年到广州传教后，开始秘密雇人刻制汉字，因被官府得知而告失败。1859 年，传教士姜别利在宁波创制电镀字模，开创了铅字印刷的新时代。1872 年，上海申报馆购置欧式手摇轮转机，每小时可印报几百份，使报纸印刷技术有了质的飞跃。

⑤《本报代理》，载《民生日报》，1912 年 5 月 7 日第 1 页。

光緒十三年

廣報

第肆百零三號

拾月初壹日

图 3－1　《广报》报头，1887 年 11 月 15 日

民生日報

編輯發行所在廣州打銅街門牌五十九號

中華民國郵政認爲新聞紙類

（電話一千二百一十四號）

新聞紙第三號

發行人 陳德芸

編輯人 陳仲偉

羅公亮有益告白

图 3－2　《民生日报》的代理处（《民生日报》，1912 年 5 月 7 日）

铅印技术的使用，也促进了报刊排版水平的提高。在《广报》创刊之前，广州报刊一般使用“书页式”排版，类似传统的书籍装订方式，每版所排印的字数较少，版式设计存在许多局限。《广报》采用铅印技术后，采用对开的大张排印方法，在版面设计上可以有较多的发挥空间。报头字体非常显眼，报头下方列有当日的目录，新闻标题也非常醒目。各栏目之间留有一定的空隙，显得较为整齐、开阔。值得注意的是，随着排版技术的进步，报刊经营者非常注重版面的商业价值，19 世纪末，《岭南日报》率先在广州报刊头版刊登广告，如 1893 年 11 月 1 日的头版刊登了 3 条广告，其中第一条非常醒目，广告标题“澜石梁财信药酒膏药丸散”，采用黑体正楷字，排在头版目录之后，格外显眼。20 世纪初，广州创办的报纸，头版基本上都刊登广告，如《安雅书局世说编》1901 年 11 月 29 日第一版的广告多达 20 则，涉及文化教育、房地产、邮政、医药、博彩等行业，头版广告收入成为报刊的重要赢利点。

随着印刷技术和排版水平的提高，图画开始出现在 19 世纪末期的广州报刊上。

赵君豪在《中国近代之报业》一书中，比较了文字和图画广告的传播效果，他说：“吾人披阅报纸，对于文字广告，排列紧密，且又冗长者，且不喜详加阅览，独于图画广告，致其欣赏之意，或注视甚久，不肯舍去，以其具有艺术气韵，能引人入胜也。”① 近代广州报刊的早期文字广告一般以告知受众商品信息为主，广告文案制作较为简单，如《述报》刊登的广告，多为介绍海墨楼新近出版的书籍名称。又如《广报》上的广告，内容较为简单，版面设计上也颇为单调。随着技术的进步和报刊业竞争的加剧，报刊经营者在广告创意方面有了新的认识，如 1901 年的《安雅书局世说编》开始运用图像进行“符号传播”，并以此丰富报刊的视觉形象（见图 3－3）。

图 3－3　商标（《安雅书局世说编》，1904 年 2 月 20 日）

由于图画广告的艺术性和观赏性，广州各大报刊纷纷采用各种图案、图片进行广告推销，如 1906 年 10 月 9 日的《羊城日报》头版，刊登一则《沙面裕兴泰洋行广告》，绘制了一幅巨大的七层宝塔，与沙面附近的花塔极为相似，将宝塔图像移植到

① 赵君豪：《中国近代之报业》，上海申报馆 1938 年版，第 209 页。

洋行的介绍中，有暗示洋行位置和经营优势之意（见图3-4）。在《羊城日报》其他各版的广告中，香烟、进口机器图片较为常见。1910年前后的一些广州报刊广告中，还在显眼位置配上照片予以推销。一些医疗广告刊登患者的照片，向受众现身说法，宣称某诊所医生是如何神奇地治好某种病患，某种药品如何神奇地使病人恢复体力和容颜，等等。如《国事报》1910年5月6日第2页的广告，就有两幅照片，一幅为“镇江名士来函”（见图3-5），其广告云：“贵医士所制之保肾丸，恰能治鄙人病症，即就近由本埠中西药房购服半打，不意未到壹月，宿病全除，且饭量增加，精神倍昔。”① 而另一名来自上海的“长老会牧师俞国桢夫人”，其“形象”雍容华贵，并陈述道：“患血薄气衰、胸背疼痛、呕吐、晕眩等症，服韦廉士大医生红色补丸血而获痊愈。”② 利用人物形象现身说法，成为清末民初广州报刊广告的重要营销手段。照片形象作为视觉说服手段，在清末报纸广告中的重要性不断凸显。正如保罗·梅萨里（Paul Messaris）所言：“所有通过摄影手段制作的形象不仅是图像符号，他们同

图3-4 沙面裕兴泰洋行广告（《羊城日报》，1906年10月9日）

图3-5 医药广告（《国事报》，1910年3月27日）

① 《镇江名士来函》，载《国事报》，1910年5月6日第2页。

② 《拯我疾苦》，载《国事报》，1910年5月6日第2页。

时也具有标志性。当摄影形象作为某一广告论点的文献证据时，标记性是视觉说服过程中一个至关重要的组成部分。”[①]广告照片的使用与印刷技术的提高有着密切联系。20 世纪初，广州的一些专业排版公司从西方引进了先进的“电版”技术，利用机器进行排版，大大提高了印刷质量和速度。如粤东编译公司号称粤东唯一印刷部，“购备各种新式机器，多聘名手工匠，电铸、铜模、铜版及华洋大小铅字，约物花形发售，并揽印各种书报、文件、仿单，均属工精价廉，异常快捷”[②]。一些印刷商还引进西方新式电版技术，比一般铅印品质量要高出许多。西关一家博艺公司的广告称：“国愈文明，测量、建筑、制器愈进步，而事事需摄影与图画传播，摄影图画，则以电版为至疾速，至精良。故近日商标、族谱、教科、标本等，恒多用之。以其虽极细致之品，一经撮印，亦玲珑光艳可爱。”[③] 这种电版技术，当时在国内非常少见，对报纸书籍印刷质量的提高，起了重要作用。清末广州出版的报纸，有时配有精美的照片，与采用先进的制版技术有很大关系。

技术的进步，导致了广告传播方式的变革。在 1890 年之前，广州报刊广告一般采用“告知”性传播方式，主要向受众介绍商品的功能和价格，而在 20 世纪初期，随着图片、照片等大量形象符号的使用，广告的说服功能大大增强。特别是药品、化妆品广告，利用俊男美女的形象，对商品的特殊功能大加渲染。如一则韦廉士红色补丸的广告，声称疗效甚佳，曾使“天津少年精力复原”，并配以“蔡仲琪君玉照”，照片上这位年轻公子眉清目秀，精力充沛，是因为吃了这种补丸后，“胃口有味，面色转红”[④]（见图 3－6）。而另外一种以“BEAUTIFYING WATER”为醒目标题的广告，在一个巨大的放大镜里，一位美女含情脉脉地注视着受众。其广告词声称：“凡老幼男女皆可使用此花颜水，均得转丑成美。”[⑤]（见图 3－7）这类具有诱惑力的文字，在广告图像的配合下，巧妙地运用受众的视觉反应，抓住人物形象与产品之间的某些联系，在特定情境下有着“虚拟现实”的效果，从而激发受众的购物欲望，达到引诱受众消费的目的。这种说服式广告，比起早期的单纯的商品功能介绍，其广告技巧要高明得多。

① ［美］保罗·梅萨里著，王波译：《视觉说服——形象在广告中的作用》，新华出版社 2004 年版，第 12 页。

② 《广东唯一印刷部》，载《农工商报》，1907 年第 9 期。

③ 《博艺公司精良电版》，载《时事画报》，1908 年第 27 期。

④ 《脱离病床》，载《人权日报》，1914 年 9 月 26 日第 6 页。

⑤ “BEAUTIFYING WATER”，载《人权日报》，1914 年 9 月 26 日第 6 页。

图3－6　洋药广告（《人权日报》，1914年9月26日）

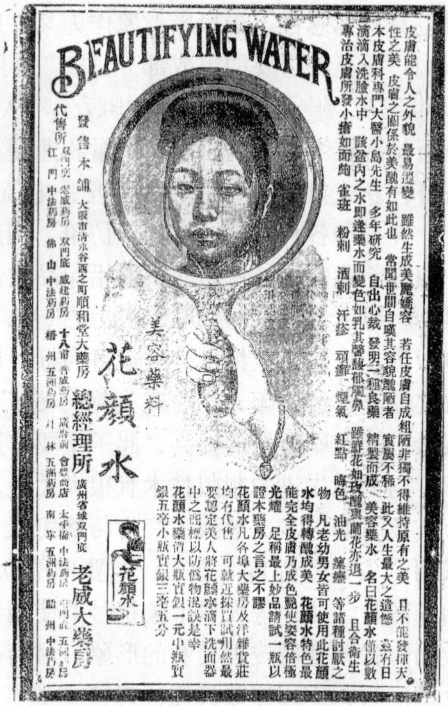

图3－7　花颜水（《人权日报》，1914年9月26日）

二、广告价格与发行市场

西方人在广州所创办的早期报刊，广告较为少见。诚如戈公振所言：“往者交通阻滞，报纸鲜少，偶有广告，亦只轮船进出、拍卖货物及寻人之类耳。”① 鸦片战争前，广州作为中国报刊业中心，出版了9种报刊，其中7种为英文报刊。这些英文报刊的受众对象为外国读者，大量报道中国政治、经济和文化方面的问题，特别是对鸦片贸易的合法化进行辩护，体现了西方国家掠夺中国财富的图谋。由于这些报刊大部分销往西方国家，对19世纪二三十年代广州贸易的发展起着一定的舆论导向作用，使广州在国际贸易上的地位和影响大为提高，也使贸易体制上的争端不断上升为国际问题。同时，更多的西方人进一步认识到中国的落后和保守。但是，这些英文报刊在广州的影响力很低，中文报刊在创办之初，发行量很低。如《东西洋考每月统记传》的创刊号仅印600本，不久加印300本，在广州拥有一些中国读者，但是订阅的很

① 戈公振：《中国报学史》，台湾学生书局1976年版，第282页。

少[①]。直至19世纪70年代前，外国传教士在广州创办的报刊，一般采取赠送的方法，利用“文字播道”方式开展宗教活动，由于宗教报刊缺乏商业营销和赢利的动机，故其对刊登广告的热情不高，如《中外新闻七日录》采取有偿阅读的方式，但每期仅售价两文，极为廉价，虽然该报宣称每期读者上万人，但是创办者并没有市场化运作的意识，对于传播商业信息并不热衷。

1880年代，中国人自办的报刊在经营性质上与宗教报刊有着明显的区别。《述报》第4页刊登“各行告白及货物行情、轮船出入日期”[②]。该报每期4页，其中广告版面占到1/4，可见办报者对于广告营销较为重视。但是《述报》的发行范围主要以广州地区为主，当时广州工商业虽然较为繁荣，但广告推销的氛围尚不浓厚，商业店铺很少在《述报》上刊登广告。稍后的《广报》销路要好一些，1887年该报在国内外设立了16个销售点，但每期的销路难以突破2 000份。报刊销量直接影响广告传播的范围和效果。除了少数药店经常刊登广告之外，其他行业仍然对报刊广告兴趣不浓。

随着维新思潮的涌起，报刊作为舆论喉舌的作用不断被强化，许多商人和企业主注意到报刊在传播商业信息方面的重要作用，对报刊广告日益重视，纷纷在报刊上刊登广告，以招徕生意。1900年后，《安雅书局世说编》的头版经常刊登广告，说明了报刊经营者将广告视为赢利的重要手段，以显著位置虚位以待，将广告费收入视为报刊的生财之道。广告收入的增长，也进一步促进了报刊销量的提高。如《羊城日报》、《国华报》等报纸的销量都曾达到万份以上。

印刷技术的进步和报纸销量增长，也使报费有下降的趋势，如《羊城日报》“零沽每张十五文，另附张每张五文，本城每月报费银四毫，本省各埠每月报费银四毫五仙，港澳每月报费银五毫”[③]，《游艺报》“每月收银二毫半”[④]，《光华报》“零沽每张三仙，本城每月报费五毫”[⑤]，《七十二行商报》“零沽每张二仙，本城每月报费四毫五仙”[⑥]，《震旦日报》“零沽每张三角，本城每月报费银五毫”[⑦]。《两广官报》“每册报费三角，全年六元五角”[⑧]（见图3-8）。一些政论性、学术性报刊的价格更为低廉，如《砭群丛报》就声称：“本报以发扬道德，鼓吹学术，提倡学术之故，意不在牟利，是以定价格外从廉。……本报每册附入精本书画、碑版至十纸或十余纸之

① 方汉奇主编：《中国新闻事业通史》（第1卷），中国人民大学出版社1995年版，第183页。
② 方汉奇主编：《中国新闻事业通史》（第1卷），中国人民大学出版社1995年版，第325页。
③ 《报费价目》，载《羊城日报》，1906年6月19日第1页。
④ 《游艺报》，1905年8月12日。
⑤ 《本报价目》，载《光华报》，1911年12月15日第1页。
⑥ 《本报价目》，载《七十二行商报》，1910年9月20日第1页。
⑦ 《价目》，载《震旦日报》，1911年11月20日第1页。
⑧ 《报费》，载《两广官报》，1911年第14期。

多，及本报各种内容，每册凡一百二十余号，仅收工本银三毫。”[①] 又如，《文言报》在创刊号中注明：“每月出报两册，收银三毫，先交全年者三元……如先定阅此报者，将来兼阅日报，报价照八折减收，日报每月收银四毫，先交全年者，四元。”[②]《文言报》系文摘性质的杂志，为了提高发行量，与其日报捆绑发行，订户可以获得八折优惠，这是报纸规模化经营的体现。总体上看，清末民初广州报刊的年订阅费一般在 7 元以下。这对普通受众而言，常年订阅一份报纸，已成为比较容易实现的文化消费项目。

總發行所在廣州第七甫門牌七十七號
震旦日報
電話第一千五百零二號
新聞紙第貳百四拾四號
郵政特准掛號認爲新聞紙類
（價目）
零沽每張三仙
本城每月報費銀五毫
本省各鄉每月五毫半郵費另加
港澳每月八毫半
外省各埠每年連郵費九元遇閏照加
外洋各埠每年連郵費拾三元遇閏照加

图 3-8 《震旦日报》，1911 年 11 月 20 日报头

① 《发行章程》，载《砭群丛报》，1909 年第 1 期。
② 《文言报》，1902 年第 1 期。

报纸价格的下降具有多方面的意义。首先，对于办报者而言，如果不通过扩大发行量降低报纸成本，报纸的经营就难以为继。办报者为了提高报纸的可发行量，不仅要以独家新闻和特色新闻取悦于受众，还必须使新闻变得更加通俗易懂，更适合文化水平不高的受众阅读。而发行量的增加，则使版面的经济价值得以提高，报刊经营者进而可以扩大广告营销的范围。这样，“广告业在一个新的基础上进行核算，在每份定价大大降低、购买者数量数倍增加的情况下，发行人就会指望着出售自己报纸上相应扩大的广告版面”①。其次，由于报纸价格的降低，极大地提高了它作为大众传播媒介的社会价值。诚如哈贝马斯所言：“发行人为报刊建立了一个可靠的商业基础，但并没有使报刊本身商业化。一份报刊是在公众的批判当中发展起来的，但它只是公众讨论的一个延伸，而且始终是公众的一个机制，其功能是传声筒和扩音机，而不仅仅是信息传递的载体，但也还不是作为文化消费的媒体。”② 相对廉价的报纸使公众能够广泛参与公共领域的讨论，尤其是批判性的公共舆论，不仅是报刊关注的新闻焦点，也是报纸吸引公众参与的卖点。报纸在贴近社会的过程中，也使公众找到新的社会认同和身份建构方式。最后，由于报纸经常刊登大量广告，广告本身成为解读社会文化的载体。广告的文化性质和新闻性质尤为明显，诚如赵君豪所言：“凡社会间一切动态，自广告中所显露者，较之新闻陈述，尤为真切，盖广告多为各个分子自己所刊布之文字也。”③

随着报刊销量的增加，报刊经营者对广告业务颇为注重，广告费逐步成为报刊收入的主要来源。1884 年的《述报》曾对刊登的广告按字收费。其告白价格，“第一日每字价银四厘，第二日至第七日按日每字价银三厘，第八日起，按日每字价银二厘。不论登报几天，至少以五十字起计，多则以十字递加。图样另议”④。其广告定价综合考虑了客户的市场需求，可操作性强。但随着商业经济的发展，广州报刊一般根据广告版面和刊登时间的长短决定收费的额度⑤，如 1906 年的《赏奇画报》就在头版位置刊登了其广告价目（见图 3 -9）：

---

① ［德］哈贝马斯著，曹卫东等译：《公告领域的结构转型》，学林出版社 1999 年版，第 221 页。

② ［德］哈贝马斯著，曹卫东等译：《公告领域的结构转型》，学林出版社 1999 年版，第 220 页。

③ 赵君豪：《中国近代之报业》，上海申报馆 1938 年版，第 223 页。

④ 《述报》卷十，第 1 页。关于报纸广告的新闻性和社会性，将在第九章进行详细讨论。

⑤ 但是民国初年，仍有报纸按字数和时期收取广告费，如汕头《民权报》1913 年 3 月 28 日的《告白刊例》称：一礼拜，一百字收银一元，二礼拜，一百字收银一元八毫，一月一百字收银三元。……这类广告收费方式在当时的广州报刊上很少见到。

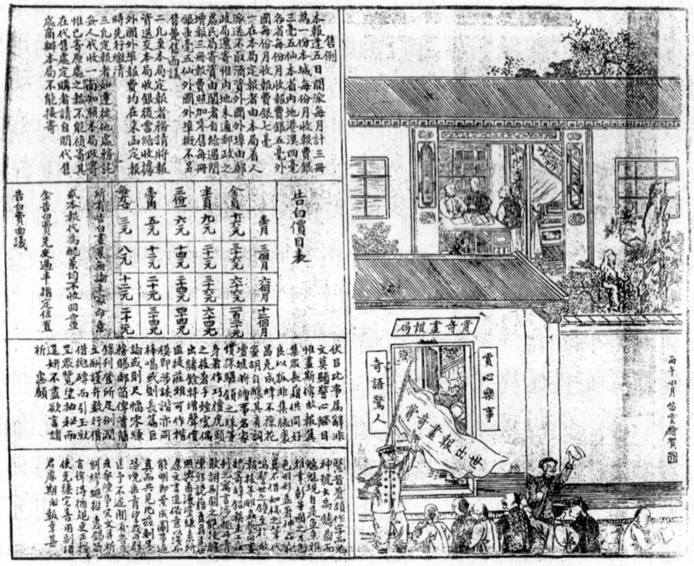

图 3 - 9　广告价目（《赏奇画报》，1906 年第 2 期）

表 3 - 1　《赏奇画报》1906 年广告价目表　　单位：元

	全页	半页	1/3 页	壹角	每方寸
一个月	16	9	6	5	3
三个月	36	21	14	12	8
六个月	66	36	24	20	12
十二个月	220	64	44	34	20

资料来源：《赏奇画报》，1906 年第 1 期。

从表 3 - 1 可以看出，《赏奇画报》的广告版面费并不高，即使全年刊登整页的广告，最高价格才 220 元，这在当时广州报刊市场是比较适中的价格。而清末的各类官报由于商业价值较低，广告价格较为低廉，以《两广官报》为例，可以看出一些端倪，如表 3 - 2：

表 3 - 2　《两广官报》1911 年广告价目表　　单位：元

	两页	全页	半页	1/4 页
一期	11	6.4	3.6	2
二期	20	11.5	6.5	3.6

(续上表)

	两页	全页	半页	1/4 页
四期	35	20	11.5	6.4
八期	60	35	20	11
十二期	84	50	27	15
半年	130	77	43	24
全年	210	120	68	38

资料来源:《两广官报》,1911 年第 14 期。

值得注意的是,《赏奇画报》每年出刊 24 期,而《两广官报》每年出刊 36 期,且 2 个版面的广告费比《赏奇画报》的 1 个版面还要便宜 10 元。可见,在 20 世纪初期,报刊的广告版面费较为便宜,一般商铺和企业主都能接受这样的价位。尤其一些政治性刊物,办报经费由绅商筹措,广告费定价更为低廉,如《广东白话报》、《岭南白话杂志》采用粤方言写作,文字浅显,适合于社会底层人员阅读。由于不太注重商业化运作,其广告价格自然较低,如表 3-3 和表 3-4:

表 3-3 《广东白话报》广告价目表 单位:元

	全幅	一页	半页	一角
一月	10	6	4	2
半年	45	30	20	16

资料来源:《广东白话报》,1907 年第 1 期。

表 3-4 《岭南白话杂志》广告价目表 单位:元

	全篇	全页	半页	一角
一月	7	4	2.5	1.5
季	18	10	6	4
半年	32	18	10	6
全年	60	30	18	10

资料来源:《岭南白话杂志》,1908 年第 2 期。

《广东白话报》（见图 3－10）在公布广告价目时，特地注明“如登全年另价”①。如果广告主经常刊登广告，则另有更多的优惠，如《振华五日大事记》在广告价目中特别注明：“刊全年告白送报一份免费。”② 清末新式报刊在办报方针上更注重“公共责任”，在向普通受众进行通俗性文化传播时，以开启民智作为重要目的。

图 3－10　《广东白话报》，1907 年第 1 期封面

与定期出版的刊物相比，报纸由于发行量大，广告传播的效果更佳。但报纸广告费一般不直接对受众公布，这似乎意味着广告主可以与报刊经营者进行价格博弈，双方的实力都是决定广告成本的重要因素，那些发行量上万份的大报，显然有着很高的

① 《广告价目表》，载《广东白话报》，1907 年第 1 期。
② 《告白价目》，载《振华五日大事记》，1907 年第 1 期。

广告价值，广告版面费比杂志要高得多。而一些小报只能采取“薄利多销”的策略。同时，那些具有较强实力的广告主，由于长年在报刊上刊登广告，可以获得许多优惠和折扣，由此可以降低广告成本。这方面的一个很有说服力的例子，就是广州总商会开列的农历1906年12月的广告费。其报告云：

支《安雅报》刊告白，七折，实银壹百九十二两二钱七分；支《岭海报》刊告白，实银八十八两九钱五分；支《羊城报》刊告白，七折，实银二百零五两八钱八分；支《时敏报》刊告白，七折，实银二百一十九两一钱三分；支《谐玲报》刊告白，七折，实银四十二两三钱三分；支《国事报》刊告白，七折，实银一百两零四钱二分；支《国民报》刊告白，七折，实银五十五两九钱四分；支《廿世纪报》刊告白，七折，实银二十两六钱七分；支《七十二行报》刊告白，七折，实银八十五两七钱八分；支《商会报》刊告白，七折，实银一百一十六两六钱八分；支港（香港）循环、中国、华字、中外报局刊告白银九十两零四钱六分。[①]

从广州总商会的广告费开支中我们可以发现，对于总商会这样的大客户，各家报刊均给予七折的优惠，这显然是报刊公开的广告价目中不能“明示”的。而大客户对各家报刊的广告投放也是有选择性的，从某种意义上看，广州总商会每月的广告费开支中，可以看出当时广州各家报纸的实际地位，如《羊城日报》、《时敏报》、《国事报》发行量较大，故其得到的广告收入较多。当然，客户的广告费支出还受到季节、业绩等方面的影响。如广州总商会支给《七十二行商报》的广告费中，农历1907年7月为一百七十三两六钱，8月则为七十六两六钱正[②]。两个月的广告费支出相差很大。

清末民初，广州商业经济的发展，进一步促进了报刊广告的繁荣，正如伊尼斯所言，由于商业广告和交流的需要，“商业城镇”中的报纸渐渐成长[③]。1902年，广州只有4种报纸发行，即《安雅报》、《中西日报》、《岭海报》和《岭南日报》。1911年，这里已有16种报纸[④]。清末舆论环境的相对宽松，革命派、立宪派纷纷运用报刊传播政治主张和社会新闻。对新闻时效性的追求，使更多的报纸发展为日报，并充分利用电报技术所带来的革新，快速准确地为受众提供信息。清末民初，广州各报多采用机器印刷，报纸印量大增。报童在街头贩卖报纸，已成为商业社会的一大景观。如创刊于1905年《天趣报》为广州色情报纸之嚆矢，该报“每晚十点钟出板

① 《兹将总公司十二月份费用进支总结列呈》，载《广州总商会报》，1907年3月11日第1页。

② 《广州总商会报》，1906年10月21日第2页。

③ ［加］哈罗德·伊尼斯著，何道宽译：《传播的偏向》，中国人民大学出版社2003年版，第135页。

④ 广州海关志编委会等编译：《近代广州口岸经济社会概况——粤海关报告汇集》，暨南大学出版社1995年版，第990页。

(版)"①，旋即"派人预晚将该报购出，在各酒楼发卖，以供诸君快览"②。印刷技术的提高，使受众接受的信息量大大增加，新闻的时效性得以加强。广告传播的效果也随之有了明显改观。

第二节　广告受众与信息传播

一、受众消费水平探测

由于缺乏详细的统计资料，对19世纪中后期以来广州报刊受众的消费水平很难作准确的评估。受众分层与社会阶层分层有着直接的对应关系，清末民初，随着报刊受众范围扩大，一些社会下层人员也成为报刊受众对象，当然，比起社会中上层，下层受众的报刊阅读率还是较低的。下层受众当中，产业工人的阅读能力相对较高。商人、资本家、新式知识分子和官僚多属于社会中上层，他们是报刊的重要受众对象。受众的消费能力直接影响着广告传播效果，而收入是消费的基础，我们可以通过受众收入水平和消费支出状况来探测消费水平的变化。

方行认为，清末江南温饱型农民年生活消费总支出93 296文钱，如按照银一两兑钱1 600文折成银，共约58.7两③。这是一个五口之家的基本消费支出，考虑到广州城内的生活水平比农村地区要高，城市生活还有一些额外的开支，广州一般民众的家庭消费支出要高于这个水平，1890年代，广州纺织女工的工资为每月4元左右，高级的丝织工人每月8元左右④。每元按照0.72两计算，一般女工的年收入约为34.56两，丝织工人的年收入为69.12两。这些产业工人除了养活自己以外，最多只能抚养一个家庭成员。一个普通工人家庭必须有两人工作才能维持家庭基本生活需要。清末广州地区缫丝业等新兴行业工人数量众多，1894年统计为10 300人，占当时全国工人总数的13.2%以上⑤。其中大部分为纺织业和制造业的工人，而手工业和其他行业的工人多达数万，"执业人多者以泥水、造木、打石为最"⑥。普通工人仅仅靠微薄的工资收入，他们的日常消费支出仅以维持生存为主。20世纪初，随着物价的上涨，社会下层人员的收入有较大上升，如1912年的统计显示，人力车夫和轿夫

① 《阅报诸君快看快看》，载《天趣报》，1910年12月14日第3页。

② 《阅报诸君快看快看》，载《天趣报》，1910年12月14日第3页。

③ 方行：《清代江南农民的消费》，载《中国经济史研究》，1996年第3期，第97页。

④ 这里所列举的数字，是1896年左右的工资水平。

⑤ 孙毓棠：《中国近代工业史资料》（第一辑下册），科学出版社1957年版，第1202页。

⑥ 《番禺县续志》卷十二，"工商业"。

的月工资从12元提高到18元，货船船工的月工资从6元提高到10元或12元，刺绣女工的日工资由20分增加到40分[①]。这些增加的收入，主要用于购买日用商品，对于没有任何生产资料的工人而言，尤其如此。清末民初，随着广州服务业和消费型工业的发展，数以万计的城市产业工人和雇员增强了对消费市场的依赖，他们成为日用商品的重要购买者，报刊广告在传播日用品信息时，其受众对象逐步转向以普通消费者为主。因此，社会下层人员在启动日用品消费方面起着重要作用。

中产阶层在消费文化的转变中扮演着先行者的角色。但只有一个社会中产阶层相当强大，在社会政治和文化生活中具有重要影响时，其在消费方面的社会角色才能充分发挥出来。清末民初，广州作为一个消费型城市，由于缺乏大工业的支持，难以培育出强大的中等收入阶层。中产阶层主要来源于中小商人、中小民族资本家、下层官员等，土地资本、商业资本在中产阶层的资本构成中占有相当大的比例，中产阶层用于消费的现金量所占比例不高。同时，中产阶层在广州社会阶层中的比例偏低，其消费力与社会上层有很大的差距。如一位普通塾师，光绪二十二年（1896年）存银才六两六钱九分二厘，虽然每月有数元的工资，还有一些其他收入，但其生活仍较为节俭。光绪二十二年（1896年）一月至四月，其生活消费性支出为银二十二两[②]，食品消费支出占到总支出的一半以上。对于当时流行的时髦洋货，则消费不多。

20世纪初期，随着社会流动性的增强和新兴行业的增多，一些新的职业群体收入水平有大幅度的提高，从而可以进入社会中层的行列。如当时广州兴办的一些官办企业，其高级管理者的收入颇为可观，如广州自来水公司成立不久，于1909年由董事局公议"总理每月支薪水银一百两，夫马银五十两"，广东官纸印刷局的高级管理人员工资更高一些，"会办一员，月支薪水银二百八十两"[③]。这在当时广州企业管理人员中尚属较低水平，但是，这仅仅是薪水，不包括企业的年终分红，从收入水平看，他们无疑属于中等收入阶层。同时，城市消闲娱乐业的发展，使一些娱乐场所的明星也迈入中等消费者阶层。例如，清末广州戏剧消费非常盛行，一些戏班的名角，由于身怀绝技，受到戏迷的喜爱，身价倍增，从政治地位而言，他们不可能享有较多的政治话语权，但是从经济地位看，少数伶人的收入，则可以完全进入社会中层。如光绪中期华天乐班和四喜京班的几个名角，"其工金动至四五千之多，以一年之力而得中人之产，亦可谓声价高矣"[④]。他们所拥有的文化资本，也足以让社会中下层人士侧目，达官富绅也视若上宾。又如，一些高级塾师，由于享有很高的学术声誉，年金可达千元以上，成为豪富们竞相聘用的对象，受到社会的普遍尊重，享有很高的经

① 广州海关志编委会等编译：《近代广州口岸经济社会概况——粤海关报告汇集》，暨南大学出版社1995年版，第1051页。

② 《进支银簿》，光绪二十二年（1896年）。

③ 广东清理财政局编：《广东财政说明书》卷十六。

④ 《伶人徙迹》，载《广报》，1887年11月17日第1页。

济和社会地位。

中产阶层作为报刊的重要受众群体，其整体作用不容忽视，他们往往具有强烈的革新愿望，对外界的反映十分灵敏，模仿和创造力较强。相当部分中产阶层拥有较为丰厚的文化资本，对知识和新事物的传播起着纽带作用。中产阶层是消费文化的新主角。20 世纪初期，随着中产阶层整体地位的提高，报刊广告在推销时尚商品时，往往将中产阶层的生活方式与前卫和潮流结合在一起，并赋予丰富的消费想象，从而激励购物的动机。当时报刊所刊登的保健品、化妆品（见图 3－11）、电器、服装广告，都注意突出“新潮”、“地位”，将中产阶层分为企业家、美术家、小说家等新兴职业，为他们的身份贴上商品标签，从而创造出更多的消费需求。

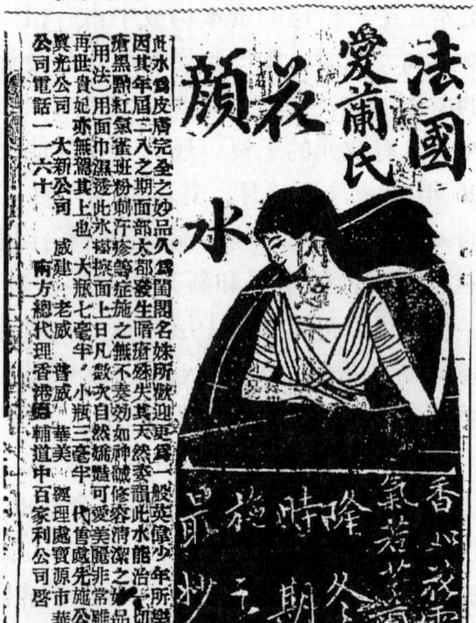

图 3－11　法国香水广告（《广东中华新报》，1918 年 2 月 24 日）

清末，随着捐纳制度的普遍推行，通过捐纳取得功名、职衔所需的官场消费支出下降。大商人通过捐纳可以比较轻易地获得绅士的身份。绅商联合的情况已经很普遍，形成了人数颇多、影响颇大的亦商亦绅群体。富裕商人和少数中高级官僚成为广州上层社会阶层的主体。同时，一些民族工业领域的资本家，拥有数以百万计的财富，也跻身于社会上层的行列。与中产阶层相比，社会上层具有物质消费方面的优势，他们对日常生活的开支，有比较自由的发挥空间。同时，作为社会地位的象征，上层人士必须有仆役为他们的家庭生活服务，“他们（仆役）的唯一任务是懵懵懂懂地侍候主人，从而证明他们的主人有力量消费大量不生产的劳务。……这些人的一生是消耗在如何保持一位有闲绅士的尊荣这一点上。其结果是，一部分人为主人生产财货，另一部分人，大都是以主人的妻子或正妻为首，则在明显有闲的方式下为主人进行消费，以证明主人能够经受金钱上的巨大损耗而不影响到他的财富”①。通过代理消费和代理有闲，突出上层人物的社会地位和经济实力，是其消费支出的一大追求，这就为奢侈品和娱乐业广告提供了广阔的消费市场。社会上层对贵重物品的明显消费是他们博取荣誉的一种手段，上层人物要维持属于自己阶层的生活水准，必须不断地进行金钱竞赛，这种竞赛，是促进奢靡之风流行的原动力。20 世纪初期，报刊刊登的留声机、高级钟表、高级家具广告，主要以社会上层为受众对象。

二、广告传播范围的扩大

报刊受众的成长是一个漫长的过程，尤其在传统社会，由于受经济发展水平和家庭消费能力的制约，即使像广州这样的商业都会，普通民众的教育水平仍然较低，这在鸦片战争之前更为明显。1834 年，《东西洋考》面向广州发行时，由于订阅量极少，不得不免费赠送。由此可见，一般民众对报刊这种新媒介还非常陌生，与 19 世纪初期西方工业革命所带来的购物狂欢不同，当时的广州，尽管是中国最为开放的城市，但除了十三行一带具有国际情调外，在其他城区，仍然处于较为封闭的状态，一般民众对于外来信息的接受，多依赖人际传播。民众对于报刊这种新媒介，尚缺乏足够的阅读兴趣。这一方面与当时报刊本身的宗教、政治色彩有关，另一方面则表明了报刊传播缺乏民意支持。所以，尽管《东西洋考》推出的《省城洋商与各国远商相交买卖各货现时市价》栏目，刊登具有较高商业价值的货价行情，但在广州当地并没有引起应有的反响。进出口商品的价格对于城市普通民众的日常生活并没有产生多大影响，民众日常消费所需的商品，并不能通过报刊货价行情得以反映。传教士注意到了进出口贸易信息的重要性，但还不大可能深入广州市场，为一般民众的生活提供“价格指导”。因此，《东西洋考》对货价行情的报道延续了近 6 期便无果而终，中国内地早期的中文报刊在培育广告受众方面，并没有找到合适的方法和途径。有竹枝词描写早期的新闻纸云：“一纸新闻海上传，旁搜博采广敷宣。所闻所见未闻见，拉杂书成日日编。”②

19 世纪五六十年代，香港、上海的报刊相继大篇幅刊登广告，如《遐迩贯珍》在 1855 年的第一期便有“布告编”。1859 年的《香港船头货价纸》是一份以船期、船务和货价、行情为主的报纸③。而创刊于 1861 年的上海《中外新报》则对船期以

① ［美］凡勃伦著，蔡百受译：《有闲阶级论》，商务印书馆 2002 年版，第 50 页。
② （清）陈坤：《岭南杂事诗钞》卷五。
③ 卓南生：《中国近代报业发展史》，中国社会科学出版社 2002 年版，第 106 页。

及船只停靠码头的航运消息、洋银、铜钱兑换率等的铜钱价、各地物价信息及地皮买卖租赁等刊登广告①。但是，1865 年创办的广州《中外新闻七日录》，除了最初出版的几期中刊登了几则广告性质的文字外，这张依托于惠爱医馆的报纸，是湛约翰和美国传教士的业余之作。因此，该报与广州商业市场并无接触，对商业广告亦不感兴趣，受众难以得到有用的商贸信息。

1880 年代，广州人自办的报刊，由于具有赢利目的，开始重视刊登广告。1884 年，《述报》刊登的 7 则广告，其中 6 则为海墨楼书局的书籍广告，成为海墨楼书局扩大业务、发布重要信息的园地。由于《述报》关心中法战争等重大政治新闻，受众对象中知识分子群体占有很大的比例，而书局的主营业务仍然以出版书籍为主，通过刊登书籍广告吸引受众的注意，是书局扩大影响的重要手段。而当时的广州洋行和其他商铺，对于报刊广告的营销效果并没有引起足够重视。与当时上海《申报》每期五花八门的商品广告相比，当时广州《述报》传播商业信息的功能尚未得以充分体现。

1886 年的《广报》，则注意借鉴《申报》的先进经验，对于报刊版式设计和印刷质量都有较大的改进。《广报》主要面向广州发行，地方新闻占有很大的比重。为了扩大广州销售市场，《广报》加大了商业信息传播的力度，《广报》每期所刊登的货价行情，立足于日常消费品价格的报道，注重对米价、油价、豆价、水产品价格的分析（见图 3－12）。《广报》所刊登的货价行情，对同类商品的几乎所有品种及其价格都进行了分析，有助于受众全面了解市场行情。由于《广报》每期都刊出市场行情，受众可以动态地了解广州一个阶段以来物价的变动情况，为日常消费提供参考，也为各类投资者和商人提供决策信息。这类看似枯燥的数字，其实隐含着重要的商业价值。

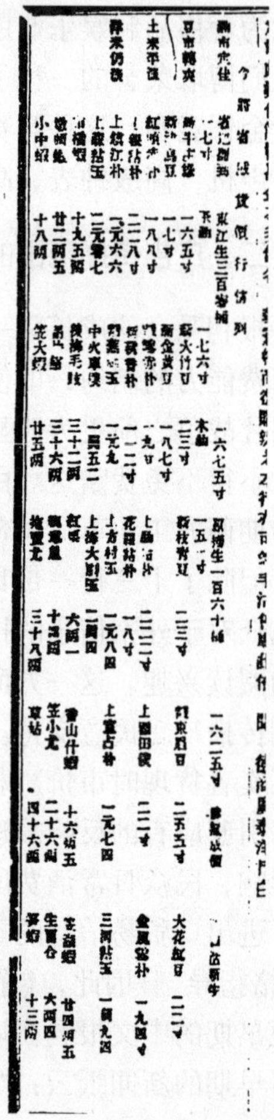

图 3－12　货价行情（《广报》，1887 年 11 月 20 日）

《广报》注意受众对于金融市场的投资兴趣，还经常刊登《股份价值行情》，这是香港、广州等地的银行、保险公司和其他股份公司的股价行情的最新告示，为受众提供真实可靠的一手资讯。其广告云：“香港上海银行现每百员（元）值银一百四十三元，于仁保险公司每股价银八十七元五，中外保险公司每股

① 赵楠：《十九世纪中叶上海城市生活——以〈上海新报〉为视点》，载《史林》，2004 年第 1 期，第 34 页。

现值银六十五元五……”① 共列举了25家公司的股份价值，这类股份行情，与货价行情有着较大区别。其受众对象有相当一部分是投资者，其信息指向十分明确，刊登此类信息，对于提高受众的阅读兴趣，满足受众的投资需求，有着一定的导向作用。《广报》还为广告主提供了“话语”表达的平台，一些广告通过对某些商业纠纷的揭示，表明了广告主的价值观念与传播倾向。如一则《客寓声明》广告云：“仙湖街大学士祠，用福来升号作试寓公馆生意，三十余年，大公至正，上用悦来字号，生理亦均，公正诚实，远近咸知。惟本年用差司事人，亲戚、兄弟、朋友无一不被其欺骗，生客更甚，东家之被其骗资更不必言矣。且无辜负累东家耗去讼费一百余两。生意因之减色。今已新人接手，改换字号，地方干净，招呼周至，特告贵客，以便光顾焉。”② 可见，这家旅店刊登广告的用意比较明确，就是要消除原有品牌的不良影响，以新的形象引起广大受众的注意。另外，《广报》还刊登药品、书籍等其他类型的广告，与当时的商业市场开始接轨，对于受众的诉求较为重视。

1890年代后，报刊媒介的重要性进一步彰显，随着报刊发行量的不断增长，受众数量也不断上升。《岭南日报》、《中西日报》等报刊开始刊登戏院广告，这类广告不仅为戏院提供了商业推销的机会，也为一般受众的文化消费提供了更多的信息流。如位于珠江河南的大观戏院，在1893年11月的《岭南日报》上预告节目：“初七日正本，演至初九，共戏六套，初七正本西河会，初七晚演出头江南盛……初八日正本说群贤。”同时，该戏院还在广告中定期公布票价，以供不同类型的消费者选择。“男位：藤椅，日收银三钱二分，夜收银三钱六分，木椅，日收银一钱二分，夜收银一钱二分；女位：藤椅，日收银三钱六分，夜收银四钱五分，木椅，日收银一钱二分，夜收银一钱二分。”③ 这种根据座位、时段、男女性别等划分的票价，适应了不同类型受众的需求，体现出报刊广告在传播娱乐信息方面的准确性和细致性。

三、报刊发行与广告传播

20世纪初期，随着各种新思潮在广州社会的影响力不断扩大，各类报刊纷纷利用舆论阵地争夺潜在的受众。报刊市场的分割进一步加剧，受众的教育水平、思想观念、阅读兴趣对报刊的传播产生直接影响。一些革命派和立宪派的政党性报刊，由于是独立经营，为筹措资金，扩大政治影响，也非常注重商业化运作，如《国事报》、《羊城日报》、《光华报》、《震旦日报》等，头版基本上刊登广告，以获得更多的资金来源，这些政党性报刊的广告版面一般占到一半以上。而商业性报刊的广告性质则更为浓厚，如《七十二行商报》每期第一、二、五、六、八版都是广告，第三版上半部分也刊登广

① 《丁亥年九月廿九日礼拜壹股份价值行情》，载《广报》，1887年11月15日第2页。
② 《客寓声明》，载《广报》，1887年11月15日第2页。
③ 《河南大观戏院大有年》，载《岭南日报》，1893年11月15日第1页。

告，广告内容占全部版面的2/3以上，最大限度地满足广告主的要求，提高报刊的赢利水平，突出商业信息的独特价值，是商业性报刊的主要经营方针。正如1905年广东总商会倡办《商务报》时所言：“以启发商智，联络商情，宣达隔阂，研究实业为宗旨。”① 清末民初，随着时事性与商业性报刊的增多，报刊在广州社会的影响力不断增强，受众可以根据政治倾向、个人偏好和信息诉求选择合适的报刊。

为了维护报刊业的共同利益，广州在全国较早成立了报界同业公会，同业公会虽然是松散型的社团，但针对报刊业共同面对的问题，往往会达成一致的协议，如《广州总商会报》就刊登了约束派报工人和订户的广告：“现同业决议，凡购报代派之工人，如有拖欠尾数逾十分之一者，即公同扭解地方官押追。阅报诸君亦请岁晚清数，如有少欠，派报人开列门牌、公司、名号，公司登报，阅者幸垂谅焉。”② 这种集体意义上的规约，对于分散的订户而言，存在着一定的权益不对称，如1912年，广州各大报刊针对纸张、油墨价格上涨而统一上调报价，并刊出《广州报界全体广告》，其称：“现因纸墨腾贵，决议旧历七月起，实行每月每份照旧加收一毫。本城派报人每张收银一分三厘四，乡代理每张收银一分四厘，零沽每张四仙。如有暗中短价者，查出照章议罚。”③（见图3－13）当然，这种统一涨价的决议，对于规范报刊发行市场有着一定的积极意义。

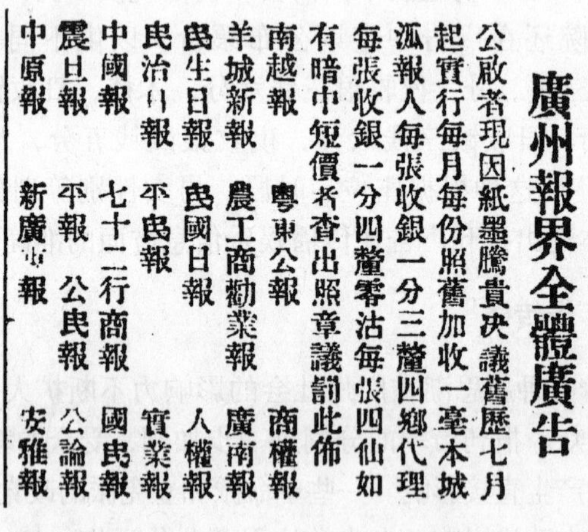

廣州報界全體廣告

公啟者現因紙墨騰貴決議舊歷七月起實行每月每份照舊加收一毫本城派報人每張收銀一分三釐四鄉代理每張收銀一分四釐零沽每張四仙如有暗中短價者查出照章議罰此佈

南越報 粵東公報 商權報
羊城新報 農工商勸業報 廣南報
民生日報 民國日報 人權報
民治日報 平民報 實業報
中國報 七十二行商報 國民報
震旦報 平報 公民報 公論報
中原報 新廣[illegible]報 安雅報

图3－13　广州报界全体告白（《民生日报》，1912年9月11日）

---

①《东方杂志》，1905年第2卷，第3期。

②《报界同业广告》，载《广州总商会报》，1907年2月18日第4页。

③《广州报界全体广告》，载《民生日报》，1912年9月11日第5页。报界公会作为清末民初的重要社团组织，不仅对报刊业的经营管理制定了诸多制度和协议，同时，它作为媒体协会的价值导向作用和商业影响力也值得关注。关于这一问题的具体讨论，可参见赵建国：《全国报界联合会述论》，载《新闻与传播研究》，2007年第1期。

随着报刊发行量的增长，报刊受众的规模也迅速扩大。在19世纪90年代前，广州报刊发行处一般设立在书局或者书楼，如《广报》在广州城内的唯一派报处就设在“双门底圣教书楼”[①]，这里是读书人云集的地方，设立销售点，便于受众及时购买。而1892年的《中西日报》（见图3－14），则在广州城内设立6个“派报挂号处”，包括“本城黄黎巷福昌书信馆、同兴街万泰打饷店、杉木栏逢源席店、马鞍街美南鞋店、双门底圣教书楼、西门口永盛号”[②]。其中有4个代销点为商业店铺，说明《中西日报》的受众中，有相当一部分人选择在店铺购买报刊。店铺作为商品交易的场所，为报刊的发行提供广阔的空间，店铺充当报刊发行处具有双重意蕴：一是由于代理报刊发行，店铺便具有传播信息，沟通消费者的功能；二是对于受众而言，在店铺购买报刊，是在商业环境中的消费行为，受众可能就是店铺的顾客，或者临近的街坊。这些受众不再限于“知识分子”的身份，他们与店铺消费者的身份可能混同，但是可以肯定的是，店铺这一大众化的报刊销售和阅读场所，在一定程度上实现了“文化下移”。普通民众可以在附近的店铺实现文化消费行为，这是报纸广告取得营销传播效果的重要前提。正是由于报刊与商业的联姻，使其经营成本不断降低。早在1893年，《岭南日报》就在报头之下的显著位置，向受众宣称：“今日另出附张，不加分文。”[③] 如果没有大量广告所带来的利润，精明的报刊经营者显然是不愿意随便增加额外成本的。

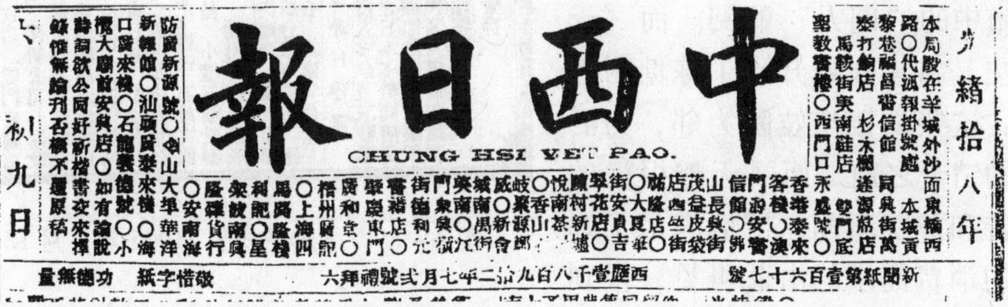

图3－14　《中西日报》，1892年7月2日

广告版面的增加，不仅有效地降低报刊营运成本，还为报刊的扩张创造了条件。在20世纪初期，广州各大报刊纷纷扩充版面，在增加新闻内容的同时，将广告视为赢利的最主要手段，广告内容涉及药品、房地产、金融、文化教育、博彩、机器、饮食、娱乐等各个行业，与商业社会融为一体。报刊广告成为消费时尚的风向标，也是商业繁盛的表征。在商业文化的影响下，报刊广告获得极为广阔的市场，并通过发行

① 《广报》，1887年11月16日第1页。

② 《中西日报》，1892年6月18日第1页。

③ 《岭南日报》，1893年11月15日第1页。

市场的促销，不断深入民间社会，推动报刊文化的流行。同时，报刊为适应普通受众的需要，在办报风格上也朝着通俗平实的风格转移，以迎合大众化阅读的需求。正如《赏奇画报缘起》所言："本报程度以合于普通社会为主，图说互用，务令同群一律领解。"①文字的通俗化使报刊受众群体不断扩大。如《游艺报》（见图 3－15）是一家著名的休闲娱乐类报纸，该报刊登了大量的酒楼茶楼、药品广告，特别是治疗"花柳病"广告，所占版面甚多，这与其经常报道娱乐新闻和花边趣事有关，其受众对象多为"有闲人士"，此类广告的针对性较强，传播效果较好。正是由于对受众的细分，《游艺报》在颇为著名的"德兴桥茶香室"设立代理处，以供闹市中的"闲人"购阅。而《天趣报》更是将售报处开到了陈塘附近的酒楼，这些酒楼与妓院为邻，为酒色俱全的销金之窟，而《天趣报》的色情广告和妓院新闻，恰恰满足了好色之徒的消费需求。由此可见，报刊广告市场的细分化与受众的阅读偏好有着密切的联系。

本城每月收弍毫半
（外埠月收叁毫 零沽每張壹仙）
大清光緒叁拾壹年 柒月拾弍日
游藝報
西一千九百零五年 捌月拾弍號
禮拜陸
（新聞紙第五十五號）
代理處
甫德興橋茶香室
陽大街福興 下九甫
金陞 濠畔街中約合
成皮店 雙門底周萬
福 開新公司 聖教
書樓 石基里尾恕安
佛山鷹沙周林記信
館 汾江來復報 香港
廣東日報 中環名利
棧 梧州九坊街悅利
泰安客棧 石歧大間
易昌 小欖五福堂泰
隆 州海口森昌成
新增代理
本城 禎祥店 材料局
第三甫利明誠擇日館 高第街永茂燈色店 東莞城鐵鑪街天信號
藩司前廣厚祥洋貨店 老城太平橫街合隆雜架店 桂州外村信生號
城隍廟前廣泰燈色店 外埠 大良碧鑑街
江門舊椰街九如號 安貞吉
大南門直街南興 新會城南隅街 陳村新墟德合
福星街福達 西南同仁堂
○本報寓十八甫兆南昌前座
（今日附張小説保無聊齋）
（星房虛昴日停派）
第弍號

图 3－15 《游艺报》，1905 年 8 月 12 日

哈罗德·伊尼斯指出："广告业在大城市至关重要，加强了大报的财政地位，使报纸之间和城市之间的竞争更加激烈。"② 清末广州报刊及其广告的多元化、通俗化态势，极大地促进了报刊销售量的提高，不仅像《羊城日报》这样的大报发行量达到数万份，一般报刊的发行量亦在数千份以上。报刊发行量的迅速增加，使城市文化传播发生了偏向。在 19 世纪中期以前，广州报刊的发行量较少，文字传播的主要载体是书籍，而书籍的受众对象是当时的知识分子群体，一般民众由于受知识、购买力

① 《赏奇画报缘起》，载《赏奇画报》，1906 年第 1 期。

② ［加］哈罗德·伊尼斯著，何道宽译：《帝国与传播》，中国人民大学出版社 2003 年版，第 172、173 页。

的约束，难有机会阅读书籍。即便如此，书籍与报纸相比，仍然具有很大的局限性，正如加布里埃尔·塔尔德所言：“书籍不可能产生报纸那样的重大影响，这是因为，虽然书籍使操同一种语言的读书人都感觉到同样的语文身份，但是它们并不关心当前令人兴奋的问题，文学有力地验证了民族的生存状况，但是激励民族活力并使之万众一心、众志成城的，正是报纸每天的波动状况。人们从报纸推出的具体事实中获得趣味性，书籍却不是这样，书籍吸引读者的办法，主要是靠它思想内容的普泛性和抽象性。”① 19世纪末，随着广州消费型经济的繁荣，广告业有效地推动了报刊的快速发展。报刊与书籍在文化消费市场并驾齐驱，并有超越书籍的态势。这是因为，报刊有效地传递了“大都会的公开的闲话”，特别是对受众身边“世俗的、日常的东西”的大量报道，极大地调动了民众的阅读兴趣。在其他信息传播渠道较为狭窄的情况下，报刊广告所提供的“购物指南”，显然是最为可信的商品信息来源。报纸给受众以亲切感，为受众提供大量有用的信息，“因此，报纸起初就像私信，其对象是个体的人，它只是私信的若干份抄本而已。……它正在成为全世界每个人阅读相同的东西”②。

受众的重要性也受到了社会精英尤其是报界知识分子的高度关注。广州《半星期报》（见图3-16）的主编就对报刊的普及与受众的成长提出了很有针对性的评论，由此可以反映出当时媒介生态环境的变化，其文云：

图3-16　《半星期报》封面，1908年第4期

> 报纸为国民之暮鼓晨钟，凡具耳目者，应无人不日手一报纸，以当游历所不及，使社会巨细如在目前。果尔，以广东三千万之众，应有日销一万份报纸之报馆三千家，讵统广东全省，凡日报、旬报、月报、无定期之杂志，不满三十家，而每家之所谓畅销者，仍不及万份。即合上海、香港及外界报纸之入广东流域者，亦不满三万份。摊匀计之，约二百人中仅有阅报纸者一人。呜呼，庚岭以南不啻一盲国也，不啻一聋邦也！虽然我

① ［法］加布里埃尔·塔尔德著，［英］特里·N. 克拉克编：《传播与社会影响》，中国人民大学出版社2005年版，第237页。

② ［法］加布里埃尔·塔尔德著，［英］特里·N. 克拉克编：《传播与社会影响》，中国人民大学出版社2005年版，第245页。

广东人非真盲且聋也，惟不阅报纸，于中外时事，一无所闻；于新旧学说，绝少研究。虽日居高楼大厦，日走通衢大道，犹面壁而立也，又安得不长在黑暗哉！毋怪乎官贼交迫，东西侵凌，而一般不痛不痒之民，仍酣鼾睡也。①

论者显然对当时广东报刊发行量深感不满，但这种批评是针对广东全省新闻业发展状况而言的，而广东报刊绝大部分集中在广州，以广州报刊发行量计算，显然广州受众的阅读率要远远高于全省水平。1907 年的广州《振华五日大事记》就介绍了当时广州报刊市场情况："吾见乎粤省区区一府之地，则有所谓官报，有所谓学报，有所谓商报，有所谓画报十余家。其报纸之出版也，日以万余计焉。"② 当然，《半星期报》的评论也反映了新闻界和知识界对普及报刊的焦虑之情，正是在这样的背景下，清末民初广州报刊业得到了快速发展。1912 年 9 月 11 日，《民生日报》刊登了《广州报界全体广告》，署名的报纸有《南越报》、《粤东公报》、《商权报》、《羊城新报》、《农工商劝业报》、《广南报》、《民生日报》、《民国日报》、《人权报》、《民治日报》、《平民报》、《实业报》、《中国报》、《七十二行商报》、《国民报》、《震旦报》、《平报》、《公民报》、《公论报》、《中原报》、《新广东报》、《安雅报》③ 等 22 种。

随着报刊发行量的增多，广告也通过依附于报刊，扩大了受众阅读的范围。报刊受众的增长，与教育水平和"阅读率"有着直接联系。如何提高报纸的影响力，也受到报界精英的关注，《半星期报》的评论从受众的消费水平、消费倾向、阅读能力等方面进行了分析：

凡中流以下之不阅报者，却有二端：一则乎作劳动，月得无几，俯仰衣食无不赖之。值此艰难时代，救死不赡，则阅报之费似无所出，其难一；一则中流以下，识字能解文义者，是鲜其人。虽有人日送千百份报纸来，亦多得些盖瓮物。如俗语所谓盲佬挽灯笼无异，其难二。惟有此二难，无法补救，听我广州三千余万之人，不啻盲聋者，永远占十之八九，则我广东复何忘耶！我中国复何望耶！是以鄙人筹有阅报简捷之法，以为中流以下之诸君，告夫诸君多农业、商中人也，其家居则有食熟烟钱，此无益之耗费也。其在则有祃祭费，有饮茶钱，有店用下栏钱，此工值外之余款也。若节其三分之一，以钱□蓄之，均足以阅报一份而有余，其法一；至乡里以内，必有学子，一店之中，必有稍通文墨之人，倘值工夫，余暇移其讲《水浒》、《西游》、嫖经

① 《说中流以下阅报之简捷法》，载《半星期报》，1908 年第 2 期，第 2 ~ 4 页。

② 《报界政界之关系》，载《振华五日大事记》，1907 年第 2 册。

③ 《广州报界全体广告》，载《民生日报》，1912 年 9 月 11 日。从这些报刊的名称可以看出，当时广州报刊主要有两类，一类是随着辛亥革命的胜利，以倡导民主、进步为主调的资产阶级革命派报刊，一类以倡导实业和商务为主要特色的报刊。

博情之闲话，将是日之报纸，宜宣读讲解，以开导乡里同伴之不识字者，彼未有不大快，其法二。①

显然，论者对中流以下社会阶层难以读报感到失望。如何提高报刊文化的影响，要从两个层面解决问题，一是需要受众有消费偏好和阅读兴趣，二是需要民间知识分子着力传播报刊信息。因此，只有当报刊渗透到民间社会，使普通民众有机会成为报刊受众时，社会才会逐步走向文明和开放。虽然论者没有直接提及报刊广告的传播，但是，如果没有报刊的大众化，广告传播的社会空间就会受到明显限制。

当然，普及报刊文化的关键问题还是受众是否能进入“阅读门槛”。清末民初，广州新式教育和传统私塾教育都取得了长足进步，广州是中国最早接触“西学”的城市，对西式教育颇为推崇，《申报》有评论云：“其通商最先，与洋人又相习最久，诸童幼而习之，长而狎焉，且地处滨海，人皆习于风涛，远与险固非其所畏也。”② 1892 年至 1901 年的《粤海关十年报告》客观地反映了当时广州人对西式教育的渴求：“广州人中有很多人都想学习英文，因此，每年都有一些私立学校开办，以满足这一需求。但在许多情况下，这些学校的老师根本不适合他们所教的科目，不过他们所得到的支持表明了那里对教育的需要。现在广州人当中出现了这样一种趋势：放弃旧学，学习西方学科，特别是各种科学知识。”③ 在重视新式教育的同时，广州人对于传统私塾教育仍然保持着强烈兴趣，诚如《岭南杂事诗钞》中所载：“广州人多好学，聘名师训子弟，不惮远道，不惜重脩，一家之力不足，联约数家、数十家而集其成。”④ 清末民初，“广州虽设立教育局厉行教育，但私塾仍日多一日。塾童送塾师竟有年脩达百金之优厚者，粤人重视私塾，于此可见”⑤。新旧教育制度的并存，极大地推动了广州基础教育的普及，促进了民众文化教育水平和阅读能力的提高。据 1912 年广东警察厅对广州 7 至 10 岁男女儿童入学状况的调查显示：“男童计一万二千六百四十九人，现就学者，五千一百六十人，未就学者，七千四百八十九人；女童共一万一千三百七十一人，现就学者，一千五百零二人，未就学者，九千八百六十九人。”⑥ 各类学校的快速增长，意味着许多社会中下层的子弟有机会接受新式教育，从而在整体上提高了城市文化教育水平，为报刊受众的成长提供了良好的文化氛围。清末，《广东白话报》、《妇孺报》、《女界灯学报》等报刊以社会下层受众为主要阅

① 《说中流以下阅报之简捷法》，载《半星期报》，1908 年第 2 期。

② 《论广东招选学童事》，载《申报》，1886 年 3 月 20 日。

③ 广州海关志编委会等编译：《近代广州口岸经济社会概况——粤海关报告汇集》，暨南大学出版社 1995 年版，第 938 页。

④ （清）陈坤：《岭南杂事诗钞》卷四。

⑤ 雷梦水等编：《中华竹枝词》（4），北京古籍出版社 1997 年版，第 2912 页。

⑥ 《男女童就学人数之调查》，载《民生日报》，1912 年 7 月 11 日第 5 页。

读对象，内容浅显，通俗易懂，如《妇孺报》在“例言”中称：“本报以浅顺为主，使妇孺读书四年者即可阅看。”①

1919年前后，广州本地报刊已超过30家。报刊的发行量也呈普遍上升的态势，当时主要报刊的发行量如表3-5所示：

表3-5 1919年前后广州主要报刊的发行量 单位：份

报刊名称	发行量	报刊名称	发行量
七十二行商报	3 000	广州晨报	4 000
羊城报	4 000	广州共和报	6 000
人权报	5 000	广东报	3 000
共和报	5 000	新国华报	3 000
国华报	16 000	真共和报	8 000
新报	4 000	互助报	600

资料来源：《粤海关十年报告》（1912—1921），见广州海关志编委会等编译：《近代广州口岸经济社会概况——粤海关报告汇集》，暨南大学出版社1995年版，第1057页。

尽管这统计数字不一定十分准确，但大体可以看出当时报刊市场的发展态势。除了《互助报》之外，其他报纸的发行量都超过3 000份，这些报纸主要在广州发行，仅以这12家报纸为例，总计61 600份的发行量，当时广州人口，“据说为150万”②。按照统计的报刊发行量，如果这些报刊在广州地区有一半的发行量，大约每50人拥有一份报纸则是一个比较保守的估计了，报刊受众的数量由此可见一斑。

报刊的同质化、新闻内容的趣味性和广告传播的多样化，极大地改变了清末民初广州民众的文化消费状况。读报不仅是知识分子的“分内之事”，也逐渐成为许多民众的日常生活习惯。随着报刊价格的不断降低，更多的下层人士参与到读报的行列中来，发行范围的扩大，使报刊的公共空间不断拓展，并逐步消弭了受众的身份差异。报刊纷纷在店铺、茶楼设立代销处，说明它已经深入民间社会，成为大众化的阅读对象。不仅稍有文化的普通民众可以随时加入到读报的行列，在清末，一些身处高墙之内的妓女，也能通过阅报而知晓天下事。一些妓女在空闲时，对报纸新闻颇感兴趣，如《天趣报》就描写一位妓女彩玉，“持某报与读”，恰恰该报载有一封信，题为“彩玉致十八郎书”，“梁为之诵解，校书闻之，骂不绝口，并谓该函乃十八自作多

① 《例言》，载《妇孺报》，1904年第8期。

② 广州海关志编委会等编译.《近代广州口岸经济社会概况——粤海关报告汇集》，暨南大学出版社1995年版，第1011页。

情，并非我所寄云云”①。在清末广州，许多报纸新闻特别是花边新闻具有一定的娱乐性，其真实性自然有待考究。而这位妓女通过读报，了解到一些社会动态，表明了报刊受众群体不断扩大的趋势。

值得注意的是，随着清末报刊的增多，广州报业同行成立自治性组织以维护团体利益。其个中缘由，正如《东方杂志》所云：“粤省报界同仁，以粤报业幼稚，非联结团体，维持研究，不足以发达言权，灌益社会。”报界公会是报业联系受众的重要中介，阅报社则是较为松散的文化组织，一些报社“附设一阅书报处，招待外界人士入座翻阅，藉开民智，而广社交”②。阅报社也是保持报界公会与受众之间密切交往，提高办报质量的重要举措。同时，受众通过集体读报活动，可以交流思想，拓宽视野，增长才智。这种集体性的读报活动在清末广受欢迎，乃至广州城郊亦有阅书报社，如“番禺沥滘乡公立阅书报社一所，业已开办”③。随着报刊发行范围的扩大，广东其他地区也出现了阅报社，如新会县荷塘乡一位叫黎灌甫的开明人士，“联集同志在该乡组织——阅书报社，以期开通乡人智识，现经成立，一切新出舆图书籍及省港沪各报购置齐备，昨日开幕，各学界、绅界、商界到参观者约数百人”④。一些开明女子也创办书报社，有报道云：“南海沙头乡已有女阅书报社，兹闻省城黄女士韵玉，亦纠合同志女士杜清持等十九人，在城西创设一女子阅报社，以爱群阅书报社为定名，即可开办。”⑤ 清末女性报刊受众的增多，不仅反映了广州教育的进步，也进一步验证了报刊在社会的影响程度之广。

第三节　受众与消费文化变迁

受众既是报刊市场的推动者，也是消费文化的塑造者。他们通过阅读报刊广告了解市场动态、商品行情和消费潮流，并利用获得的信息指导消费实践，在具体的消费行为中不断推动着消费文化的发展。

报刊的发展始终受到受众需求的制约和牵引，正如丹尼斯·麦奎尔所言：“大众媒介的发展历史表明，受众既是社会发展的产物，也是媒介及其内容的产物。人们的需求刺激出更适于他们的内容供给，或者说大众媒介有选择地提供那些能够吸引人们的内容。”⑥ 受众联系着媒介和社会，是社会发展的见证者和推动者。而报刊广告业的发展，

① 《采玉对客辩诬》，载《天趣报》，1910年12月22日。
② 《东方杂志》，1908年第5卷，第6期。
③ 《东方杂志》，1907年第4卷，第7期。
④ 《新会荷塘乡又有阅书报社出现》，载《广州总商会报》，1907年10月11日第5页。
⑤ 《东方杂志》，1904年第1卷，第10期。
⑥ ［荷兰］丹尼斯·麦奎尔著，刘燕南等译：《受众分析》，中国人民大学出版社2006年版，第35页。

不仅为报纸的大众化提供了条件，也使受众的活动范围更加广阔，并有力地推动了消费文化的空间扩张。因此，受众发展的历史，与消费文化有着密不可分的关系。

一、商业文化视阈下的社会流动

鸦片战争前，广州报刊发行量很少，英文报刊主要面向广州外商和海外市场，《东西洋考》、《各国消息》等中文报刊主要采取赠阅的方式，受众对象十分有限。由于中文报刊以宗教布道和政治说教为主要目的，缺乏商业经营的眼光，难以与当地商业市场建立紧密的联系。而十三行垄断贸易，使资本和贸易资源被极少数行商垄断，由于行商与外商建立了密切的联系，对于贸易信息的收集，更多地依赖人际传播，依靠与地方官员和外商之间的特殊资源，少数行商成为世界级富豪。广州商人之富，历来为西方人所羡慕。如十三行怡和行商伍秉鉴，在道光十四年（1834 年）之财产总额，为 2 600 万元以上。同孚行行商潘正炜，“每年消费三百万佛郎，其财产竟尚富于一国王之地产。资产超过一万万佛郎，……彼之家园穷奢极侈，以云石（大理石）为地，以金、银、珠、玉、檀香为壁”①。在西方人眼里，道光年间，广州行商是世界上最为富裕的商人，他们的消费水平，可以与西方王室媲美。而十三行行商之外，一般中小商人要获得贸易资源，则非常困难，他们的业务受到行商的限制，难以在整体上形成一股强大的对抗力量。由于传教士创办的报刊在办报方针上并没有考虑一般民众的消费需求，远离广州地方社会的宗教说教和西方新闻难以引起普通民众的注意，从而使官商与下层民众都对报刊漠然视之。从总体上看，报刊与广州商业社会的疏远，使其作为新媒介的作用受到极大限制，与当时较为发达的书坊业相比，报刊并没有在民众的文化消费和消费文化的发展中取得应有的位置。

鸦片战争后，随着广州国际贸易地位的式微，相当一部分广州商人向上海、香港等地转移。外商也纷纷撤离广州。1860 年代，香港、上海的报刊大量刊登轮船航行信息和商业广告时，广州由于失去贸易优势，缺乏应有的商业报道价值。《中外新闻七日录》作为传教士创办的报纸，并没有树立商业经营的宗旨，其受众对象以下层民众为主，在提供大量的本地新闻时，却没有注意刊登商业广告。当时广州街道的店铺也没有注意到报刊广告的传播效果，这份号称有上万受众的报纸，由于缺乏商业资本的运作，始终没有突破每周一张的限制，所刊登的新闻也有很大局限性。许多下层社会的受众有能力花两文钱购买这份报纸，但并没有与他们的日常消费建立某种联系，报刊仍然远离受众的商业性诉求。

1880 年代后，广州商业经济得到了较快发展。商业性农业得以继续发展，蚕桑生产的规模和范围不断扩大。由于国际市场对广东生丝的需求日益增多，丝价上涨，生丝的生产和出口，成为挽救广州贸易颓势的重要产业。1880 年，广州出口生丝为

① 梁嘉彬：《广东十三行考》，广东人民出版社 1999 年版，第 285、266 页。

11 526 担，1901 年，增加到 32 075 担①。陈启源于 1872 年在南海创办中国第一家机器缫丝厂——继昌隆缫丝厂，成为中国近代机器革命的先声，它在劳动生产率方面有了极大的提高，生丝的质量也有很大的改进。这种用机器生产出来的生丝，色泽光洁，质量远胜于土丝，为英、法等国所乐用。广州厂丝价格不断上升，1881 年每担为400 元，1885 年，价格将近提高100 元，旧厂丝售价为470 元，上等勒流经丝售价530 元②。机器丝厂创办费用不多，生产技术和设备较为简单，当地具有丰富而廉价的劳动力资源，这些有利条件促使生丝行业规模不断扩大。19 世纪 80 年代初，南海、顺德有机器丝厂十余家，至1899 年，广州机器缫丝业，约计有 200 家土丝出洋，"想将来销场日旺，则缫丝机器亦可料逐渐加多"③。

机器缫丝业的发展，带动了广州地区经济结构的调整，也促进了技术与社会的互构。生丝业对原料需求的不断增长，进一步掀起了"废稻种桑"高潮。"种桑养蚕之户，仅南海西樵各乡，约有万余家。"④ 几乎家家都从事蚕桑业的生产。蚕桑业的发展，极大地改变了珠三角的生产和消费模式，在产业集群化的过程中，新式缫丝业一般设立在原料丰富的农村地区，工人大多为来自农村的妇女，这些妇女是中国最早的产业工人，她们脱离了传统的家庭束缚，依靠工资收入维持生计，在生活形态上与传统社会有着显著的区别。尤其值得关注的是，清末广州一些新型行业广泛使用女工，进一步加速了女性的社会流动和思想解放⑤。1903 年，广三铁路（广州至三水）开通后，铁路局长夏重民曾大量招收女子为售票员，风气为之一变，胡子晋在《广州竹枝词》中写道："夫纲打破渐开明，女子相矜执业鸣。铁路职员留纪念，群雌咸颂夏先生。"⑥ 而酒楼茶馆则大量聘用青年女招待，其性别优势非常明显，有竹枝词赞叹道："当炉古艳卓文君，侑酒人来客易醺。女性温存招待好，春风口角白围裙。"⑦ 独立的经济能力使职业女性在消费方面拥有了更多的自主权，在与城市生活的"互动"过程中，这些新女性作为新兴的消费群体，对新的生活方式和消费文化的传播起到非常重要的作用（见图 3－17）。如清末常有女子结伴到百货公司购物，到戏院

① 孙毓棠编：《中国近代工业史资料》（第一辑下册），科学出版社 1957 年版，第 968 页。

② 广州海关志编委会等编译：《近代广州口岸经济社会概况——粤海关报告汇集》，暨南大学出版社 1995 年版，第 262、293 页。

③ 宣统《南海县志》卷四，"异地略三"。

④ 广州海关志编委会等编译：《近代广州口岸经济社会概况——粤海关报告汇集》，暨南大学出版社 1995 年版，第 384 页。

⑤ 关于广州女子的思想解放运动，有着极为复杂的社会原因。清代中后期，广东顺德女子开始流行"不落家"，以结拜"金兰"的方式，在女性中寻找伴侣。而这些不愿嫁人的女子却有着特别的消费习惯，在某种意义上看，她们与传统女性的道德观和价值观已经有了很大区别。到了清末民初，随着民族工商业的发展，新式职业女性的价值观和生活方式，已经在朝着自我解放和女性主义的方向发展。而关于这一时期职业女性的消费文化研究，目前尚很少见到。

⑥ 胡子晋：《广州竹枝词》，见雷梦水主编：《中华竹枝词》（4），北京古籍出版社 1997 年版，第 2901 页。

⑦ 胡子晋：《广州竹枝词》，见雷梦水主编：《中华竹枝词》（4），北京古籍出版社 1997 年版，第 2901 页。

观剧，甚至夜宿白云山。如1906年的《赏奇画报》曾报道："七月二十三日，白云寺突有强盗多众闯入，紧闭山门，将诸客衣物搜劫一空，后座观音阁有数女子衣文明装，并为所剥夺，寸丝不挂，盖难见人。……"①

图3－17　美女广告（《时事画报》，1907年第7期）

与职业女性的消费偏好不同，从事文化消费的女性多为新式学堂的女学生。1907年，广东提学司就针对女学生外出看戏提出警告："日后如有不知自爱，带有徽章入戏院观剧者，即由巡兵报明本局查究……"② 而知识女性参与各种社团和集会（见图3－18），显然受到报刊媒介所传播的自由思想的影响。而女学生的集体活动，也成为报刊新闻关注的新热点。如农历1908年4月出版的《半星期报》就报道了全省女性参加国耻大会的盛况："会场内已不下万人，……开议三条：一、以'国耻'二字铭之首饰作纪念；二、贸易自由；三、调查日货，锐志改革，并提议轮船会社集股

① 《夜劫山寺》，载《赏奇画报》，1906年第15期。李覲桓在《粤垣昕鼓笔记》中记载："粤谚二十四日为安期申仙翁飞升之期。白云山有祠宇在焉，省城内外男女赴白云山烧香者络绎不绝。二十三日夜，有男女四百余人在山祠宇住宿，有盗三十余人乘机往劫，除簪珥抢夺外，剥男女衣裤而逸。盖盗贼本死有余辜，而妇女之人入山烧香住宿，大伤风化，自取其祸。"

② 《示禁女子观剧》，载《广州总商会报》，1907年10月10日第4页。

事，随即认股千余份。”[①] 上万女性参与公共集会并形成决议，表明了她们已作为一股重要的力量参与公共事务的讨论和管理，她们的身份认同、群体意识和爱国精神是社会进步和开放的重要标志，报刊的重点推介也表明了当时媒介生态环境的好转。

图3－18　女界保学会（《赏奇画报》，1906 年第 17 期）

新兴社会阶层的发展，直接推动了社会流动性的加快。随着 1901 年的书院改制和 1905 年的科举废除，新式教育使知识分子阶层发生了巨大的分化与转变。旧式官僚虽然还控制着各级官方机构，但是传统礼法在规范社会地位方面的作用逐渐衰微，地方精英内部涌现了以新式知识分子和开明绅士为主体的新兴力量，他们思想开明，热爱自由和民主制度，对改变旧制度最为热衷。一些新式报刊为满足新阶层的政治诉求，将政治评论和政治新闻视为扩广销路的重要手段。如《珠江镜》就明白地告诉读者：“珠江镜之意义，大约可分为三，一曰镜珠江之政治，二曰镜珠江之人物，三曰镜珠江之风俗。”[②] 新兴阶层不仅需要打破封建官僚集团的权力垄断，他们还期望以新的方式建构身份和社会地位。由于科举制度的没落，一些社会精英转向于从生活方式和政治舆论获得社会认同，而报纸则迎合了他们的新诉求，竭力满足新阶层的文化需求和话语权力。因此，无论学界、绅界，还是商界，都在清末民初剧烈的社会变革中进行身份建构。除了政治话语外，商品成为重新划分社会等级和个人名位的重要标识物（见图 3－19）。尤其是在辛亥革命之后，“中国人开始使用不同商品来改变他们的社会仪表，以此在视觉上表明他们的社会地位。因而出现了新的中国工业，它们致力于生产新的商品并服务于这些新的需要。越来越多的中国人从头（帽子）到脚（鞋和袜子）改变了他们的外表，这种转变影响到诸如手表、眼镜和手杖这样附属物品的生产，新的卫生观念也伴随这些特殊商品进入中国”[③]。报刊广告正是适应了新式消费潮流的需要，为广大受众建构了极为丰富的商品符号体

① 《追述女界之国耻大会》，载《半星期报》，1908 年第 2 期，第 27 页。

② 《珠江镜概言》，载《珠江镜》，1906 年 5 月 19 日第 2 页。

③ ［美］葛凯著，黄振萍译：《制造中国：消费文化与民族国家的创建》，北京大学出版社 2007 年版，第 47 页。

系。尤其是那些新型工业品，为受众形塑了新的消费潮流和生活梦想①。

社会流动性的加快和城乡联系的加强，使广州作为消费品供应中心的地位日益突出。珠江三角洲地区农民的粮食和日常消费品，需要通过广州这一进口通道分运到附近圩市和农村。而洋庄丝的大量出口，极大地改变了广州传统的转口贸易结构。鸦片战争前，广州出口市场主要依赖中国内地的货物，19世纪70年代后，丝业成为广州出口的主导产业。作为一种具有较高附加值和利润的产品，洋庄丝极大地改变了一般低级农产品廉价出口的态势。通过机器加工而形成的产业链条，将农户与机器丝厂紧密联结起来，广州的进出口贸易主要为本地农工商业的发展服务。在清末之际，一个集贸易、工业、农业为一体的经济体系已经显示出广州在地区市场的强大功能。机器缫丝业为广州经济带来了巨大的转机，同时使广州的社会结构和消费水平发生深刻变化。外贸收入成为广州保持较高消费水平的重要经济来源。为生产和生活服务的各行各业，特别是不断增多的商业店铺，扩大了消费市场的网络体系，金融业作为提供新式丝厂和农民扩大再生产的借贷机构，获得了广阔的生存空间，城市经济的繁荣与乡村经济的发展融为一体，城乡之间的社会流动大为增强。

图3－19　**社会新潮**（《赏奇画报》，1906年第6期）

从1911年广州城区居民的职业分类统计，我们可以看到清末广州社会阶层的基本变化态势。该统计以户为单位，将广州居民划分为以下种类："官宦1 086，绅士454，军界739，警界1 109，学界10 408，报界93，商贾15 028，航业74，贩业11 482，工艺19 390，佣工2 260，盐务246，司事521，馆幕464，美术642，医业1 128，方技434，种植360，畜牧246，差役2 320，代书115，优伶497，挑夫2 316，轿夫5 320，厨役418，看守79，书办523，牙保178，巫道416，更练85，司祝803，

① 关于广告建构社会身份和消费文化的研究，将在第4到第7章进行深入讨论。

僧人178，粪夫520，乞丐129，尼姑889，娼妓2 758，瞽姬218，出洋1 602，信教102，闲居5 471。”① 商人数量占到城市居民的首位，与商业相关的服务业的居民也占有很大的比重，广州已经是一个具有高度社会流动性的商业城市。

二、受众与消费文化形塑

商业社会的“流动性”特征，使商品成为报刊广告无法摆脱的“必需品”。报刊所面对的大量受众，“尤其是处于社会流动和地域流动中的人，需要与更广阔的世界建立联系”②，而报刊广告显然是联系受众和商业社会的信息中介。“由于广告是商业活动中重要的催化剂，不仅是商业手段与目的，也是与时间竞走的速食行业，必须讲求时代性，合乎消费者的习惯，亦即与流行的趋势紧密相联。”③ 1880 年代后，广州报刊开始重视刊登广告，显然与广州经济结构的调整、消费市场的发展、流动人口的增多有着密切关系。报刊广告不仅作为商业营销的手段，还作为一种流行的文化现象，建构人们的生活方式，推动着消费文化的发展（见图3－20）。

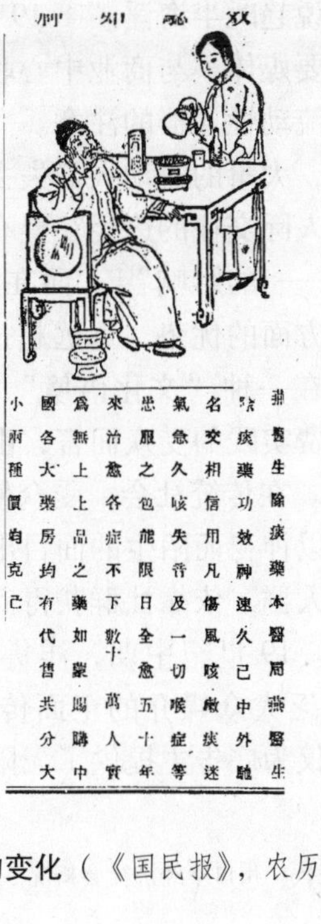

图3－20　生活方式的变化（《国民报》，农历1910年5月12日）

① 《省城户口职业分类表》，载《香港华字日报》，1911年9月11日。

② ［美］米切尔·舒德森著，陈安全译：《广告，艰难的说服》，华夏出版社2003年版，第90页。

③ 参见箫湘文：《广告传播》，台北威仕曼文化事业股份有限公司2005年版，第11章。

报刊广告的流布，与受众消费水平的提高有着密切联系。清末广州民众的收入水平，随着城市经济的快速发展有了较大提高。20世纪初期，手工业和其他一些行业的工资收入都有一定提高。如《粤海关十年报告》指出："木工、泥工及石匠现在挣的工资比本十年开始时多了，一个普通苦力现在每天可挣5角，而过去仅挣2角。仆人现在每月可挣12元，而过去仅挣7元。水手及伙夫的工资已由每月9元左右增加至14元或15元。工程师的月工资由25元左右到了40元。普通轻便快艇的水手，十年前每月挣8元或9元工资就感到满足了，而现在很容易就能挣到14元。"① 而精于雕刻之匠，"虽受象牙铺佣雇，然鲜有即在铺中工作者。盖以居家工作，月可得银币三十圆（元）也"②。当时米价在每石5至6元，月收入超过30元的工薪阶层，订阅一份年价为5至6元的报纸，在日常消费支出中所占比例还是较低的。受众消费力的提高，为报刊扩大发行提供了坚实的基础，也为广告传播提供了更为广阔的辐射范围。

报刊与商业社会之间的紧密关系，从报馆的选址可以看出端倪。清末民初，广州大部分报刊设立于西关第七、八甫一带，有竹枝词云："气象文明喜不禁，西关报馆盛如林。郑声靡荡成风尚，小说趋时半诲淫。"③ 1912年，西关一带有报馆22家，各类报馆作为传播商业文化的主要媒体，与商业中心联结在一起，有着采集商业信息的地缘优势，也可吸引大量潜在流动性人群的注意。

在浓厚的商业文化环境中，大量的流动人群失去了原有社群中的信息渠道，在陌生的商业大街，他们难以通过人际交往的途径获得有关消费的信息，"因而受到还能接触到的任何信息——如广告——的影响"④。而在清末民初，广州报刊作为最重要的大众媒介，在发布广告信息方面的优势，远远超过商业街道的"招贴"，它打破信息传播的时空限制，使受众能在一种"文化语境"下获得有关购物和商品使用的经验和知识，尤其对那些缺乏消费实践的受众而言，由于信息不对称而转向于依赖报刊广告的"指引"（见图3-21）。在传统社会，受众使用的"经验性"商品非常有限，大量进口洋货和新式工业品，以神秘而陌生的面目出现在市场当中，许多消费者对它们一无所知，尤其是那些流动人群，依靠社群获得商品信息的途径更为狭窄，他们在与洋行的博弈中处于弱势地位。19世纪中期，洋货在各大通商口岸销路不畅，除了制度性和文化性因素之外，缺乏大众媒介的正面传播亦是重要原因。19世纪末期，广州报刊刊登的大量广告，不仅为广告主提供了无限的商机，更重要的是，"催生广

---

① 广州海关志编委会等编译：《近代广州口岸经济社会概况——粤海关报告汇集》，暨南大学出版社1995年版，第984页。

② 《广州雕刻象牙业》，载《农工商报》，1914年第2期，第21页。

③ 胡子晋：《广州竹枝词》，见雷梦水等主编：《中华竹枝词》（4），北京古籍出版社1997年版，第2905页。

④ ［美］米切尔·舒德森著，陈安全译：《广告，艰难的说服》，华夏出版社2003年版，第65页。

告的社会变迁不仅提高了大量生产并做广告的产品对人们的重要性，而且改变了消费的标准，更加注重产品的质量”①。

图 3-21　老年补品（《商权报》，1913 年 6 月 6 日）

清末民初，广州报刊刊登形式多样的广告，使报刊进一步与商业社会融为一体（见图 3-22）。对于具体的广告交易双方而言，价值观和意识形态的作用甚微，广告主和报刊经营者只是就某一个具体广告价格进行谈判，双方的观念差异，在利益面前显得十分脆弱。报刊广告作为商业文化的代言者，以不断扩张的品种、内容和形态，向广大受众提供丰富的商品信息，改变并塑造着受众的生活方式，在都市商业社会里不断培育着新的消费形态和消费潮流，并成为都市消费文化变迁的重要动因。

---

① ［美］米切尔·舒德森著，陈安全译：《广告，艰难的说服》，华夏出版社 2003 年版，第 104 页。

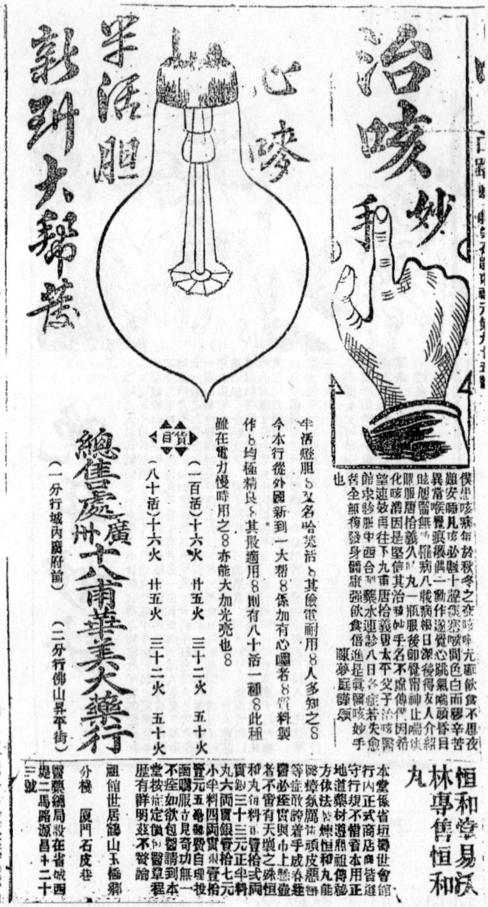

图 3－22 广告手段的妙用（《安雅报》，1912 年 10 月 25 日）

在传统社会，受众与消费者之间尚存在概念上的明显差异①。但报刊广告作为整合和扩张消费市场的媒介生产方式，增强了报刊的商业功能。受众利用闲暇时间阅读报刊，却受到报刊广告的“引诱”和“操纵”，在得到许多商品信息后，“他们还得再额外花钱去购买媒介所广告的商品，再次为媒介买单”②。对于具体的报刊而言，到底有多少受众在广告的影响下变成现实的消费者，是一个难以统计的迷局。因此，从广告媒介的变量中无法得到准确的结果。但是，广告媒介影响了受众的生活方式，

① 在当代广告传播研究中，一些研究者认为应该将受众等同于消费者，因为广告的目的是转变受众的消费观念，使之成为商品或服务的购买者。然而，这仅仅是一种广告传播“理想”，片面夸大了广告的功能。

② ［荷兰］丹尼斯·麦奎尔著，刘燕南等译：《受众分析》，中国人民大学出版社 2006 年版，第 19 页。

具体的广告形态描绘了受众的需要和欲望，其本身就是消费文化的历史见证（见图3－23）。当然，我们需要从“个案”中寻找广告商品和服务对受众的影响，并由此探究广告与消费文化变迁的具体进程。

图3－23　广告与家庭生活的联系（《国华报》，1918年8月10日）

第四章

洋货广告：消费诱导与观念变革

CONSUMER IMAGE AND
METROPOLIS SPACE

第一节 洋货广告与消费潮流

一、洋货消费结构的变化

一口通商期间，对外贸易使广州洋货市场空前繁荣。除了亚洲各国外，当时的主要资本主义国家西班牙、英国、美国、荷兰、瑞典、法国、丹麦等都在广州做生意，西方资本主义社会生产的工业品和主要的农副产品，都可以在十三行的贸易中见到。十三行就是洋货行，词人朱树轩在《羊城竹枝词》中描述十三行的洋货贸易盛况：“番舶来时集贾胡，紫髯碧眼语喑呜。十三行畔搬洋货，如看波斯进宝图。”① 词人鲍钞在另外一首竹枝词中写道：“海珠寺前江水奔，诸洋估舶如云屯。十三行里居奇货，刺绣何如倚市门。”② 十三行是当时中国中外商品最集中的地方，洋货的大量涌入，改变了广州商业的传统风格，外贸已经成为城市繁荣和商人致富的基本动力。广州口岸对琥珀、皮货、千里镜、钟表、洋红等高档消费品有较为强烈的需求，这些奢侈消费品，除了部分转运到北京和内地城市外，相当部分为广州本地的官绅和商人所消费。正如两广总督阮元诗云：“西洋夷船来，毡毳（即呢羽也）可衣服。其余多奇巧，价贵甚珠玉。持货示贫民，其货非所欲。”③ 阮元从市场营销和消费者购买行为的角度综合考察了当时广州洋货消费市场的现状，比较客观地描述了当时广州洋货消费状况。西方国家对中国消费市场缺乏深入调查，所输入的洋货并非日用所需，多为不实用的奢侈消费品，很难引起普通消费者的购买欲望。道光年间，番禺人江仲瑜有竹枝词云：“表可占时英吉利，炮能制胜佛郎机。奇珍异物知多少，不是中华日用资。”④ 从整体上看，鸦片战争前，洋货作为奢侈性消费符号，仅能在社会上层的开明人士中使用，是炫耀性消费的标识物。广州街头的洋货店大多从事批发生意，缺乏广告推销方面的意愿。

洋货进口结构对洋货消费产生直接影响，鸦片战争前，广州进口英国等西方国家的商品，如毛织品、金属品等，“没有任何一样是值得中国人民欢迎的。……东印度公司收支平衡的全部秘密都在鸦片上”⑤。鸦片战争后，由于五口通商和广州贸易地位的下降，尽管广州鸦片进口总量仍然很大，通过广州口岸进口的鸦片数量占进口洋货的比重有下降趋势。香港作为进口鸦片的中心市场，成为中国内地鸦片消费的供应

① （清）吟香阁主人选辑：《羊城竹枝词》卷二。

② 雷梦水等编：《中华竹枝词》（4），北京古籍出版社1997年版，第2747页。

③ （清）金武祥：《粟香随笔》卷六。

④ 雷梦水等编：《中华竹枝词》（4），北京古籍出版社1997年版，第2754页。

⑤ 严中平等编：《中国近代经济史统计资料选辑》，科学出版社1955年版，第17～18页。

地，广州城市消费的鸦片也大量通过走私从香港运入。在对走私鸦片打击较为严厉的 1888 年，进口鸦片达到 13 114.69 担，以后的年份基本上没有超过这一数字，1906 年进口 11 146 担，是 1900 年以来数量较大的一年①。与鸦片战争前相比，广州的鸦片贸易地位大为降低。从 1843 年开始，棉花成为广州最大宗的进口货，其次才是鸦片，1854 年以后，以棉制品为最多。而上海的进口货物，以鸦片为盛。即使是 1856 年，普通商品固不及鸦片价值之多②。广州贸易结构显然从较早地以鸦片贸易为主转向一般的洋货贸易。

1865 年以后，随着广州对外贸易的逐步恢复，洋货进口保持了一定的增长态势。1867 年，进口棉布 279 158 匹，手帕 33 086 打，棉纱 18 740 担，棉花 256 770 担，毛织品 35 137 匹，毛毯 2 490 床③，此外还有金属、颜料、染料、象牙、火柴等其他商品。1881 年，有 21 个进口品种的货值超过 10 万海关两，包括米、棉纱、棉线、棉织品、药品、玉石、毛织品、人参、金属、烟草、蜡、朱砂等④。19 世纪 80 年代后，洋货充斥了广州市场，根据《粤海关十年报告》记载：“在当地的消费品中，毛巾开始普遍地使用，并淘汰了国产品，据说较大的几种毛巾被广泛地用来做内衣，外国金属的使用，无疑有了很大的增长。使人感到非常惊奇的是美国面粉的需求量稳步增长，火柴在最边远的地区也可见到，煤油价格低廉，使用方便，因而被普遍使用……”⑤ 洋酒、洋糖、香水、肥皂、沙发等作为新潮商品，很快在广州市场上畅销，洋货进口的种类逐步增多，价格也因为西方国家工业化水平的提高而逐渐下降。到 19 世纪末，缝衣针、纽扣、搪瓷

图 4－1　肥皂广告（《国民报》，1913 年 6 月 3 日第 1 页）

① 广州海关志编委会等编译：《近代广州口岸经济社会概况——粤海关报告汇集》，暨南大学出版社 1995 年版，第 304、408 页。

② 参见严中平：《严中平文集》中国社会科学出版社 1996 年版，第 79～87 页。

③ 广州海关志编委会等编译：《近代广州口岸经济社会概况——粤海关报告汇集》，暨南大学出版社 1995 年版，第 30、32、33 页。

④ 广州海关志编委会等编译：《近代广州口岸经济社会概况——粤海关报告汇集》，暨南大学出版社 1995 年版，第 258 页。

⑤ 广州海关志编委会等编译：《近代广州口岸经济社会概况——粤海关报告汇集》，暨南大学出版社 1995 年版，第 865～866 页。

等日常用品取代国产货，成为城市生活的必需品，而留声机、电风扇、电话等新式电器，也开始进入广州的消费市场，并作为奢侈品，在社会中上层之间很快流行起来。到20世纪初，进口棉织品的种类比以前更加繁多，所有主要的毛织品都有所增加，而且新品种，如花呢、哔叽、毛毯、小地毯等，越来越受顾客的欢迎。水泥、香烟和雪茄烟、日本煤和（安南）东京煤、电器、纸、汗衫、裤子和短袜、钟、表以及其他类似的杂货，需求量都很大①。不仅如此，洋货在广州乡村也日渐行销，《南海乡土志》云："自通商以来，洋货日盛，土货日绌。"② 日用洋货取得了全面优势（见图4-1)，对城市消费市场的格局和洋货广告的传播产生了极大影响。

二、洋货广告与消费市场的扩张

五口通商以后，洋货市场的繁荣为报刊洋货广告的发展提供了基本条件。在1860年代前后，香港和上海的中文报刊刊登的洋货广告数量则远超过广州报刊，如《香港船头货价纸》1859年第198号就刊登了6则洋货广告。其中有药品、鞋皮、白米、咖啡等，如一则洋药广告云："花旗国老当臣医生自制药水，名沙时把厘剌。驰名天下，凡用之者，无有不效此药。专治妇科各症、伤风、咳嗽、内伤……现本港药店皆有出卖。"③ 而另外一则鞋皮广告则称："兹有新到好来路鞋皮出，如贵客欲贸者，请到本新闻纸馆面议。"④ 1862年6月26日，上海一家名为祥茂洋行的商铺在《上海新报》刊登了一则《外国杂货发客》的广告云："今有新到什棉、饼干、酸果、洋醋、广生、芥末、生菜油、旧平头吕宋烟、车厘、罢（白）兰地、小面镜仔、大小窗门铁较、东洋竹篮仔、马豆出卖。但和意者，请到货船公司账房面议。"⑤ 这是早期中文报纸刊登的几则洋货广告，尽管内容较为简单，推销艺术性不强，却意味着洋货开始进入通商口岸，一些洋行在经营过程中已经注重报刊广告的信息传播作用。

但是，在1860年代，广州报刊的商业化运作水平较低，特别是对洋货消费所带来的信息资源并没有引起应有的重视。广州进出口贸易对香港市场的依赖性较大，本地报刊对洋货市场并无多大兴趣，洋货广告极为罕见。逮至1880年代，这种沉寂的状况并没有得到有效改善。鸦片战争后的近40年间，广州传媒业与香港、上海的差距不断扩大，在传播洋货信息方面更是如此。尤其是第二次鸦片战争前后，广州民众的仇外情绪高涨，对洋货亦感厌恶，这直接影响到洋货消费市场的发展。另外，随着大量粤商迁往上海、香港，本地商业大为衰退，社会上层的"炫耀性"消费也受到

① 广州海关志编委会等编译：《近代广州口岸经济社会概况——粤海关报告汇集》，暨南大学出版社1995年版，第956页。

② 《南海乡土志》卷十五，"商务"。

③ 《香港船头货价纸》，1859年2月5日第2页，转引自卓南生：《中国近代报业发展史》附录影印件。

④ 《香港船头货价纸》，1859年2月5日第2页，转引自卓南生：《中国近代报业发展史》附录影印件。

⑤ 《外国杂货发客》，载《上海新报》，1862年5月24日第2页。

抑制，洋货作为“媚外”的符号，亦有违地方精英的本土主义意识形态。抵制洋货也成为反英美资本主义的象征，洋货滞销有着深刻的社会原因。

1890 年代后，随着珠三角商业性农业的发展和出口贸易水平的提高，广州经济对西方市场的依赖性大为增强，民众的仇外情绪也大为缓解。数十万粤商在海外经商，不仅带回丰厚的资本，也直接加深了对西方社会的了解，广州民众出洋留学热也开始升温，这些有利条件极大地改变了广州媒介生态环境。广州报刊在商业性经营的过程中，开始关注香港和海外的市场行情。一些洋货店也注意到报刊广告在传播商业信息方面的中介作用，在报纸上介绍一些洋货品种及其价格情况。香港《广东日报》在广州有很大影响，该报经常刊登香港多家洋行的洋货广告，如经裕泰洋行就多次刊登留声机和唱片广告，声称“代理美国域打公司狗嚜唱碟、留声机器，久蒙仕商赐顾”①（图 4－2）。而牙粉、洋煤、西药、香水、钟表等洋货广告则经常出现在香港中文报刊上。随着洋货的大量进口，洋货成为报纸广告的重要对象，广州各洋货店为了扩大销售，提升知名度，纷纷在当地报纸上进行广告宣传，洋货广告对推动洋货消费的大众化和西方消费文化的传播起着重要的媒介作用。

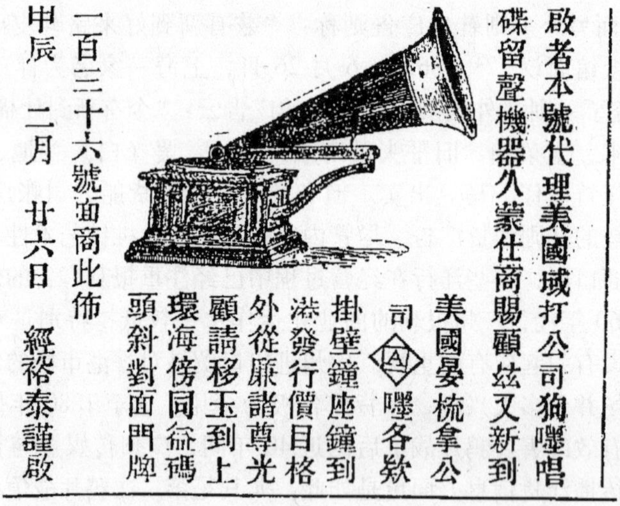

图 4－2 留声机（《广东日报》，1904 年 4 月 22 日）

19 世纪末，广州市场的洋货经营者大多是本地客商，本地洋行林立。要在市场上取得竞争优势，必须加大商品信息的披露和经营特色的宣传。在 19 世纪 90 年代初，一些本地洋行就充分考虑到洋货的市场占有率，利用广告宣传吸引顾客，如当时

① 《广东日报》，1904 年 4 月 22 日。

设在广州河南鳌洲岛上的阿轩打洋行，1892 年曾多次在《中西日报》上刊登洋货拍卖广告，拍卖不仅要有好的洋货，而且在品种质量上也要有特色，阿轩打在其广告中对此颇为得意。其称：

兹有洋来家私，台、椅、交子弹弓床、藤床、铁弹弓床、花旗椅、螺丝写字椅、弹弓椅仔、皮大椅、皮杨妃床、大餐台、大圆台、大镜石、梳妆台、洗面台、大小字台、镜西碎柜、镜衣柜、玻璃书柜、雪柜、洋画、玻璃、铜玩器、各色花篮、花樽、花蝶、时晨钟、瓷器、餐碟面盆、白铜餐羹叉、餐刀、玻璃风罩、洋烛灯、小童车仔碌各等什物，准于本月廿七、廿八两日十二点钟在河南鳖州中约洋人酒店内开投，以价高者得，此布，风雨不改。①

广告中列出的许多商品在当时非常时髦，对一般消费者而言，洋家具在当时属奢侈品，但店主在报纸上进行广告推销，说明洋家具在广州拥有一定的市场潜力，它在一定程度上反映了当时广州社会中上阶层追求新奇、豪华的消费风尚。

一些位居沙面的洋行也在刊登推销时髦洋货的广告，如吻者士洋行就对新到的肥皂（条枧）和钟表大加介绍，其广告称：“本行现有英国条枧并各款大小时辰钟等货出售，此货由香港新创公司制造，不惜工本，制法得宜……较之日本所到之枧及时辰钟等，大小相同。……”② 在 1890 年代，肥皂还是奢侈品，但已经开始在广州社会销售并逐步推广。沙面洋行的洋货和西洋建筑，被广州人视为帝国主义的象征，但民众也羡慕它的美丽和秩序井然，认为它是“西方创造力和改造力量的产物”③。沙面尽管不能与上海外滩相比，但却为广州人了解西方文化和生活方式开启了一扇窗口。

清末，广州与香港的经济贸易往来非常密切，广州的洋货消费与香港市场有着密切的联系。香港的一些洋行为了与广州本地洋行竞争，经常在广州的报刊上刊登洋货广告，如《时事画报》曾多次刊登香港啰士洋行的广告，声称其经营的西妹牌黑袜“精美绝伦 ，已历年，所凡所到各款洋货无不美备”，深受客商欢迎，但是很快被其他厂商冒充，“故特在每盒内加多招纸，有啰士洋行，以别真伪”④。香港公利洋行代理美国纽约波典公司的牛奶，为推广生意，对于内地代理商家，“可许以特别利权”⑤，在《国事报》等报纸上多次将其专营的罐头牛奶图片在头版刊登，以强化其视觉

① 《夜冷出投》，载《中西日报》，1892 年 5 月 21 日第 2 页。

② 《中西日报》，1895 年 6 月 5 日第 3 页。

③ 转引自［美］葛凯著，黄振萍译：《制造中国——消费文化与民族国家的创建》，北京大学出版社 2007 年版，第 62 页。

④ 《香港啰士洋行》，载《时事画报》，1907 年第 7 期。

⑤ 《AMERICAN CONDENSED MILK GOLD SEAL BRAND》，载《国事报》，1910 年 5 月 6 日第 1 页。

效应（见图 4 – 3）。位于吕宋的泰记糖果厂专门制造西洋糖果，为开拓中国市场，在香港设立分厂，并设法将产品打入广州市场，多次在广州报纸刊登广告。这家“正铺在中环大马路，厂在湾仔龙安门”[①] 的外资企业，深知香港对广州消费市场的辐射力，通过广告信息传播，提高其产品与欧美洋糖果的竞争力。

图 4 – 3　进口牛奶广告（《国事报》，1910 年 5 月 6 日）

另外，许多外国公司在广州设立了代理处，为了提高其产品知名度，也意识到当地报刊的重要性，在显要位置刊登洋货商品信息，并运用当地的语言风格进行推销，以迎合受众的阅读趣味。如美国旗昌洋行经常批发白糖，在 1887 年的《广报》上多次刊登公告，规定每周三进行拍卖，对出投的数量不进行限制，鼓励客商多投，并规定当次的投价，如“廿四日投出之白糖，价银每担 6 元 2 毫半”[②]，这在客观上有利于读者了解洋行商品的价格行情。

清末广州的洋货店以专业经营为特色，经营规模一般不大，但已遍布主要的商业街道。从当时商业繁华的西关到河南地带，洋货店较为常见。正如当时的报纸评论那样：“粤垣有洋货行盛行，热闹街道遂多洋货摊，……新式洋货骈罗充斥，月中生意颇不洽谈。”[③] 许多当地洋行为了招揽生意，在当地报纸展示其经营的特色洋货，如沙面裕兴泰洋行常在《羊城日报》上告示其经营品种，1906 年 3 月介绍的产品为：“本行现有新款各色九牙边，工精色美，价甚相宜。”[④] 随着市场行情的变化，该洋行

① 《西洋糖果新张广告》，载《光汉报》，1911 年 11 月 18 日第 7 页。
② 《按期出投白糖》，载《广报》，1887 年 11 月 16 日第 2 页。
③ 《巧于行窃》，载《安雅书局世说编》，1901 年 11 月 11 日第 1 页。
④ 《沙面裕兴泰洋行广告》，载《羊城日报》，1906 年 3 月 29 日第 1 页。

在9月份的广告中，经营的品种则大不相同：“本行现有颜料、银朱砂、丝线、各款金镖洋遮，均有现货。”① 的哯洋行还经营各种梳（苏）打，在《安雅书局世说编》上刊发广告，解释其经营的玉晶苏打、纯粉苏打、浓晶苏打等产品的用途、特色。如玉晶苏打，“功用甚多，最好炼丝、炼绸……又可以洗擦机器、银铜锡各器皿及玻璃、云石、玉器等物，更可以洗身洗手，其用甚多……”②（见图4-4）而蜜花公司经营吗啡粉多年，经常在当地报纸上刊登吗啡粉的到货信息，并印制了英国吗啡粉的商标，便于读者识知。这种吗啡粉，“由英京运到，在河南福场大街怡盛福集木店发售”③。吗啡是含有剧毒的麻醉品，当时尚不为广州民众所认识，许多人将它作为戒鸦片的替代品。

安雅書局世說編

大清光緒廿七年十一月廿四日 西歷一千九百零二年正月三號禮拜五日

第三百四號

目錄

局設省城第七甫廣東

的哯洋行

各種梳打發售

玉晶梳打 此玉晶梳打用上等珍貴之品精心製成性質平和功用甚多最好煉絲煉綢及煉蔴煉布疋并可以洗絲綢各擦幼細布草衣服又可以洗擦機器銀銅錫各器皿及玻璃雲石玉器等物更可以洗身洗手其用甚多其功甚美凡染絲綢布疋用此梳打漂煉格外柔滑光艷潔白可愛用之有益無損勝於用砂梘灰水而且比梘砂灰水價用較廉此誠有益於用家者也

純粉梳打 此純粉梳打可以製造物件并可以造染料凡玻璃料器燈罩燈筒及光亮料器等物俱用此純粉製造而成并可以造紙染紙漂布染料各等之用外國製造上等玻璃料器與及造紙染紙均用此純粉梳打甚廣今運來中國誠利便於製造之家也如欲比染外國之玻璃料器非此純粉莫能為焉

潔麵梳打 此潔麵梳打專為麵食之用如及麵飽于饅頭油條麵包餅食用此梳打均能鬆發更可消滯比之用梘水價廉而物美於造家食家兩相益也請嘗試之

燒化梳打 此燒化梳打又名燒鹼洋名苛士的其性最烈其力最大能消化堅硬之品最合於造紙亦可以造洋梘凡造紙必用竹草之料若用此梳打同煮幾點鐘久即能化就配造紙張其色甚白其紙甚堅既省人工又省時日化功之妙莫勝於此

濃晶梳打 此濃晶梳打專為煉絲之用如用以煉絲勝於梘砂欲知如何用法有做單列明取閱便知矣

以上各種梳打俱是頂上好貨特運到來以利用於中國者也各種均有做單俱列明用法 貴客光顧請到本行取閱便知其詳矣

粵東省城沙面的哯洋行謹啟

图4-4 苏打广告（《安雅书局世说编》，1902年1月3日）

一些洋药兼具保健品的功能，对消费者具有较大的吸引力，如西方国家生产的鱼肝油，味道甘甜，又能治咳嗽、伤风、痨伤、吐血等病，市场销路很好。一些洋行和药店为抢占市场，在报纸上广为推介。《中西日报》刊登司各脱鳖鱼肝油的广告云：“味如牛乳，甚易下咽，其功效比之净鳖鱼肝油足胜三倍之多。专治痨伤、吐血等症……屡试屡验。”④ 由于销路很好，市场上出现了许多假冒的鱼肝油，为了便于区分，打击假货，提升营销商的知名度，一些洋行在报纸上刊登了许多打假广告，如香港省城新旗昌公司在《安雅书局世说编》刊登“声明假冒”广告，认为“假货有水，掺杂上下，不和其油，不久变坏，腥臭难尝，服之损人脾胃”。而真正的司各脱鳖鱼肝油则“彻底调和，粉白如乳，味道甘香”⑤。这种打假广告对维护品牌的市场声誉，提升商家的知名度，提高消费者的认知力，起到了较为明显的市场推销作用。为了凸显一些洋药的“使用价值”，报刊广告对其功能加以宣扬，如一种名为葛拉夫止痛油的广告称：“天下独一无二之止痛

① 《沙面裕兴泰洋行广告》，载《羊城日报》，1906年10月19日第1页。

② 《的哯洋行各种苏打发售》，载《安雅书局世说编》，1902年1月15日第1页。

③ 《吗啡粉发售》，载《安雅书局世说编》，1902年1月15日第1页。

④ 《司各脱创制乳口净鳖鱼甘油》，载《中西日报》，1892年5月21日第4页。

⑤ 《声明假冒》，载《安雅书局世说编》，1901年7月24日。

药，即是葛拉夫止痛油，此油系美国纽约埠林文烟厂监制，专治烫伤、瘀血、耳痛、毒虫咬……涂此灵奇之神油，立时可止，家庭中皆须备此葛拉夫止痛油，以防一时之需。”① 这种新式洋药，价格自然不菲，“每樽大洋七角”。②

19 世纪末至 20 世纪初，西方工业文明已经相当发达，西方新式工业品经由香港很快就可以传到广州市场，煤油、火柴、肥皂等进口工业品也开始在行销，一些杂货店随之转变经营模式，并扩大经营规模。如广州闹市的蓑衣街唱和、故衣街旋记、沙基大街元亨、十三行信栈、同兴街恒丰、杉木栏羊来等店铺，不仅专营“三井顶靓纸制卷烟仔”，还兼营各类洋货，“兼有上等粗幼枝火柴、各色毛布匹头、花纱、改良巾、毛巾、煤炭、面粉、洋纸……各种大小机器、军装、各款洋杂货”③。各式洋货已经进入广州大街小巷的店铺，成为民众日常消费品。各类店铺对洋货推销的强烈需求，为报刊广告业的发展提供很好的市场基础。

随着西方工业品的大量进口，许多时尚而实用的电器商品逐步流入广州市场，开始受到社会中上层的偏爱，并形成消费时尚。20 世纪初，广州一些商家开始专营电器，如一家名为振发公司的广告称：

图 4－5　瑞记洋行（《羊城日报》，1906 年 10 月 9 日）

本号专办干电手灯、电话、电钟、电灯线、电钟线、大小俭电金丝胆、炭胆、电风扇及电灯所用各等材料；各种家私、铜铁什货、俭油灯嘴灯纱、保险剃刀、大光灯、软纱发行。价廉物美，兼修理。关于电学大小机件、庄（装）配各款电器，价值务求克己，工程务求妥速。④

这家位于广州西关十八甫的家用电器店，对电器经营非常专业，特别是兼营修理业务，可以为消费者提供较好的售后服务。电器店的经营，比较客观地反映了当时广州电器消费的市场潜力。在 20 世纪初期，广州的一些著名酒楼茶楼，都安装了电灯、

① 《葛拉夫止痛油》，载《总商会新报》，1917 年 9 月 4 日第 2 页。
② 《葛拉夫止痛油》，载《总商会新报》，1917 年 9 月 4 日第 2 页。
③ 《三井顶靓纸卷烟仔》，载《羊城日报》，1906 年 10 月 9 日。
④ 《看看振发公司电器》，载《光汉日报》，1911 年 12 月 5 日第 7 页。

电话、电风扇，这些新式设施，自然成为经营者招徕顾客的“亮点”，而社会中上层对于电器的偏好，则将其作为时尚和炫耀的标志性符号。民国初年，电灯、电风扇的专营广告也见于当时的广告中，如华美电器西药行就刊登了博利安（Brilianl Wire）电泡的广告，其称：“博利安电泡，灯光灿耀，用电极少，真可谓光明费省惟一之电泡。”[①]

清末洋务运动推动了制造业的发展，为机器进口业提供了广阔的市场。机器制造业利润很高，以广州为中心的南方地区，对进口机器需求量很大。一些洋行专营机器，经常在报纸上刊登广告，推销机器产品，如瑞记洋行的广告称：“本洋行在省城、香港开设有年，接办开矿筑路铁轨、龙头制造、织造、卷烟、印务，一切日用大小机器，总期货适于用，价取相宜。”方便顾客采买，“各种机器均有形图说，略备存本行，以便采择”[②]（见图4－5）。沙面瑞记洋行经营各类“大小机器”[③]（见图4－6）为当时的新兴工业提供了许多新式设备。由于当时官方和企业对机器采买缺乏基本的了解，往往造成很大的经济损失。一些洋行对此问题颇有心得，在机器使用、修理方面为顾客提供更为全面的服务。省港安记洋行的广告颇有打动顾客之处：

图4－6　瑞记洋行机器广告（《广州总商会报》，1907年6月7日第2页）

机器一项，款式纷繁，修理庞杂，差之毫厘，失之千里。迩来富商巨贾，振兴实业，或因事属创始，布置失当；或良窳莫辨，误认珠鱼，因此裹足者不少。本行直接欧美各大名厂，专办各种新式机器……特聘著名机师，常川驻港，悉心讲求，使各振兴事业家，得以面谈方略，详审机宜。[④]

洋行聘请专业机器工程师为顾客提供信息咨询，确实有利于顾客购买实惠的机器。20世纪初期，广州在市政设施和新式工业方面取得了很大发展，机器进口业对于提升现代化水平，提高产品的技术含量，降低产品的生产成本，从而推动具有广州特色的轻纺业和其他消费型工业的发展，起着一定的作用。

在洋货盛行的广州市场，商家要想在市场竞争中取得优势，必须在商品的稀缺和新奇上花工夫。对社会上流阶层而言，洋货与消费时尚有着密切联系，在很大程度上起到“身份区隔”的作用。许多精明的洋货行将经销新奇洋货作为牟取暴利的重要手段，他

① 《博利安电泡》，载《新报》，1918年11月2日第4页。
② 《瑞记洋行机器告白》，载《羊城日报》，1906年10月9日。
③ 《沙面瑞记洋行》，载《广州总商会报》，1907年6月7日第2页。
④ 《一本万利之机器》，载《光汉日报》，1911年12月5日第7页。

们利用上流人物猎奇的心理，注意推销新式工业品，如电风扇在英、美等国使用不久，就有商人将其引进到广州，“新款洋庄风扇，在省城十八甫达行堂镶牙店发售”①。在家用电器十分罕见的清末社会，电风扇是一种高档奢侈品。而广告主竟然是十八甫的一家牙店，说明店主有独到的市场眼光。

一些洋商对广州洋货市场也很有研究，如日商三井洋行注意到鸦片生意清淡，就大力鼓吹进口香烟的好处，在广州各家报纸推销其“三井牌”卷烟的奇妙效果。其广告称：“此烟气味清香馥郁，亦温润纯良，吸食此烟，健脾爽神，大有卫生之裨益……”②（见图4－7）其目的是希望瘾君子们尽快接受这一新的品牌。

图4－7　日本香烟广告（《羊城日报》，1906年10月9日）

由于洋品牌具有极大的轰动效应和高额利润，许多厂商便想方设法使用洋气的商品名称来提高知名度，如清末广州一些妇女喜欢使用进口化妆品和保健品，并形成一种消费时尚。香港大正洋行大药房将花露水称之为“美容药精”，并以青年男女为传播对象，承诺只要购买此种产品，便“无愁容貌之丑陋”③（见图4－8）。一些进口花露水

① 《新款洋庄风扇》，载《安雅书局世说编》，1901年9月1日第1页。

② 《三井洋行靓纸卷烟仔》，载《羊城日报》，1906年10月9日。

③ 《美容药精》，载《羊城新报》，1914年1月27日第1页。

还以“花颜水”之名强调其美容之妙用，如日本大阪顺和堂大药房，就在其广告中称赞道：“仅以数滴滴入洗脸水中，该盆内之水即逢药水而变色如乳，其馨馥触鼻，虽鲜花㛹玫瑰与兰花亦退一步。且合卫生，专治皮肤所发小疮……凡男女老幼使用此花颜水，均可转丑成美。”有如此“神奇”功效的花颜水售价自然很高：“大瓶实银一元，中瓶实银五毫，小瓶实银三毫五分。”① 可见，此类商品的利润极高，在国内难觅竞争对手。又如，屈臣氏大药房的花露水广告声称：“若当盛夏之时，可以免暑气之侵……选料极鲜，配制极巧，与市上所售各种香水，实远胜之，而价更为相宜……”②

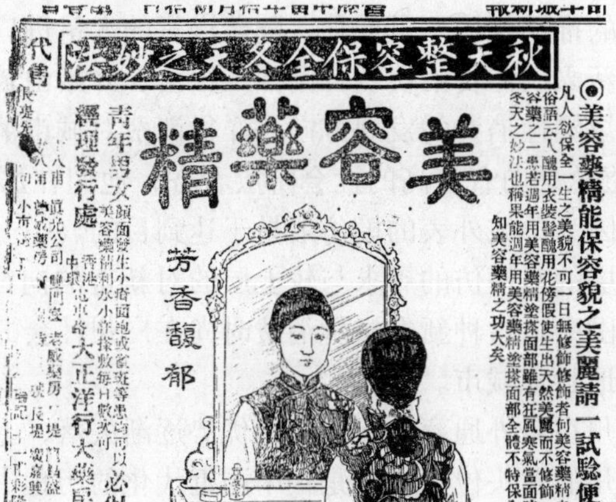

图 4-8　美容药精（《羊城新报》，1914 年 1 月 27 日）

由于花露水很快在市场上流行，一些药房为了迎合消费者崇洋的心理，通过悉心研究，利用国外配方，仿制国外保健品，在产品名称上一般使用洋名，如六和大药房采用中外名花研制成功一种花露水，为吸引顾客，取名为“荷兰水”。在《时事画报》上多次刊登广告，声称“芬芳馥郁，香美异常，气味浓厚”③。与进口花露水几无异样，这种“不中不西”的花露水在当时市场上很快行销起来。

① 《BEAUTIFYING WATER》，载《人权日报》，1914 年 9 月 26 日第 6 页。
② 《屈臣氏鲜花露水》，载《安雅书局世说编》，1901 年 8 月 30 日第 1 页。
③ 《特别花露香水》，载《时事画报》，1909 年第 7 期。

第二节 洋货广告与西方消费文化的渗透

一、洋货消费观念的变化

鸦片战争前，洋货的价格较高，其消费群体一般为官商富绅，但洋货消费作为一种时尚，其消费示范作用非常明显。在上层社会中流行的西洋观，作为一种消费思潮，对洋货消费文化的推动作用不可低估。随着洋货的大量进口，尤其是随着一些奢侈洋货消费的增加，新兴的洋货消费观日渐深入社会，开始由较高社会阶层向较低社会阶层传播，引导着炫耀性消费的发展方向，洋货消费对城市消费风尚的影响十分明显。“较低的社会阶层总是向着较高的社会阶层看齐，他们在那些服从于时尚兴致的领域很少遇到抵抗，因为单纯外表的模仿最易于达到目的。……一个阶层越是接近其他的阶层，来自较下层的对模仿的寻求与较上层的对新奇的向往就变得越加狂热。”① 在浓郁的商业文化氛围中，这种新的洋货消费时尚在广州社会的流行和传播，要远远胜于封闭和保守的内地封建城市。

鸦片战争后，广州在对外通商方面的绝对优势逐渐失落，上海、香港两地迅速崛起，并逐步取代了广州的龙头位置。但是在中国近代化的历程中，广州作为华南地区的中心城市，在政治、经济、文化等方面仍然具有较强的优势，由于毗邻香港，近代资本主义的新事物、新观点传入香港后，很快便被广州人感知，经过香港的“一传”，形成一条西方消费文化传入中国内地的重要渠道，并被模仿、流行和传播。19世纪50年代以后，随着广州与香港之间轮船航班的增多，交通条件的改善，香港进出口货物到达广州的时间大为缩短。香港与广州成为相互依靠的两大物资流通中心，在洋货销售方面，香港人口不多，消费数量有限，其庞大的进口商品，需要在广州市场进行批发和零售，并通过广州源源不断地运往全国各地市场。清末广州报纸上刊登大量香港洋行的广告，说明了广州市场对香港商业发展的重要性。香港在贸易上取得了主导地位，但是这种优势，如果没有广州作为链接，其贸易地位就不可能得以巩固和发展。因此，晚清广州仍然是传播西方文明，形成消费风尚，引领消费潮流的南方大都会，也是洋货消费方面最为前卫的城市之一。

洋货通过与日常生活建立联系，进而逐步改变民众的消费偏好，在照明方面更是如此。在19世纪80年代后，煤油作为照明的燃料，已经被广州居民普遍使用，煤油

① ［德］齐奥尔格·齐美尔：《时尚的哲学》，见罗钢、王中忱主编：《消费文化读本》，中国社会科学出版社2003年版，第245页。

价格低廉，当时广州煤油价格大约每斤 4. 5 分①，比起蜡烛和桐油灯，煤油灯的亮度是其数倍，在一些公共场所，如剧院、酒楼，燃气灯的使用较为普遍。1888 年广州街头开始用上电灯，这距爱迪生发明电灯仅仅 9 年。张之洞首先在总督衙门安装了一百盏电灯，他认为“电灯除了照明外，另一优点即是可减少火灾”。他还鼓励华侨资本家黄秉常在广州设立电灯公司，到 1890 年广州四十条街道店铺和公共场所已经使用着七百盏电灯。“广州人很懂得电灯的好处：电灯便宜，在窄狭的街道上牵电线的困难已经克服。……电灯每月收费，十六支光灯一元六角，十支光灯一元，如用电表，每安培时一分半。”② 1918 年，华美电器西药行的广告强调了节约电灯费的重要性：“诸君一年之光阴消磨于灯光下者，不知何时也。夜间非灯火不能办事，然逐日所需之品，其费用亦不能不计。”③ 广州人使用电灯的例子，可以看出在消费文化观方面务实求新的特色。

18 世纪后期以来，洋米一直在居民的粮食消费中占有相当比重，洋米对稳定广州粮食价格起着重要的调节作用。“甚至在年成较好时，从这些国家输入的米也较多，足以充分维持对当地市场的供应，以至粮价很少波动，让最贫穷的人也可以购买。”④ 19 世纪 80 年代后，广州居民的洋米消费量进一步加大。“洋米几乎全部为广东省所购，而且是通过九龙关进口的。广东省能够为购买粮食付出 11 500 000 两白银，但并未传闻任何特殊的荒歉，也没有任何灾情的象征引起外界的注意，这就说明广东省的富源是可惊的。”⑤ 同时，广州居民对美国面粉的需求也大为增加。“美国面粉成为一项主要粮食，已经有相当时间了，而 1888 年它那早已惊人的数字，又从 73 333. 69担增加到 87 241. 09 担了。这个结果正好说明人民的普遍繁荣，因为美国面粉，价钱虽贵，但因其色白粉细而受到欢迎，并且现在已经普遍食用了。”⑥

洋货店在引导洋货消费风气方面起着重要作用。19 世纪 70 年代，广州的洋货店已经较为常见。特别是长寿里、双门底及西关一带，洋货店铺较为集中。光绪初年的一首竹枝词云：“异宝奇珍集百蛮，双门夜市物烂斑。卖将彼美西洋镜，若个蛾眉似妾颜。”⑦ 一些洋货店开设夜市，极大地方便消费者购买。1912 年的《民生日报》在描绘清末广州商业状况时说：“从前晚上三鼓过后，仍多买卖，络绎不绝。”⑧ 在洋货消费大众化方面，广州最有特色。洋货店非常讲究营销技巧，对消费者尤为尊重，“凡交易而不成者，亦怡悦其颜色以对之。如交易已成，则于买主临行时，必致声道

① 广州海关志编委会等编译：《近代广州口岸经济社会概况——粤海关报告汇集》，暨南大学出版社 1995 年版，第 857 页。

② 孙毓棠：《中国近代工业史资料》（第 1 辑），科学出版社 1957 年版，第 1019 页。

③ 《博利安电泡》，载《新报》1918 年 1 月 2 日第 4 页。

④ 姚贤镐：《中国近代对外贸易史资料》，中华书局 1962 年版，第 1096 页。

⑤ 姚贤镐：《中国近代对外贸易史资料》，中华书局 1962 年版，第 1097 页。

⑥ 姚贤镐：《中国近代对外贸易史资料》，中华书局 1962 年版，第 1097 页。

⑦ （清）吟香港阁主人选辑：《羊城竹枝词》卷一。

⑧ 《羊城市面之悲观》，载《民生日报》，1912 年 7 月 11 日第 4 页。

谢，虽数十钱之易，亦然"①。同时，为了招徕生意，洋货店充分发挥消费者的选购自主权，对一切消费者开放，"任人观览，不问为谁，皆可径入，肆人绝不加以白眼也。故著名之洋货公司，自晨至夜，终日宣阗，游人极多。盖舶来品皆为奇技淫巧之物，必使人详观之，方足以引起其购买之兴趣。苟珍袭柜中，不令他人浏览，则人且不知某肆之有某物，又何论于购买也"②。洋货店这种友好、平等、开放的态度，营造了良好的购物环境，对洋货消费的推广起着重要的中介作用。

19 世纪 80 年代，西洋商品已经深入地影响广州的消费风尚。一些新奇洋货，在广州市场颇受欢迎。"外国玩具，特别是用机械的，似乎也受到欢迎。经过街道时，我看到以前从没有见过的东西，那就是许多家具店陈列出售的外国保险箱，但主要是旧式的，我怀疑这项贸易将来未必不能发展。……玻璃、刀、图画、装饰品、玩具、糖果、药品、文具、蜜饯、表、珠宝、锡器、缝纫机以及无数的其他货物，都有买主。"③ 肥皂作为一种新的洗涤用品，也逐渐出现在广州市场上，广州人对新式时髦商品的接受能力非常快，对于有一定消费能力的社会中上层而言，购买并使用肥皂，可以成为日常生活消费中的前卫表现。而在公共消费场所，能够提供肥皂，自然作为吸引顾客的一个手段，也是提升消费档次的一种手段。这样，仅仅过了一年，商务报告对肥皂在广州的消费前景充满了兴奋和期待。

对于英国商人，有更大利益并有前途的另一种输入品就是肥皂。贸易报告中虽仅有 4 365 箱，价值 2 334 镑，但显然的，需要正在增加，因为现在经常可以在街头货摊上看到它，而且还没有足以同它竞争的土产品。皮尔肥皂的销路或许不会多——买一块这种肥皂花钱太多，因为在没有用去一半以前，也许会被老鼠或蟑螂吃掉——，但对黄色肥皂，却经常有需要，而小块的上等肥皂，系旅馆和轮船所使用的那种，则已有了销场。④

外国棉袜的销量非常好，香港等地洋行在广州设立专门的代理处，洋酒经过一段试销后，在广州也打开了销路。这一时期，外国工业品已经深入广州市场，由于毗邻香港，一些西方最新生产的洋货，也可在广州市场上买到。香港的一些洋货店在广州设有分店，很快就将当时的一些流行洋货引入广州，如香港一家洋行在西关十八甫设立昭隆泰分店，各色洋货品种繁多，包括"外洋家私、台椅、铁床、弹弓床、镜柜、橙色瓷器、巧银器、玻璃玩器、花旗各款洋橙、顶上花旗、各色香枧（香皂，引者注）、自来火、电灯盒、各色金山毛、奇巧上香水、时样新款台面毛、顶上各色金山

---

① （清）徐珂：《清稗类钞》（第 5 册），第 2291 页。
② （清）徐珂：《清稗类钞》（第 5 册），第 2291 页。
③ 姚贤镐：《中国近代对外贸易史资料》，中华书局 1962 年版，第 1096 页。
④ 姚贤镐：《中国近代对外贸易史资料》，中华书局 1962 年版，第 1097 页。

毛……"① 其中部分新款家私和日常用品，在当时是很具有品位的奢侈品。对于上流社会而言，购买新式洋货成为一种新的夸耀财富的手段。"在士绅和富人中，似乎有一种欣赏外国奢侈品的倾向，如扶手椅、沙发、弹簧床等，但对于这些货物是否有任何真正的或广泛的嗜好，是值得怀疑的。作为新奇的货物而购买的这些东西，在许多情况下显然都是当作珍奇品，只是用于装饰，而不是为了实用。"② 对新奇进口高档商品的偏爱，促使商人加深对西方市场的研究，尽量进口新式洋货迎合上层社会的嗜好，如留声机在西方上流社会使用不久，1896 年就进入了广州市场，并很快受到了上层社会的欢迎，并且需求量大增。1896 年进口金额为 851 海关两，到 1899 年上升为 15 499 两……空白唱片也随之输进，用于录制地方音乐和歌曲③。1904 年到 1906 年，《广东日报》和《珠江镜》等报刊曾多次刊出留声机的广告，并绘有留声机的图像。光绪末年，外国香水、补脑汁、自来血等新潮洋货受到了消费者的欢迎。民国初年，电风扇已在广州市场畅销，华美电器西药行的广告称："地路灯名厂电风扇，质料精良，风力浩大，坐（座）、台四叶六叶均备，在各埠久已畅销。"④

应该看到，洋货消费是一个渐进的过程，当某些洋货开始进入中国市场时，起初是满足了通商口岸的外国人的需求。而这些外国人作为"行走的媒介"，在大都市的影响却不可忽视，他们的奢侈消费为当地上层社会树立了"榜样"，尤其是那些经常与外国商人交往的商人和高级文人，对新的舶来品往往情有独钟。这些社会精英通过消费洋货而显示身份区隔，从而传播时尚和所谓的高雅文化。由于稀缺性洋货与地位和专有性相关联，"这种关联在很大程度上是广告业的创造，它是消费大众的目标，他们希望购买这些物品，以仿效已经拥有者。但是，一旦拥有，这些物品就失去了原有的地位，其他物品又会取而代之戴上'奢侈'的特殊标签"⑤。19 世纪末以后，随着洋货进口数量的快速增长，奢侈洋货的暂时性和可替代性特点更为突出。尤其是在洋货进口结构中，绝大部分是日用消费品，且价格远低于国内同类商品，洋货的比较优势非常明显。这样，洋货在通商口岸很快畅销，并逐步向社会大众和其他地区传播。当通商口岸成为新鲜的、西方精神的、工业消费文化的扩张和交互性的展示窗口时，它们也为中国其他地区提供了西方商店里到底有些什么的视觉展示。这些活动的窗口给中国带来了第一手资讯，不仅带来了外国的技术和思想，而且通过百货商店、广告、药房、博物馆、动物园、公园、餐厅、舞厅和许多其他商业形式，以及其他服

① 《告白》，载《中西日报》，1892 年 5 月 21 日第 2 页。

② 广州海关志编委会等编译：《近代广州口岸经济社会概况——粤海关报告汇集》，暨南大学出版社 1995 年版，第 858 页。

③ 广州海关志编委会等编译：《近代广州口岸经济社会概况——粤海关报告汇集》，暨南大学出版社 1995 年版，第 910 页。

④ 《地路名厂电风扇》，《广州共和报》，1919 年 8 月 11 日第 1 页。

⑤ ［美］克里斯托弗·贝里著，江红译：《奢侈的概念——概念及历史的探究》，上海人民出版社 2005 年版，第 220 页。

务于外国人的娱乐形式，也带来了西方的消费者和视觉文化。[①]

二、洋货广告、商品美学与消费文化传播

洋货消费文化的盛行，与报刊媒介的传播有着直接的联系。清末以来广州报刊业的快速发展，为洋货销售与受众消费构筑一条快速的信息通道。报刊广告作为洋货市场的"晴雨表"，直接影响着消费者的信息供给和消费需求。在19世纪末到20世纪初，报刊是广州社会最重要、最广泛的大众传媒，在信息传播方面占有绝对优势，由于大部分消费者的洋货购物经验十分有限，周围初级社群对此也难以有充分的信息传递。因此，"消费者的信息环境越是贫困化，广告就能取得越大的成功"[②]。洋货广告在形塑消费者的购物动机，传播商品美学，推动洋货消费文化的大众化方面，起着十分重要的作用。

报刊广告在传播信息的时空维度上，利用了受众在接受商品信息方面的心理状态和现实诉求。1880年代后，洋货开始大规模进入广州市场，凭借性能和价格上的优势，已经使许多消费者逐步摆脱了对舶来品的厌恶。普通民众在日常消费方面越来越多地使用洋货，在消费行为、消费观念方面发生了巨大的转变。

受众对于西方消费品的接受和认同，体现了消费的社会化进程。以洋布为例，在19世纪20至30年代，洋布在广州市场颇为少见，其价格也颇高，但是随着洋布的大量输入，其价格也逐步降低。广州洋布市场的流行过程，述厚堂编录的《物意管窥》有一段较为精辟的论述：

嘉庆末道光初，洋布是为稀罕之物。白如雪滑如绌，色水可爱，系红毛、花旗贰国所来，其长短活实有定列。红边七涧、金顶为上上之布，每尺价银二钱四分，中者一钱八分或二毛左右。其鬼子每每屡屡得利，回国复又源源而至，其价贱。至道光廿一年，各国亦带来，其时更低。夷人见价贱，亦以次货而就之，所来之货稀疏之极。其重结者呼洋扣，其次系新衣铺，客货造里，其家用衣着俱取洋扣。道光廿六七年始有洋扣出现。今之顶上洋扣，亦难比上日之七涧金洋布。[③]

19世纪四五十年代，洋布在广州的消费量仍然较少。但是一些富有人士已经对洋布产生较大兴趣，特别是一些洋布店的商人，常常穿着洋服，给顾客一种"光鲜"的印象。19世纪90年代，主要进口洋布的价格都在每匹2元左右，一般都低于同类土布的价格，价格继续下跌，极大地促进了城市居民对洋布的消费。20世纪初，洋

① ［美］葛凯著，黄振萍译：《制造中国：消费文化与民族国家的创建》，北京大学出版社2007年版，第36、38页。

② ［美］米切尔·舒得森著，陈安全译：《广告，艰难的说服》，华夏出版社2003年版，第49页。

③ 《物意管窥》卷四。

布的消费迅猛增长。以当时最为畅销的漂白市布为例，1901 年达到 209 700 匹，比 1892 年的 49 120 匹[①]，增长了 4 倍多。1910 年，广州市场的洋布每尺仅为银 3 分左右[②]，比土布价格要便宜许多，洋布取得了布匹市场的绝对优势。洋布从道光年间的奢侈消费品基本上转变为普通日用消费品。

洋布价格的下降，为报刊广告的推销提供了很好的条件。清末，广州许多报刊都刊登裁缝店的洋服，对其大加推销，如始兴公司在广告中声称："本公司巧造中西各种服饰。"[③] 西装成为时髦装束，"省城近年竞尚维新，社会中人无论男女，均喜西装服饰，即棉线衫一项，亦销流甚广，计是年进口估价关平十三万四千两，其胡礼号卫生裤，最为时尚"[④]。从洋布到洋西服的流行，说明广州服饰消费对西方进口商品已经广泛接受，洋货对城市消费文化的影响由此可见一斑。

20 世纪初，新款西装作为西方文明的标志，在广州城内成为一种时尚。洋服店经常在报纸上进行广告宣传，如一家永和祥洋服店宣称："本店制作华洋衣帽，中国戎衣，所用材料之丰富，工作之精良，久蒙诸君赞赏。"[⑤] 这些新式洋服，成为社会新潮的标志，具有非语言符号的意味。《震旦日报》更是以"西装注意"的醒目标题，在显眼位置刊出"安那公司"的广告，并声称"本公司专造泰西男女衣服，办各国呢绒、布匹及西式服装用品"[⑥]。20 世纪初，民众对洋服装普遍有浓厚兴趣（见图4－9）。据 1906 年广州口岸贸易报告称："那些毛织品和棉毛混纺织物用于缝制时下流行的仿洋式服装。据称全城新开了 100 家裁缝店，主要缝制军服和校服。……西式

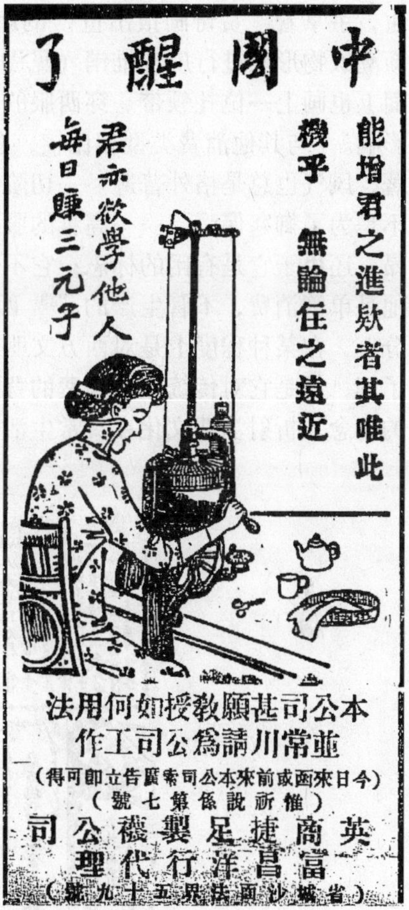

图4－9　缝纫机广告（《安雅报》，1912 年 10 月 25 日）

① 广州海关志编委会等编译：《近代广州口岸经济社会概况——粤海关报告汇集》，暨南大学出版社 1995 年版，第 906 页。

② 《买物归来价值记》，宣统二年（1910 年）。

③ 《始兴公司广告》，载《时事画报》，1907 年第 3 期。

④ 彭泽益编：《中国近代手工业史资料》，中华书局 1963 年版，第 377 页。

⑤ 《永和祥制作华洋服式》，载《羊城日报》，1906 年 3 月 29 日。

⑥ 《西装注意》，载《震旦日报》，1911 年 11 月 14 日第 2 页。

小帽、大帽及手套，亦大有加增，因本口华人喜用之故，盖男子约计有75%，均喜于冬令戴用西式小帽，惟多在入夜之时。”① 西式服装成为文明和进步的象征，一些年轻人以此作为炫耀的对象。1906年广州出版的《赏奇画报》，在描述社会新闻时，许多人物都是身穿西装，其征订广告，就是画着一位身穿西装，带着西式小帽的先生，手拿着“赏奇画报出世”的旗子做宣传。1907年，《时谐画报》的创刊号就以新潮人物形象进行广告推销（见图4－10）。粤东烟草公司出品的伟人牌香烟，其封面上也画上一位扎领带、穿西服的先生②。可见，西装这一消费时尚具有广泛的社会影响。“与其他消费类型相比较，在服装上为了夸耀而进行的花费，情况总是格外显著，风气也总是格外普遍。一切阶级在服装上的消费，大部分是为了外表的体面，而不是为了御寒保暖。……高雅的服装之所以能够适应高雅的目的，不只是由于代价高昂，还由于它是有闲的标志；它不但表明穿的人有力从事于较高度的消费，而且表明他是单管消费，不管生产的。”③ 西装的消费，更多地体现在精神追求和社会地位区分上，在某种程度上是对西方文明的一种认同，尽管对这种西式穿着的含义并不一定了解，但是它对传统服饰消费的背叛，代表着一种新的消费潮流，极大地影响着人们的观念，折射消费文化在日常生活中所体现的丰富内涵。

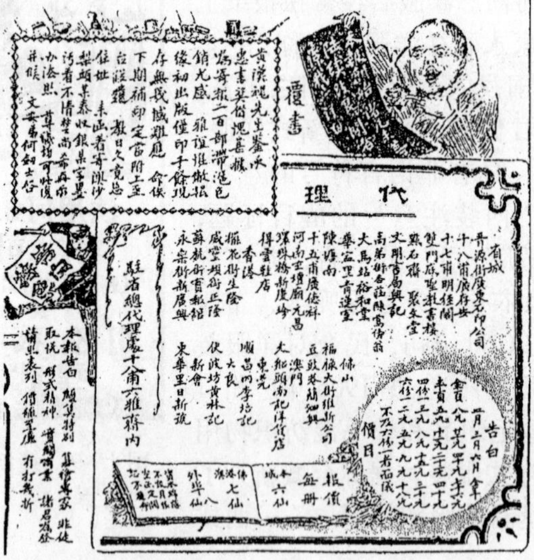

图4－10 报刊发行广告的新形象（《时谐画报》，1907年第1期）

① 广州海关志编委会等编译：《近代广州口岸经济社会概况——粤海关报告汇集》，暨南大学出版社1995年版，第446、500页。

② 参见《赏奇画报》，1906年第1期，第4期。

③ ［美］凡勃伦著，蔡百受译：《有闲阶级论》，商务印书馆2002年版，第122、125页。

图 4－11　飞脚唛接臣烟仔广告（《七十二行商报》，1913 年 6 月 2 日）

随着进口副食品种类和数量的增多，报刊广告对烟酒副食品的推销颇为热衷。特别是清末禁烟运动以后，进口香烟作为一种新的替代品，在社会中上层开始流行起来。报刊纷纷推出各类进口香烟的广告，并特别注意品牌营销。如日本三井顶靓牌香烟广告云："本行由本国政府考察上等烟草专制云龙嘜、凤凰嘜、百合嘜、水仙嘜纸卷烟仔发售，此烟气味清香馥郁，性亦温润纯良，吸食此烟……有卫生之裨益。"①该广告极力突出香烟的口感和卫生，由于香烟比烤烟味道温和，"可以减少试抽时的不舒服感觉"②，具有诱惑受众的强烈动机。但是进口香烟的价格较高，如"飞脚唛接臣烟仔"，为英美烟草公司出品，"一百枝（支）庄（装）每罐一元，五十枝（支）庄（装）每罐五毫，十枝（支）庄（装）金嘴每盒一毫"③（见图 4－11）。显然，这样的价位，对于一般消费者而言，还是难以作为"日用品"消费。吸用某种进口香烟便成为身份的象征，如英美烟草公司的"压巴士香烟"广告云："著作家不可不试，营业家不可不试，卫生家不可不试，赏鉴家不可不试，行乐家不可不试。"④

① 《三井洋行靓纸卷烟仔》，载《安雅书局世说编》，1901 年 8 月 15 日。
② ［美］米切尔·舒得森著，陈安全译：《广告，艰难的说服》，华夏出版社 2003 年版，第 110 页。
③ 《七十二行商报》，1913 年 6 月 12 日第 2 页。
④ 《请用压巴士香烟》，载《总商会新报》，1919 年 3 月 5 日第 1 页。

可见，进口香烟广告所传达的“形象”，是一种地位商品，对消费者具有“身份”界定的意义，吸烟成为中产阶级的生活情趣和休闲活动，“在烟雾之内，你会感到平和、喜悦和无尽的满足”①。香烟还为新兴中产阶级提供了一种时尚，《国民日报》在1912年刊出一则名为“大三炮台”的香烟广告，其背景为当时罕见的飞机画面，这种背景烘托将香烟进一步时尚化，突出其性能上的优越感，“其香浓之味，远非市上纸烟所能及”。（见图4－12）当然，这种香烟的价格也不便宜，“每罐五十枝（支）。价银七毫五仙”②。进口香烟广告不仅传播了消费时尚，还向受众推介一种生活方式，并以具有想象性的奢华画面，为受众提供了新的生活标准，从而使许多中产阶层在广告的导向下加入到“吸烟俱乐部”，以时尚来表征自己的社会地位和文化品位。

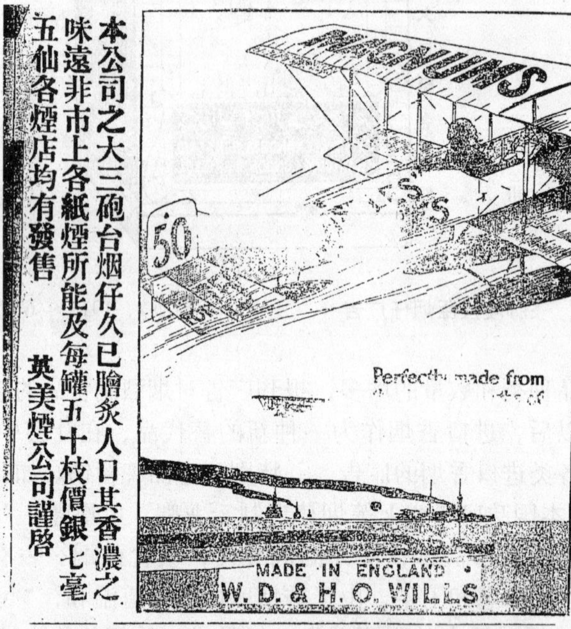

图4－12　《国民日报》，1912年2月29日

与香烟相似，报刊广告对洋酒的推销，也是以奢侈品形象而吸引受众的眼球。早在鸦片战争前，广州的十三行行商就有与“番鬼”饮洋酒的习惯，但在进口货物中，很难发现进口洋酒的踪影。19世纪末，洋酒开始进入广州市场，但是，习惯于饮用

① 转引自［美］杰克逊·李尔斯著，任海龙译：《丰裕的寓言 美国广告文化史》，上海人民出版社2005年版，第133页。

② 《国民日报》，1912年2月29日。三炮台香烟广告曾出现在1918年11月5日的《安雅报》的头版，其广告云：“其质料、气味及价值如何，当各界君子所洞悉，似可毋庸多赘矣。”

米酒的广州人并不欢迎洋酒。20 世纪初期，随着广州高级酒楼的大量出现，许多社会上流人物在宴会中开始饮用洋酒。如胡朴安描述广州的酒楼：“可谓冠绝天下，其建筑之华美，陈设之幽雅，器具之精良，装潢之精致，一入其中，辉煌夺目……若军政两界及巨商富绅之宴会，则多用洋酒，其价更昂。”① 作为一种地位商品，洋酒成为体现消费者价值的标识物，受到了上流社会的广泛欢迎。民国初年，广州报刊以大幅版面刊登推销洋酒的广告，如《民生日报》在 1912 年 12 月 16 日（见图 4－13）的洋酒广告云：

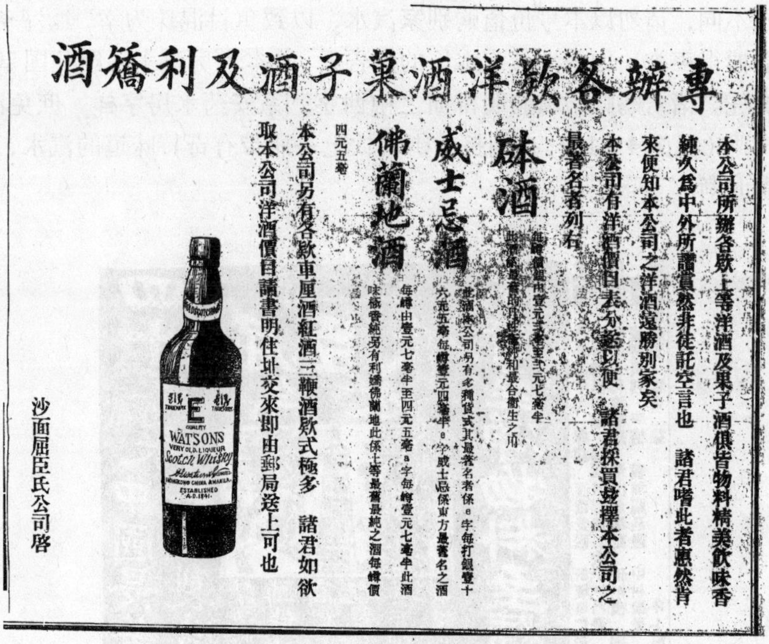

图 4－13　洋酒广告（《民生日报》，1912 年 12 月 16 日）

本公司所办各款上等洋酒及果子酒，俱皆物料精美，饮味香纯，久为中外所赞赏，然非徒空言也。诸君嗜此者，惠然肯来，便知本公司之洋酒远胜别家矣。……砵酒，每樽价银由壹元至贰元七毫半，此酒系最旧的，且性极纯和，最合卫生之用。威士忌酒，此酒本公司另有多种货式……每打银一十六元五毫，每樽一元四毫半。佛兰地酒，每樽由壹元七毫半至四元五毫……此酒味极香纯，另有利娇佛兰地，此系上等最旧、最纯之酒，每樽价银四元五毫。②

① 胡朴安：《中华风俗志》（下编），河北人民出版社 1986 年版，第 372 页。

② 《专办各款洋酒、果子酒及利娇酒》，载《民生日报》，1912 年 12 月 6 日第 1 页。

由此可见，洋酒价格较高，一般月薪在二三十元的普通消费者难以承受这样的高价位。但社会中上层对洋酒的消费还颇为热衷。洋酒所宣称的“卫生”、“纯和”，与米酒相比，具有很高的消费品位。同时，通过广告推销，高级洋酒作为社会中上层之间交往的礼品，在民国初年颇为时尚。

清末民初，一些洋行还在报刊上推出汽水广告，汽水作为新式饮料，与街头凉茶相比，在口感方面有着明显差异。一些进口的品牌汽水，为了与广州当地厂商区别，特登报声明其品牌价值。如屈臣氏汽水号称汽水之王（见图4－14），“洁净、汽足、美味、有益”[①]、“诸君赐顾屈臣氏荷水者，请分辨本号商标为记，便知本号之水格外精美，与别不同，请勿以本号价值购别家汽水，以致鱼目混珠为幸”[②]。一些汽水厂，亦借用洋名博得声誉，如香港某汽水厂的广告云：“本水房汽水，经英国皇家化学师考验给发文凭。诸君赐顾，请验明樽面之中西字，系安药水房字样。庶免混乱耳目，贻误口腹。”[③]（见图4－15）在拥挤的街头饮上一瓶带有奇特味道的汽水，成为民众的一大消费时尚。

图4－14　屈臣氏汽水广告（《国事报》，1910年5月6日第8页）

① 《屈臣制品》，载《总商会新报》，1919年10月26日第5页。

② 《饮屈臣氏汽水请看》，载《羊城日报》，1909年8月4日第1页。

③ 《饮安乐水者请认明招牌》，载《七十二行商报》，1910年9月20日第2页。

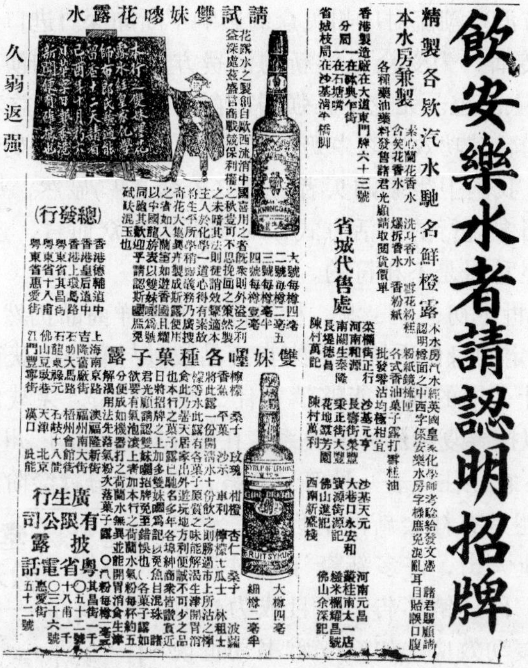

图4－15 饮料广告（《七十二行商报》，1910年9月20日）

西洋糖果早在鸦片战争之前就有进口，但由于价格昂贵、包装简单，难以在市场上流行。1887年，《广报》曾多次刊出“出投白糖”的广告，说明进口白糖在广州有一定的市场前景。到了1888年，“糖果，尽管大部分是最劣等品，在本市很多商店中都在出售，这些商店从没有外国人光顾，所以只是卖给中国人的。中国人的宴会向来以土产蜜饯作为点心，但现在你也可以看到常有几碟葡萄干或外国糖果了”①。20世纪初期，报刊刊登了一些西洋糖果广告，如1904年2月20日，《安雅书局世说编》的一则广告云：“本局每遇西人冬节，向由英京专办上等各款新式糖果，以应中西仕商送礼之用。现下所到各款糖果，更觉色色皆新，异常香美，而且装潢之华丽，又复远胜往年，诚为送礼中最珍无上之品也。价值亦较往年格外相宜。”② 可见，当时广州市面已经有上等西洋糖果，并用来作为年节礼品，具有丰富的文化意蕴。送礼者和受礼者都将西洋糖果作为一种奢侈品，充当“联络情感”的中介。正如西莉亚·卢瑞所分析的那样，“消费者频繁地将商品当作社会地位和文化方式的标记，他们试图以自己和其他消费者的关系来界定自己的社会地位”③。

① 姚贤镐编：《中国近代对外贸易史资料》，中华书局1962年版，第1096页。

② 《屈臣氏买客须知，沙面屈臣氏药房谨白》，载《安雅书局世说编》，1904年2月20日第1页。

③ ［英］西莉亚·卢瑞著，张萍译：《消费文化》，南京大学出版社2003年版，第37页。

清末民初，西方消费潮流对广州民众的影响不断加深。进口奶粉和饮料作为新的时尚，也通过广告传播，为受众提供新的消费方式，如一则澳洲奶粉的广告声称：“牛奶为食物中之无上品也。无论少壮强弱，食之健体壮魄，益寿延年……澳洲孖苏孖素厂所制之牛奶粉，其功效比之牛奶，更胜十倍。每晨用此奶粉一匙羹，冲水一奶杯，服之尤为滋补。我国卫生家购买者，趋之若鹜。”① 显然，每天早上冲上一杯牛奶，是社会中上层当中流行的生活方式，对于下层民众而言，连温饱问题还没有解决，与“卫生家”的称号是不相符的。

19 世纪末至 20 世纪初，烟、酒、糖等高档的西洋商品仍然充当“消费调节器”的作用，“过去的稳定的身份系统受到来自商品数量与商品可获得性大量涌现的威胁的时候，它指示着什么样的群体能够消费什么样的商品，穿戴何种式样的服饰”②。通过消费环节，可以探寻复杂的社会关系。在商业较发达的广州，奢侈消费品与实用消费的关联性不大，它往往代表一种符号体系，成为区分社会阶层的标签。

一些洋货广告还具有社会新闻的性质。清末民初，在十八甫商业大街，许多新奇洋货时常见诸报端。它不但是一种经销广告，而且成为当时的社会新闻，极具轰动效应，如《安雅书局世说编》刊登了一则神奇的地球时钟广告，描述得绘声绘色。其广告云：“地图配以时钟，运以机器。如昼十二点，其针指中国，夜十二点，其针指美国，早六点，其针指太平洋，晚六点，其针指西洋之类，而且春秋不同，温热不同……”③ 十八甫某店仅购一座，某富翁知道后，迫不及待地以高价购买。店主不但获得暴利，且大大地提高了知名度，可谓一举两得。

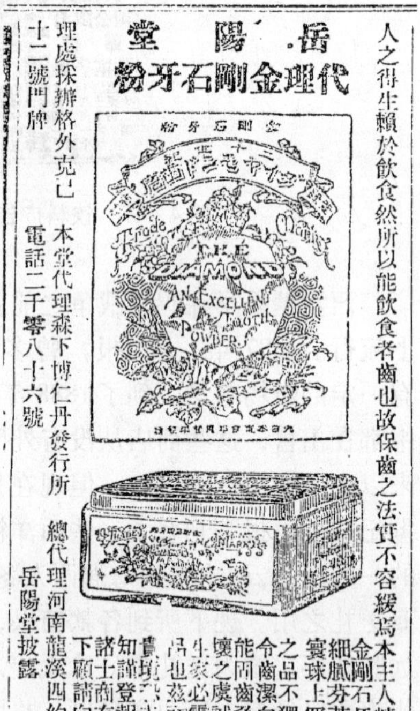

图 4－16　牙粉广告（《国民日报》，1913 年 6 月 13 日）

清末民初，牙膏对于一般民众而言仍然是奢侈品，早晚刷牙的习惯在城市下层社会尚未流行。因此，对于进口的牙膏粉，尚缺乏足够的广告传播予以推广。1913 年的《国民日报》刊登了一则牙粉广告（见图 4－16），将其与“卫生家”使用的商品结合起来，视为一种消费时尚。这种产自日本的新商品尚不为一般受众所认知，其广告称：

① 《大帮澳洲牛奶粉到港》，《七十二行商报》，1919 年 11 月 5 日第 1 页。
② ［英］迈克·费瑟斯通著，刘精明译：《消费文化与后现代主义》，译林出版社 2000 年版，第 24 页。
③ 《地球时钟》，载《安雅书局世说编》，1901 年 8 月 31 日第 1 页。

“本主人精制金刚石牙粉，细腻芬芳，实环球之罕见之品。不独令齿洁白，且能固齿，免蚀坏之虞，诚卫生家必需之品也。初临贵境，恐未周知，谨登报端。”①

而一些进口保健品，则通过在报刊上长期刊登广告，对受众进行消费诱导，取得了较好的促销效果。如仁丹本是西方的普通家用保健品，而一些商家为了牟取暴利，对仁丹的功效大加吹嘘，称之为“环球无二，常备神药……仁丹精选贵重药料……实为人生常备之至宝”②（见图4－17）。一些仁丹广告配以西方绅士图像，借以证明它是西方上流社会的时髦保健品，以此鼓动受众参与到消费时尚中来（见图4－18）。一些仁丹广告以文明气象为背景，通过消费活动打破所谓的阶层区隔，推出的广告词颇有煽动性：“王侯将相宁有种，要在常服仁丹矣。出则堂堂风格经纶纵横有枢，入则穆穆容止行穷隐括为彝。”③ 似乎购买仁丹成为进入社会中上层的“标志性”行为，与消费者的政治资本无关，只要具有经济实力者，通过具体的购买行为就可以拥有中上层的文化品位，体现中上层人士的精神面貌。

图4－17　仁丹广告（《商权报》，1918年2月23日）

① 《岳阳堂代理金刚石牙粉》，载《国民日报》，1913年6月13日。

② 《药界空前之声价》，载《商权报》，1918年2月23日第2页。

③ 《仁丹》，载《商权报》，1914年6月6日第3页。

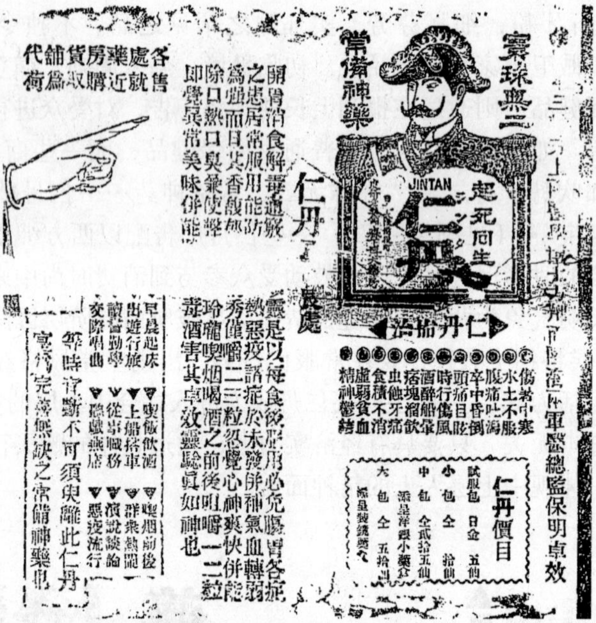

图 4－18　仁丹广告（《国民日报》，1913 年 6 月 13 日）

洋货在广州社会的流行，意味着消费群体的扩大。随着市场上洋货品种和数量的增多，一些贵重洋货的价格也有下降趋势。以花露水为例，在进口初期，其消费对象多为上层社会的女性，但经过一段高消费时期，其价格逐步回落。1901 年，屈臣氏大药房所销售的花露水，“大瓶价银四毫，小瓶价银一毫半”①，这一价位，普通消费者都可以承受。又如肥皂，在 1880 年代开始在广州市场上出现时，销量甚少，但是，在 20 世纪初，报刊广告对肥皂的好处大加宣传。“凡用日光枧（肥皂）洗衣者，四围轻擦壹次，放在热水中约半小时之久，再用冷水一漂，便洁白如雪矣。”② 一个“试”字，道出了肥皂开始消费大众化的过程，广告没有强调“试”者的身份背景，而是突出产品的优越性，只要愿意使用，就会感觉到肥皂的好处。这显然是针对一般受众的推销方式。奢侈品变得不再稀缺，对消费者的心理预期产生较大影响，价格的降低，无疑提高了消费者的购买欲望。

洋务运动推动了清末制造业的发展，为机器进口业提供了广阔的市场。机器进口行业利润很高，以广州为中心的南方地区，对进口机器需求量很大。一些洋行专营机器，经常在报纸上刊登广告，推销机器产品，如瑞记洋行的广告称：“本洋行在省城、香港开设有年，接办开矿筑路铁轨、龙头制造、织造、卷烟、印务，一切日用大

① 《屈臣氏鲜花露水》，载《安雅书局世说编》，1901 年 9 月 2 日。
② 《请试日光枧》，载《国民日报》，1913 年 6 月 3 日第 1 页。

小机器，总期货适于用，价取相宜。”为方便顾客采买，“各种机器均有形图说，略备存本行，以便采择”[①]。

民国初年，外国洋行对于西方新式机器的推销更为热衷，如沙面一些洋行就经常在《七十二行商报》上刊登进口机器广告，德商高技洋行的广告声称：“本行专办德国各种新式枪炮，并各国名厂电机、铁路火车、各种机器、匹头、洋货等物，均价廉物美，久蒙官商各界称赏。”[②]（见图4－19）英商渣甸洋行介绍其经营的机器和电器云：“本行添办英国名厂汽机、铁炉、汽灯、电灯、电线、风扇、铁路材料、水泵……纺织印刷、磨米面各种机器及机司所用一切物料。”[③] 进口机器在广州市场的行销，对于清末民初广州经济的发展起着直接的推动作用。同时，在民用工业方面大量使用机器动力，不仅提高了生产效率，也极大地改变了民众的消费习惯，如德国苏利米机制造厂直接在《七十二行商报》刊登碾米机器的广告云：“本厂自创办以来，制造大小各式米机，精良敏捷……其水磨出之上等白米，成粒者成数最高。因其机内有树胶之磨牙，故此破峰及米碎甚小，比别家之机大有天渊之隔。”[④]（见图4－20）机器碾米，极大地节约了劳动成本，如《农工商报》介绍道：“舂米出买为销路之大宗。用人工每人每日以三石计，若用机器做至三十六石，用两人更替，一人可敌六人之工夫，一日可当十二人之工夫，每月约省人工食用银一百元，半年可得机器之价矣。”[⑤] 同时，机器碾米也提高了大米的消费质量，自然受到消费者的青睐。

图4－19　军火广告（《七十二行商报》，1918年6月2日）

① 《瑞记洋行机器告白》，载《羊城日报》，1906年10月9日。

② 《德商高技洋行》，载《七十二行商报》，1913年6月2日第8页。

③ 《七十二行商报》，1913年6月2日第8页。

④ 《德国苏利米机制造厂广告》，载《七十二行商报》，1913年6月12日第2页。

⑤ 《舂米机器》，载《农工商报》，1908年第40期。

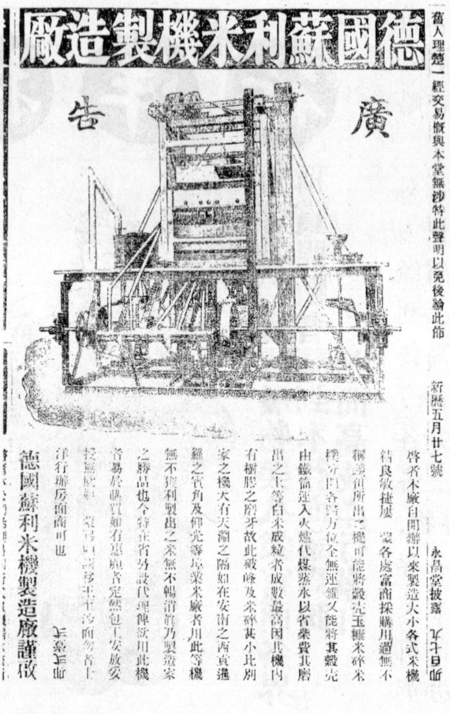

图4-20　碾米机器（《七十二行商报》，1913年6月12日）

洋货消费者对于消费文化的传播有着直接影响。广州通商最久，受西方消费文化的染识深刻。鸦片战争后，许多粤商到上海、天津、厦门等通商口岸经商。他们不仅对促进当地商业经济的发展作出了巨大贡献，在传播西方消费文化，转变消费观念等方面，也产生了很大影响。张焘在《津门杂记》中描写道：

紫竹林通商埠头，粤人处此者颇多。原广东通商最早，得洋气在先，类多效泰西所为。尝以纸卷烟叶，衔于口吸食之。又如衣兜下每作布兜，装置零物，取其便也。近则天津人习染，衣襟无不作兜，凡成衣店、估衣铺所制新衣，亦莫不然。更有洋人之侍童、马夫辈（英语呼彼曰百宁，广语呼曰细崽），率多短衫窄套，头戴小草帽，口衔烟卷（英语呼烟卷曰司个儿），时辰表链，特挂胸前。顾影自怜，唯恐不肖。①

可见，清末民初，粤人在日常消费中，已深受西方消费文化的影响。洋货消费不但带来物质上的满足，还在消费过程中，作为社会关系的标志，具有传播文化的导向。正是由于消费者的文化传递和信息交流，使得洋货的符号意义不断拓展，通过粤

① 张焘：《津门杂记》，天津古籍出版社1986年版，第138页。

人的“消费示范”，不断向全国各地输出洋货消费文化。

清末民初，广州报刊上刊登的大量洋货广告，对推动洋货消费的大众化，培育民众的洋货消费理念、消费方式和消费习惯，有着潜移默化的作用（见图 4－21）。这种洋货广告，“既不让人理解，也不让人去学习，而是让人去希望，在此意义上，它是一种预言性话语，它所说的并不代表先天的真相（物品使用价值的真相），由它表明的预言性符号所代表的现实，推动人们在日后加以证实。这才是其效率模式”①。洋货广告成为诱导读者购买的“说客”，在西方工业品大举入侵的背景下，“侵略性地推销产品比以前更加激烈。这种竞争促成了广告界的第一次真正的改革，并因而促进了消费文化的发展”②。洋货广告利用报纸这一当时最流行的大众传媒，不仅刺激了城市民众的购买欲望，而且对处于社会转型期的广州消费文化发生了深刻的影响。

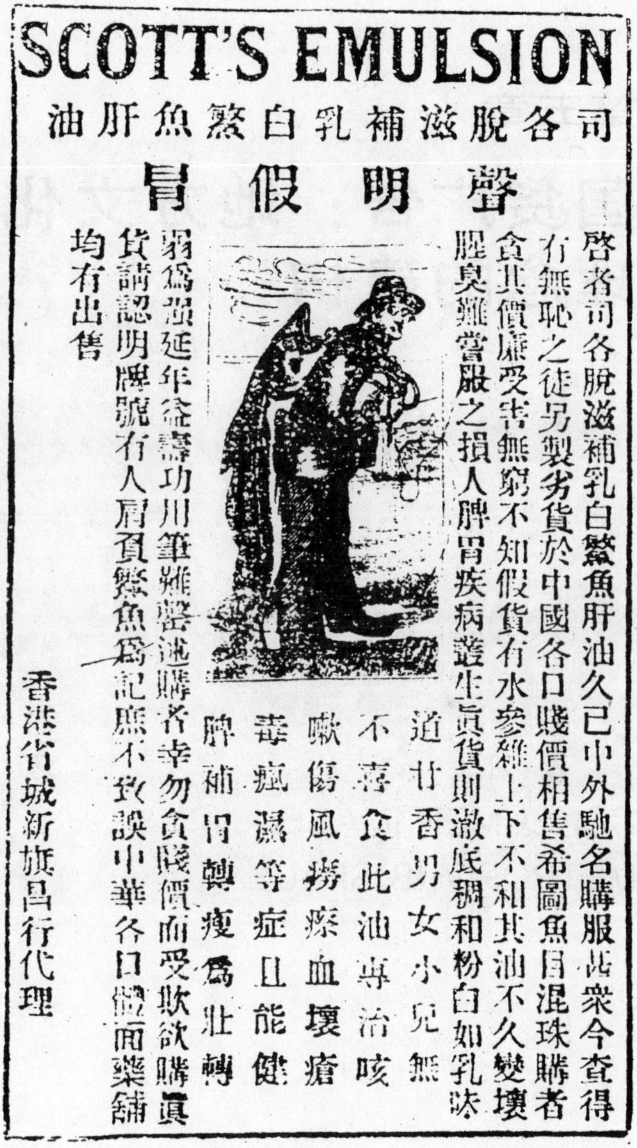

图 4－21　鱼肝油广告（《安雅书局世说编》，1901 年 7 月 24 日）

① ［法］让·波德里亚著，刘成富等译：《消费社会》，南京大学出版社 2003 年版，第 138 页。
② ［英］西莉亚·卢瑞著，张萍译：《消费文化》，南京大学出版社 2003 年版，第 151 页。

第五章

国货广告：地方文化与本土消费理念的建构

CONSUMER IMAGE AND
METROPOLIS SPACE

即使在传统社会，由于家庭经济与市场的紧密联系，都市消费也有着明显的公共性。19世纪初以来，随着农业商业化水平的不断提高，珠江三角洲市场联系更为紧密，广州城市经济的辐射力不断扩大。报刊国货广告作为流行的媒介方式，不仅有效地降低了信息费用和交易成本，而且极大地推动了广告主与消费者之间的“沟通”。国货广告还通过商品形象和文字传播，不断地传播着新兴商业文化和生活方式，建构地方文化的视觉形象。同时，国货广告还引导着国货运动，对城市“消费革命”和民族文化认同产生了直接的影响。

第一节　地方媒介与国货运动

一、地方性媒介与地方主义

鸦片战争后，广州的经济地位由全国贸易中心降为岭南市场中心，广州经济的辐射范围以珠江三角洲为主。广州与上海的差距，不仅体现在经济的辐射范围上，还体现在媒介的社会影响力上。在整个近代社会，广州没有产生过像上海《申报》之类的全国性大报，中国内地受众在经济上关注上海的变化，在政治上重视北京的言论，广州媒介与内地受众的关联性不大，无论是《广报》还是《羊城日报》这样曾经有影响的大报，其代销处一般以广州和广东境内城市为主，而省外发行点较为少见。因此，从总体上看，将近代广州报刊视为地方性媒介，应该是比较符合实际的。

然而，近代广州报刊并没有画地为牢。近代广州报界精英非常重视报纸与地方社会的关系，将新闻重点转向广东，特别是广州，力图使报刊成为地方性媒介，与地方社会尤其是广州都市生活建立一致性的社会认同。这体现在当时报刊的“论说”、“本省新闻”和“广州新闻”的版面优势上，尤其值得注意的是，当时的报刊文艺副刊和娱乐性栏目，如粤讴、粤闻、班本、谐文、趣言、小说等，也以广州甚至广东题材为主。翻开当时的报刊，“吾粤”是出现频率很高的字眼。以各报的论说为例，可以看出办报者服务地方社会的价值取向。如《珠江镜》在办报宗旨中指出：“《珠江镜》之意义，大约可分为三，一曰珠江之政治，二曰珠江之人物，三曰珠江之风俗。”① 可见该报以报道广东社会为要务。《赏奇画报》则对当时省港各报的地方文艺栏目进行了总结：“粤讴、班本、南音，则吾粤报界之别开生面者。遍观省港各报，平奇浓淡，无所不有。”② 可见，广州报刊必以地方特色取悦于受众，并以此为荣。

正是由于近代广州报刊以地方性媒介自居，其影响限于岭南，亦无法与《申报》

① 《〈珠江镜〉概言》，载《珠江镜》，1906年5月28日第1页。

② 《吾报宗旨详述》，载《赏奇画报》，1906年第5期第12页。

等全国性报刊抗衡。但是，这些地方性报刊却与地方经济的发展有着天然的联系，其资金筹措、发行管道、广告刊布等方面都离不开本地经济的支持。因此，在20世纪初期，尽管广州报刊的意识形态分化比较明显，尤其是民主革命派和守旧派的报纸在政治取向上存在着不可调和的矛盾。但是，各种商业性报纸却脱颖而出，如《七十二行商报》、《广州总商会报》、《商权报》、《农工商报》等，这些报纸以振兴商务和实业、推动广东经济发展为要务，比较淡化政治主张，尤为商人所欢迎。而即便是政治导向非常鲜明的报刊，如《国事报》、《南越报》、《光华报》等，也非常重视报纸的商业经营和产业化运作，设法扩大报刊广告版面，加强与本地工商界的联系，使报纸广告版面具有“中立”特质，以便成为展示地方经济成就的窗口。正是由于报刊倾力塑造地方媒介的形象，在研究近代广州工商经济和消费状况时，报刊广告的重要性更为凸显。

二、国货运动与地方形象的建构

19世纪末到20世纪初，洋货进口数量增长十分迅速。逐渐增多的引人注目的外国存在引起了当地中国人的反对，他们举行的抗议活动将外国在中国的活动政治化，并坚持中国人应该控制自己的经济。① 20世纪初期的抵制洋货运动和推广国货运动几乎是同时进行的。而报刊媒介对抵制洋货运动最为热衷，在舆论上引导了民众的抵制热情。翻阅当时的广州报刊，抵制洋货与爱国主义和民族主义几乎具有等同的意义（见图5－1）。在抵制洋货过程中，地方精英则采用了更为精明的策略，他们在维护国家主权和民族利益的前提下，更多地认识到发展地方工商业的重要性，而振兴地方实业则与他们的实际利益密切相关（见图5－2）。正如《南海乡土志》所言：“农工不兴，商务乃困，欲塞漏邑，非振作实业无以补救耳。”② 地方精英对本地商务的考察，有着浓烈的地方保护主义情结。在整个20世纪的前20年，振兴实业与发展地方经济成为报刊的舆论重点。尤其在1905年的抵制美货运动中，广州报刊反应非常激烈，如《游艺报》对粤商发出忠告，要求粤商形成团体，尤其要

图5－1　对日本的仇恨（《大同日报》，1918年8月11日）

① ［美］葛凯著，黄振萍译：《制造中国：消费文化与民族国家的创建》，北京大学出版社2007年版，第57页。

② 《南海乡土志》（卷十五），“商务”。

求广东总商会有组织地进行抵制。组织化的抵抗往往会形成强大的舆论力量，通过报刊的传播产生巨大的社会影响力。1907 年，广东粤商自治会就曾组织地方势力力争西江捕权，并致电广东总商会云："西江为两粤商务枢纽，贵总会尤有密切之关系，应请刻日电京力拒，并分电各省商会合力电争。"①可见，抵制西方入侵与振兴本地经济存在着密切关系。抵制洋货就是要挽回利权，进而发展本地工商业，《总商会新报》则在其时评中对广东商人的联合抵制极为重视，其称："振兴土货，人人俱应实行，然欲其收效最捷，而又能唤起全国商人之视听者，则莫若由各商人之各自联合本行，互相策勉，共为一致之行动……考彼邦货物，现在最消流于吾粤内地者，以海味、瓷器、洋货、煤炭四者为最。故欲振兴土货，当先自由与彼有关系之一部分行商，不买仇我者之货物始。"② 当然，工商业的振兴则需要民众的国货消费热情。而民族工商业的实力和规模都比较小，首先要解决的是生存问题，这就需要本地民众从地方利益的角度，首先购买地方性的国货商品。报刊媒介以此为切入点，为本地受众和工商界搭建互动的传播平台。

图 5－2　商界集会（《赏奇画报》，1906 年第 4 期）

因此，在抵制洋货运动中，国货除了具有民族性因素之外，还有地方性因素。抵制运动需要媒体、消费者和工商界的相互支持和良性互动，如《广州总商会报》就对本地商人设立皮革厂表示赞同，认为"革厂设立，制造愈精，何至仰给美欧，不

① 《商界力争西江捕权之传单》，载《广州总商会报》，1907 年 11 月 21 日第 3 页。

② 质庵：《行商实行抵制外货之第一声》，载《总商会新报》，1915 年 3 月 6 日第 7 页。

图 5－3　征求土货广告（《民生日报》，1912 年 9 月 11 日）

能挽回利权耶”①。由于报刊和舆论的鼓吹，民众消费国货的热情陡增，如广州府工艺学堂销场处，“往日不甚畅销，嗣经抵制事起，国人皆知购用土货，以挽利权。故日来该工艺销场处，购买什物者络绎不绝”②。而规模较大的广州工艺陈列所更引起《半星期报》的关注：“所陈各物，分烧青、顾绣、藤器、木器、布匹等类。其制作之精巧，或与洋货相伯仲。凡爱国之士，实行爱国主义者，不可不前往光顾矣。”③对于消费者的热情，工商界亦及时回应，广州三益公司不仅制造和销售广东土货，还登报代销特色土货。其广告称：“专染三缸青薯莨、纱绸等，守粤省特色也。惟本公司虽具挽利权振工商之微愿，尤冀各同胞之乐与赞成工商界之君子，有独出心裁制成品物，足以颉颃洋货者，本公司定必欢迎，代作销场。”④（见图 5－3）显然，这家公司以推广特色土货作为营业之职责，在公众当中树立“企业公民”的形象，以此提高企业的品牌影响力，其广告有一箭双雕的目的。而在报刊媒介看来，抵制洋货就是爱国，而爱国对于广州民众而言，就是购买本地厂商所制造的商品。对于此种气象，《半星期报》特别评论道：“洋货之漏款，粤东较他省为尤巨，诚以粤人嗜用洋货甚于他省也。今陈列所陈列本省制造品，多能与洋货相敌，而价较廉，人之争购，势所固然矣。况又知用回土货之利益者乎。”⑤ 显然，该报对消费者购买广东商品而感到欣慰，对广东本地工商业的发展寄予厚望。

---

① 黄国祥：《论皮革为用甚广宜设厂制造以挽利权》，载《广州总商会报》，1907 年 6 月 8 日第 2 页。
② 《土货日见发达》，载《半星期报》，1908 年第 4 期第 26 页。
③ 《工艺发达之始声》，载《半星期报》，1908 年第 6 期第 31 页。
④ 《征求土货特色品》，载《民生日报》，1912 年 9 月 11 日第 5 页。
⑤ 《工艺发达之始声》，载《半星期报》，1908 年第 6 期第 31 页。

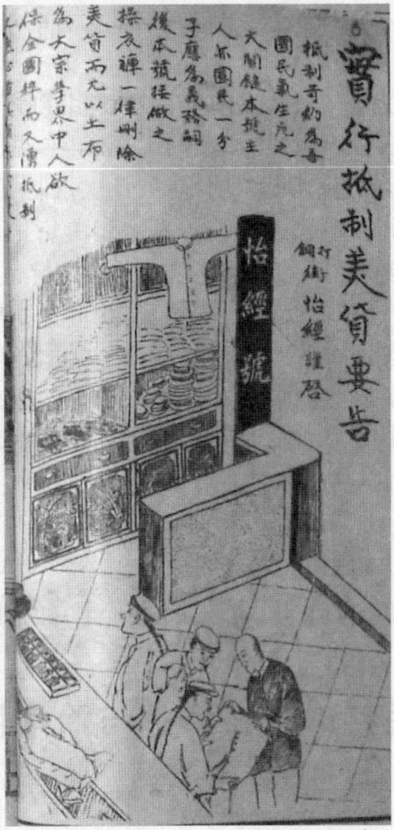

图 5-4　抵制美货广告（《时事画报》，1906 年第 7 期）

由于洋货多为消费类商品，关乎民众日常生活，而土货的性能也是消费者所关注的。因此，报刊对广州本地制造的日用品颇为重视，认为制造民众必需的大宗土产日用品是挽回利权的关键。如火柴为日用所需，自抵制洋货后，广州土制火柴很受欢迎。广州行商梁某在芳村开设太和公司，制造火柴。“近日各商店以该公司火柴为中国制造，纷纷向其定购，极形畅旺，大有应接不暇之势。”① 不仅如此，与广州毗邻的香港商人，也来广州采买日用品，《半星期报》报道云：“昨有港商五人来省，寓于城隍庙前某某公司，专购工艺厂所出之毛巾及各货，以运港发卖。”② 针对广州制造业蒸蒸日上之势，更有论者认为，要在抵制洋货的有利形势下，将香港粤商引回广州，以便恢复昔日的荣光。有评论云：“粤商营业于香港不下二十万人，其平日受人驾驭，经已饱尝。倘能联结团体，痛念国耻，则我粤人商务尽可移植黄浦，自立一绝

① 《土货销场之发轫》，载《半星期报》，1908 年第 3 期第 26 页。
② 《土货销场之发轫》，载《半星期报》，1908 年第 3 期第 26 页。

大之好市场，以脱外人之束缚。……”[①] 尽管这是论者的一相情愿，却表达了社会精英浓重的地方主义情结。

报刊媒介的立场，与受众和工商界的抵制运动相互呼应。在1905年的抵制美货运动中，许多报刊纷纷发表言辞激烈的评论予以配合（见图5-4）。《游艺报》更是以“要告”的形式迎合公众舆论。其声明称：“此次抵制美约，为全国公愤。本报同仁，均国民之一分子，实行抵制美约主义。凡一切美货告白，不敢领教。”[②] 不仅如此，一些报人还创办《拒约报》，“专以发挥拒约为宗旨，内容、资料精确有力，月出三册”[③]。报刊对抵货运动如此倾力，反映了20世纪初期广州媒介生态环境的变化。从办报精英的本身立场而言，尽管办报者的“观点”和“主义”存在很大差异，但他们大多是爱国者和地方利益的坚定支持者，通过大量报道抵制运动，可以展示报刊本身的价值取向和社会责任，进而扩大在地方社会的影响。从外部环境看，20世纪初，广州本地消费型工业[④]迅速发展，给报刊广告业带来无限的商机。报刊媒介为了适应广告客户和受众的需要，必须对国货运动积极回应。而这种回应，除了表现为各种新闻和评论之外，还表现为大量国货广告的刊登。这些国货广告为我们解读国货运动浪潮、工商经济发展和消费文化的变迁提供了丰富的材料。

第二节　医疗广告：身体与治疗性消费文化

一、医药广告：强制性的消费诱惑

广州中医药业具有悠久历史。19世纪70年代以来，随着广州商业经济的不断恢复和发展，广州药品市场逐步繁荣，中药店和诊所纷纷开展广告营销，除了运用招牌广告和传单广告之外，报纸广告成为医药推销的主要媒介。从1886年《广报》刊登医药广告开始，医药广告一直是报刊广告的重要内容。医药业作为广州经济的重要组成部分，具有很强的产业优势，1912年的《民生日报》统计，仅“本城熟药丸散店”就有63家[⑤]，各类私人诊所更是不计其数。医药广告的盛行，与这一行业的强大需求有很大关系，相对于其他行业而言，医药广告投入的资金占整个行业的利润比

① 《港商亦知国耻》，载《半星期报》，1908年第7期，第27～28页。

② 《本报实行抵制美约要告》，载《游艺报》，1905年8月7日第2页。

③ 《看〈拒约报〉出世》，载《游艺报》，1905年8月18日第2页。

④ 关于消费型工业的讨论，参见蒋建国：《广州消费文化与社会变迁（1800—1911）》第二章。广州消费型生产企业的规模不大，但数量很多，产品范围较广，为了与洋货竞争，本地工商企业大量刊登广告，为报刊业的发展提供了大量的资金支持。

⑤ 《本城熟药丸散店一览表》，载《民生日报》，1912年8月22日第11页。

例是非常低的，而医药广告一旦获得受众的关注，就会产生相当可观的预期收益。因此，医药广告的流布，与受众对于医药业的心理预期有着密切联系。

消费者对身体的关注和对魔法般自我提升的渴望，是医药广告取得成功的重要因素。正如杰克逊·李尔斯所言："秘方药的魅力与其他与健康相关的广告一起，为宣扬一种狂欢式的商业语言作出了贡献。"① 由于缺乏法律约束，医药广告对于药品功效的夸大甚至造假，并没有为报刊经营者带来任何麻烦，也没有受到受众的普遍抵制，在不断的广告传播过程中，医药广告不仅培育一个强大的产业，还作为强制性的消费诱导方式，构筑着媒介文化的内容，改变着受众的生活方式和消费模式。

与传统医药店铺的招牌广告相比，广州报刊医药广告出现较晚。尽管广州的一些传统药店如陈李济、潘高寿等品牌有数百年的历史，但是在19世纪70年代前，这些老牌药店并没有意识到本地报刊媒介的重要性，对报刊广告这一新的传播方式漠然视之，这与当时报刊传媒的影响力较低亦有很大关系。19世纪80年代后，粤人自办报刊对于广告经营较为重视，医药行业成为报刊经营者非常关注的广告对象。如《广报》1887年11月19日的11则广告中，医药广告就有3则；1892年9月20日第3页的广告栏目中，医药广告占了2/3以上的版面。20世纪初期的报刊中，整版的医药广告更是屡见不鲜。医药广告作为报刊广告的重要组成部分，成为报刊发展的重要资金渠道。

医药广告的刊播，与医药消费的时代特色有关。19世纪80年代，广州鸦片消费盛行，鸦片的种种危害也受到广泛批判和抵制，地方政府也深入开展戒烟运动，民间组织在抵制鸦片消费的活动中表现尤为积极，在强大的政治、经济和舆论压力下，一些烟民开始选择戒烟，适应新式消费需求的各种戒烟药便应运而生。戒烟药价格不菲，但在报纸上刊登广告的成本较低，推销效果却非常明显，各类戒烟药鱼目混杂，良莠不分，生产商或销售商在报纸上大肆吹嘘其神奇功效，其目的是获取暴利。各类戒烟药，都号称配制得法、老少咸宜、能很快帮助戒除鸦片烟瘾。一位梁天保医生别出心裁，创制了戒烟饼。其广告称："兼能益胃培元，殊无烟灰、吗粉，入口香甜，立即止引（瘾），能却毛病……每引一钱用饼一个，价银一分八厘，中樽载饼十个，价银一钱八厘，大樽载饼二十二个，价银三钱六分……欧亚各洲、南北口岸、日本、安南均有货付。"② 老牌药铺六和大药房也不甘落后，在其戒烟药广告中声称："此丸配制得宜，不寒不燥，无论轻重烟引（瘾），年之老少，体之强弱，均能药到病除。"③ 另外一家名为"桐君阁"的药店对其所创制的"仙方戒烟人参丸"，则吹嘘

---

① ［美］杰克逊·李尔斯著，任海龙译：《丰裕的寓言——美国广告文化史》，上海人民出版社2005年版，第100页。

② 《梁天保创制桧松戒烟饼》，载《中西日报》，1892年6月4日第4页。

③ 《六和大药房灵验戒烟丸》，载《安雅书局世说编》，1901年7月24日第7页。

得更加神奇：“其功至大，其效至捷……服后不用禁口，不思吸烟，自然引（瘾）断病离，精神百倍，诚戒烟第一仙方也。此丸如有烟膏烟灰配入以至害人，神明鉴之。”① 此类广告，多半对其产品大加夸张，其实际功效并非如此。事实上大部分戒烟丸，都使用了吗啡等麻醉品，消费者非但没有戒除鸦片烟瘾，还受到麻醉品的危害。戒烟药的暴利吸引了许多药房从事这一行业，以各种标新立异的广告进行市场推广。在各类药房相互竞争的情况下，戒烟药不得不降价促销。如 1901 年，六和大药房所推出的戒烟丸，“大樽价银五毛，中樽价银二毛，小樽价银一毛”②。比起十多年前屈臣氏的同类洋戒烟药，有了明显的降低。辛亥革命前后，由于广东地方当局实行了比较严厉的禁烟措施，鸦片消费量大为降低，戒烟药也失去了消费市场，各类戒烟广告在报刊上难得一见。

图 5-5 性病广告（一）（《光华报》，1911 年 12 月 15 日）

20 世纪初期，随着戒烟药广告的消退，性病广告则不断出现，并随之占据了大量版面，成为医药广告的“新贵”。性病广告的增多，反映出广州色情业“欣欣向荣”之势。性病的流行，为各类药店、诊所提供了无限的商机。20 世纪初期，花柳病作为一种普通传染病，在西方已经广泛采用抗生素药物进行有效治疗，但是，当时国内医药界对于花柳病的认识还不够深入，一般采取中药治疗，其效果远不如西药明显。一些妓女、嫖客得病以后，迫切希望获取相关的治疗信息，一些药店和诊所正是利用了患者病急求医的心态，通过介绍治疗性病的药方和方案，快速获得“病友资源”。清末广州名医梁培基说：“花柳病，本是最平常，吾人稍讲应酬者，几无不会曾经此患也。然花柳之毒实最剧烈，调治稍失其方，则不独诸病丛生，并且传染妻子，因治花柳，市上沽药固旗布星罗，如花界中几无不有一二，所谓独步单方，以为防身之宝，然世之被花柳病毒害累月经年，几成残废者犹比比

① 《桐君阁仙方戒烟人参丸》，载《安雅书局世说编》，1901 年 7 月 24 日第 8 页。
② 《六和大药房灵验戒烟丸》，载《安雅书局世说编》，1901 年 7 月 24 日第 7 页。

皆是。……"①（见图5－5）梁培基说出了当时广州市场上治疗花柳病药物广告的现状：各类性病广告都号称"立可痊愈"，片面夸大疗效。如威建大药房在广告中更是利用嫖客图像为其"花柳骨痛汁"（见图5－6）进行"形象推销"：

余染花柳骨痛之症，经年不愈，百药罔效。幸得友人送此药汁，一服全（痊）愈，神妙莫名。如染花柳各症者，不妨一试，免为庸医所误，费时失事，劳神伤财尚不能见效。若服此汁，立起沉疴，诚花柳药汁无价之宝也。②

图5－6　性病广告（二）（《商权报》，1918年2月23日）

另外一种名为"养身除毒汁"的广告，直接刊登了一个叫"肖月南"的嫖客肖像，并以其口吻广告道：

① 《梁培基创制花柳药王培元搜毒汁》，载《光华报》，1911年12月15日第1页。
② 《威建大药房花柳骨痛汁》，载《商权报》，1918年2月23日第1页。

鄙人肖月南，年四十五岁，乃居住香山海州。因昨年正月耽于花柳场中，酒色过伤，以至肾亏虚弱，常见精流。迨至三月，发出鱼口疳疔，误医数月，疔毒结坠，四处发烂，更兼毒入筋骨，痛之不止……一日舍弟偶阅诸报，见有赵伯年君登录鸣谢钊龙氏大医生之养身除毒汁……鄙人闻说如此灵验，即速购买一樽试服，果然见功。再买一打，连服共六樽，大有起色之望，此病症暂退，服再三樽，血毒鱼口疳疔已除，亦见身体复原。胃口加增……①

但是，此类花柳药实际疗效并不明显。由于花柳药成本较低，只要在报纸上进行广告宣传，获取暴利的机会就会大增，所以，清末广州报纸上到处都是花柳药广告。如光绪年间广州有一定知名度的黄保安医生，擅长治疗花柳病、麻风病等，其创制的药丸，价格很高。《广报》刊登该花柳药价："花柳搜毒百解丸，每料银一两四钱，花柳骨痛丸，每料实价七钱二分。"②

一些与性病相关的解毒药也纷纷刊登广告，如广东黄慎堂密制的各种解毒药，"解毒得法，有益真元，症无大小，应时奏效"③。橘花仙馆创制的牛黄丸、至宝丹、紫雪丹三种新药，"专治瘟疫温热，本馆独出心裁，精工制炼，故能屡建奇功"④，治疗麻风病的药，也利用了患者病急求愈的心态，高抬价格，"麻风保命丹每料该银十两，三蛇入骨捲云退红丸每料该银二十四两"⑤。此类药号称祖传秘方，其治疗功效却并非像吹嘘的那样，然嫖客、妓女往往轻信一些性病药品，其价格虽高，却有很好的销路。

性病的流行，自然也给诊所带来了滚滚财源。一些诊所也在报纸上刊登广告，大肆吹嘘其治疗性病的医术。如南宁伍某在双门底开设了一家诊所，号称专治花柳病："远年花柳，入骨最顽症，邪风杂症，不若服药，限日痊愈，永无复患……"⑥ 又如一家名为"洪桂昌"的诊所，在《天趣报》、《国民报》、《七十二行商报》等多家报纸上刊登广告，号称在省城、佛山、香港、江门等地开有诊所，为"五千年老铺"，其创制的"扶元搜毒胶"，可以"宿娼免毒"，"花柳外科，万症俱好"⑦。"包医限期列左……限日全（痊）愈，过期不愈，原银加倍送回。"⑧ 一些医生还以西医之名进行广告宣传，如一个叫陈铁魂的医生，自称"西医全科毕业，历充红十字会及改良

① 《恭颂钊龙氏大医生养身除毒汁救我命》，载《民生日报》，1912年6月19日第2页。

② 《包医颈疬花柳杂症》，载《广报》，1887年11月17日第2页。

③ 《广东黄慎堂扶元搜毒药胶、白浊各症药丸》，载《安雅书局世说编》，1901年9月25日第6页。

④ 《自摘化州橘红》，载《安雅书局世说编》，1901年7月24日第8页。

⑤ 《中华医生黄保安》，载《广报》，1887年12月9日第2页。

⑥ 《花柳须知》，载《中西报》，1899年10月3日第2页。

⑦ 《扶元搜毒胶》，载《国民报》，1910年12月5日。

⑧ 《香港洪桂昌迁铺告白》，载《游艺报》，1905年7月12日第3页。

会医生，每日诊症二百余人，临症最多，疗法最善，有花柳者注意”①。这类吹嘘，的确取得了较好的广告效果，使一些妓女、嫖客和无辜染病者在医疗消费上增加支出，也使得医疗市场鱼目混珠。各种游医混迹其中，医德败坏，此类极大地破坏了道德伦理和社会风尚。

一些治疗流行时症、伤风感冒、头痛发热、止咳消炎之类的药品，具有较为广阔的消费市场，这些药品广告在向受众介绍用途和性能的同时，也提高了知名度和品牌营销的效果。由于药品与其他商品的价格存在较大差别，其决定性因素体现在三个方面：一是药品的治疗功效；二是药品的知名度，特别是市场占有份额；三是药品的制作工艺和原料的价格。其中药品的功效是最为重要的因素，因此，许多生产商非常注重对药品治疗功能的宣传。如福至大药房的“红白痢丹”广告称：“此丹清血理气，消积去滞，无论红痢白痢俱验。闭口重症，药到病除。有阴阳转轮之功，无霸烈消耗之患。症轻者两日痊愈，症重者四日痊愈。”②

一些药品价格往往通过明示的方式，向受众公布。如位于西关十二甫一家由颜逊轩医生经营的颜过安堂，其药品价格为：“脱膜眼药、光明眼药、蛾喉散即止吐血丸每樽一毫；疳积眼散、痘后眼散、救睛眼丸、伤眼止痛丸每樽二毫五仙；立即止咳丸每樽五仙。”③ 另一家两仪轩药店出售的蛇胆油，“力胜如意油十倍，大樽二毫”④。药品价格为受众消费提供了明确的信息。

常用药品的治疗功能，往往是吸引受众的卖点，如一则“燕医生除痰药”（见图5-7）的广告云：“功效神速，久已为中外驰名，交相信用。凡伤风咳嗽、痰迷气急、久咳失音及一切喉症等患服之，包能限日全（痊）愈。五十年来治愈各症不下数十万人，实为无上上品之药。”⑤ 另外一家治咳药的广告则利用人物形象加以推销，图画中展示了一位黄包车夫拉着病人快速赶往诊所的场景，并配以一首五言诗：“因为秋风起，忽然咳不止。痰与血齐来，几乎绝了气。即刻叫架车，去求唐拾义。医咳称老手，药到病遂除。久咳固能医，内伤亦可愈。有咳诸先生，不妨往一试。”⑥ 如此形象的描绘，对药品推销起着“现身说法”的作用。

① 《陈铁魂医花柳》，载《民仇报》，1918年6月17日第1页。

② 《福至大药房红白痢症》，载《民仇报》，1918年6月17日第4页。

③ 《恭颂颜逊轩先生擅脱眼膜》，载《安雅书局世说编》，1901年8月15日第8页。

④ 《时事画报》，1907年第7期。

⑤ 《燕医生除痰药》，载《商权报》，1916年6月20日第1页。

⑥ 《天下第一家咳丸》，载《新报》，1916年3月6日第7页。

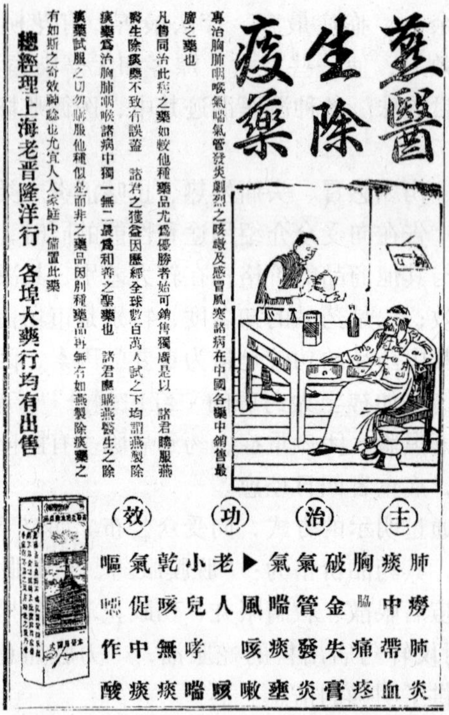

图 5-7　燕医生除痰药广告（《商权报》，1916 年 6 月 20 日）

显然，报刊广告对药品功能的盲目夸大，利用了受众与广告主之间信息严重不对称的现状，采取各种花招，向受众提供虚假信息，骗取受众的信任，从而牟取暴利。正如一首竹枝词所言："西医门市百余家，广告宣传未免夸。儿妇两科谁妙手，肯堂王氏太平沙。"① 这种普遍带有虚假信息的广告，能够在清末民初盛行，有着复杂的社会原因：一是报刊媒介普遍缺乏公共精神，完全从自身利益考虑投放药品广告的收益，而不顾虚假广告产生的社会危害。二是制度监管缺失导致了广告市场的混乱。政府对虚假广告听之任之，降低了虚假广告的制度成本，使社会上容易形成一种从众心理，极大地破坏了社会风气。三是受众对虚假信息的甄别能力很低，缺乏有效的信息反馈途径，在报刊媒介的"强制性"信息输送过程中，受众处于弱势地位，在药品广告强势诱导下，受众对药品疗效失去了辨伪能力。有竹枝词生动地描绘了广告的虚假推销："能医麻毒太奇新，广告街招着手春。易氏沃林传妙药，却教依旧有疯人。"② "易沃林"是清末民初广州报刊中最为常见的"标志性"医药广告，由此可窥斑见豹。

---

① 胡子晋：《广州竹枝词》，见雷梦水等编：《中华竹枝词》(4)，第 2905 页。

② 胡子晋：《广州竹枝词》，见雷梦水等编：《中华竹枝词》(4)，第 2901 页。

二、保健品广告：品牌营销与消费臆想

医药广告针对受众病急求医的心态，可以进行“强制性”的信息传播。而保健品则不是每个受众的生活必需品，因此，在传播方式和说服手段上，保健品广告体现了另外一种“消费文化”。保健品与药品有着较为明显的区别，它一方面具有强身养颜的功效，另一方面则代表着一种新的生活方式，是受众在满足“医疗性”治疗之后，在消费层次上通过保健品的养护，达到提高生活质量的目的。显然，对于保健品消费，一些收入水平较低的受众是难以承受的。由此决定了保健品的广告风格不是治疗性能的诱导，而具有品牌营销和消费臆想的特点。绝大多数保健品广告商都希望通过传媒的推销，使受众能够记住特定品牌，感觉与众不同，从而建立起一套识别系统，为受众的生活方式贴上一个标签，创造出消费文化。

显然，对于报刊而言，保健品广告不仅带来丰厚的利润，也丰富了报刊广告的表现方式。因为保健品广告更重视“艺术”表达，对商标、人物和产品形象的刻意追求，使得保健品广告具有一定的美学特征和符号化意象，从而在很大程度上改变了报刊广告的整体性形态，使广告版面更具色彩、线条和美感，这是20世纪初期的报刊广告创新的重要表现。

与药品相比，保健品在广州市场上出现得较晚，但是它比起一般的药品，更注重消费的附加值，保健品广告注重消费者对生活质量和对身体的关注，强调其预期“收益”，其主要消费对象是社会中上阶层。为了吸引有钱人家购买，保健药品非常注重包装和商标上的美观，而且对药品的养生和理疗作用进行突出宣传。养经活血、滋阴壮阳、养颜补脑、强身健体等广告术语在清末广州报刊广告中随处可见。如一种名为“救时普济水”（见图5－8）的药品，在广告中声称：“选择中国上等药材，以妙法制炼而成。搽服均合，不燥不烈，男妇、月儿、孕妇均皆合服。有病之人服之，固能去病；无病之人服之，益加精

图5－8 **“灵丹妙药”**（《七十二行商报》，1910年9月21日）

神。赖此水救活者，何只亿兆，功效神速，久为社会赞颂。真有救急扶危之功，起死回生之力。诚为居家出外保命之药。”① 又如广州毓和堂创制的仙授毓气和神丸，“此丸大补气血……能健脾开胃，温中养心，益肝补肾……大瓶一两银二两一钱六分，中瓶五钱银一两零八分”②。位于西关第七甫的春生园药店出售一种搜毒酒，能够兼治疳疔、花柳等病，“大樽一元二毫，小樽六毛”③。由于保健品具有预防疾病的作用，商家自然将此类附加值作为“卖点”，借以提高产品的价格。

一些保健品利用传统中医药方，强调某些药物的防治功能，并与日常饮食消费结合起来，形成保健丸、保健油、保健酒之类的系列产品，在报刊上广为推销。广州一家名为“珍聚”的药店推销的如意油，“以艾油和药制成”，号称能防治感冒、风寒等多种疾病，在广告中特地推出清末名臣翁同龢的题词“功倖仙露”④（见图5－9），利用名人广告宣传其品牌。忠厚堂所创制的毛鸡药酒，声称其原料毛鸡从安南、龙州进口，“最能驱风活血，用以浸酒，功效非凡……并配入驱风活血、固本培元之药，故此酒与市场所售者，功力更加数倍”⑤。著名的“两仪轩”药店，创制“种种灵效三蛇药物”，其功用颇为神奇，“蛇果皮，男妇老少均万应，蛇丽参，能救危脱以回阳”⑥。尤其是该药店创制的“三蛇药物十五种，滋补药物十四种”⑦，在广州市场颇有知名度。该药店经常在《羊城新报》、《时事画报》、《商权报》、《震旦日报》等多家报刊上刊登广告，尤其是《时事画报》上的广告，利用

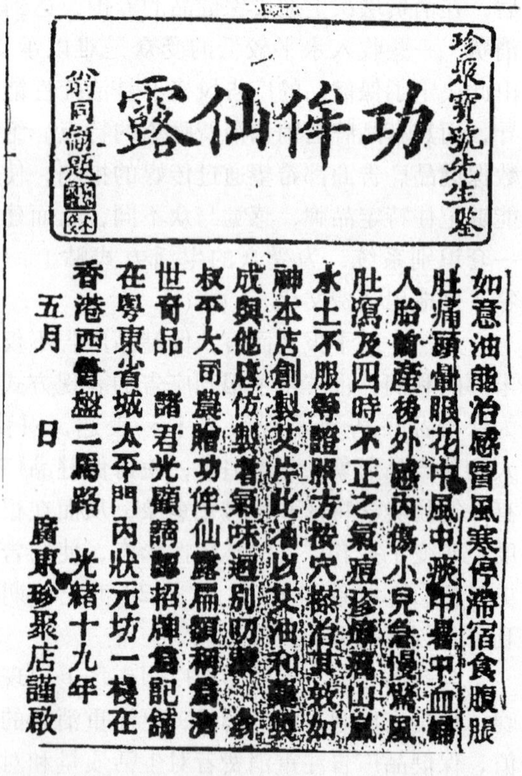

图5－9　名人招牌广告（《岭南日报》，1893年11月15日）

① 《环球第一能治百病之灵药》，载《七十二行商报》，1910年9月21日第1页。
② 《毓和堂始制仙授毓气和神丸》，载《安雅书局世说编》，1901年7月24日第8页。
③ 《□公亮始搜毒酒》，载《安雅书局世说编》，1901年8月15日第7页。
④ 《功倖仙露》，载《岭南日报》，1893年11月15日第7页。
⑤ 《忠厚堂专办毛鸡药酒》，载《七十二行商报》，1910年9月21日第5页。
⑥ 《救命救命》，载《商权报》，1913年8月6日第4页。
⑦ 《长寿两仪轩》，载《羊城新报》，1914年11月27日第1页。

美女、俊男的形象，为“两仪轩”系列品牌现场说法，具有较强的视觉冲击力。

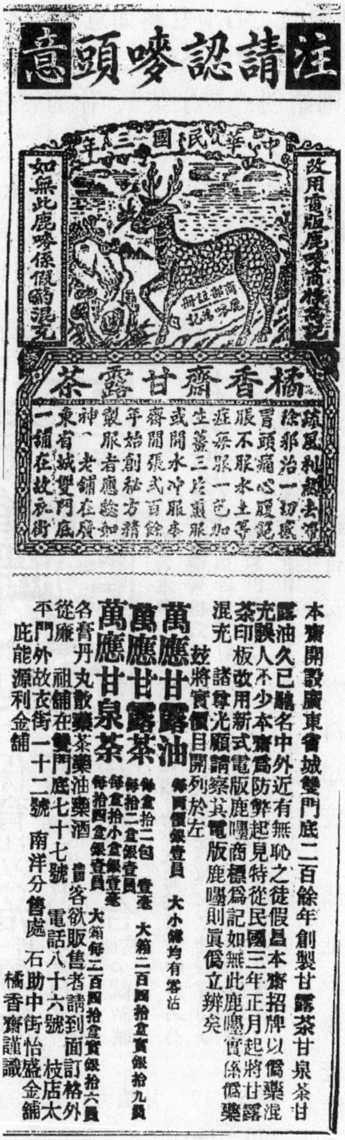

图5－10　橘香斋万应甘露茶广告（《商权报》，1915年6月12日）

图5－11　永春堂万应甘露如意茶广告（《游艺报》，1905年8月8日）

广州饮茶风气很浓，一些药店为适应市场需求而创制各类保健茶。如橘香斋创制的万应甘泉茶（见图5－10），兼具多种功效：“此茶不寒不燥，味甘性纯，善疏风消暑，清热去滞……万应甘露油，每两价银一元，大小樽均有零沽。万应甘露茶，每盒十三包，银一毫，每大箱二百四十盒，实银十八大元。每十二盒银一元。”[①] 比起一般的茶叶，此类保健茶的价格显然过高。永春堂创制的“万应甘露如意茶”（见图5－11），“用旧清远配合良药制造，此茶最能消暑散热、解渴涤烦，如外感风寒，内患积滞，用滚水冲服，便见奇效”[②]。黄志居草堂则始创“普宁茶”，作为“消暑散热，生津止渴之良剂”。与生姜、葱等物一起煎制，对于一般的感冒，可以“立即痊愈”[③]。而一些茶庄也研制出保健茶应市，如玉壶春茶庄创制的“保安甘和茶”，能“止渴消滞，有益卫生”，为了防止仿制，“特改换点石内票，以分真伪”[④]。此类保健茶由于具有在品味和防治疾病方面的功效而具有较高的产品附加值，其价格比普通茶叶要高出许多。

一些饮料也被商家包装为保健品，并强调了其对人体的多种功效。饮料在19世纪末期开始在广州街头出现，最初为屈臣氏大药房销售的进口用品，在20世纪初期，许多药房和商家自制饮料销售，在报刊上加以推销。如九丹池创制的消暑葡萄霜，“消暑散热，止渴生津，开胃健脾，解酒去湿，有益卫生，男女老少皆宜。诚暑天饮料之珍品”[⑤]。安药水房发售的各种汽水，“料真气厚，味美质清”，为突出其消费时尚，便在广告中强调：“近更研究精良药料，添置新试汽机，务期饮者获益。”[⑥] 饮料广告强调西方技术优势，有利于提高本土品牌的知名度，也易于吸引受众的注意，品牌营销的效果较为明显。

图5－12　补脑丸广告（《游艺报》，1905年8月7日）

清末，随着西方国家的一些保健品在广州市场的出现，一些药房也大量仿制补肾丸、补脑丸（见图5－12）、补脑汁、自来血（见图5－13），由于新式补药颇为时髦，成本较低而售价颇高，如果获得消费者的认可便会有滚滚财源。一些药房急需进行市场推广，便经常在报刊上进行大篇幅的广告推

① 《橘香斋万应甘露茶》，载《商权报》，1913年8月6日第4页。

② 《永春堂吕日如始创护身百胜豆蔻油》，载《游艺报》，1905年8月8日第4页。

③ 《黄志居草堂始创普宁茶》，载《时事画报》，1910年第2期。

④ 《玉和春茶庄始创保安甘和茶》，载《七十二行商报》，1913年6月12日第2页。

⑤ 《九丹池创制消暑葡萄霜》，载《天趣报》，1910年11月19日第3页。

⑥ 《安药水房驰名各种汽水》，载《商权报》，1913年8月6日第4页。

销。在保健品制造方面，上海药房则领先一步。这些药房为开拓广东市场，经常在广州报刊上进行广告促销。如上海震寰药厂生产的“爱理士红衣补丸”，可以“补血壮筋，益脑固肾，兼治男妇老幼内部一切虚气……补者服之均效”①。其价格为“每瓶洋壹圆（元）贰角，每半打洋陆元”②。上海兜安氏西药公司创制的“保肾丸”，“能强壮肾力，排泄血内污毒及使膀胱内之石质尽由小便而出”③。上海五洲大药房（见图5－14）所研制的“博多德（blood的音译，笔者注）多血液”，在广告中声称借用西人之法，滋补效果甚佳：“凡心亏血小，因而体弱无力者，一经尝服，均得益血状体之效果……”④ 五洲大药房还在《商权报》上推销一种名为“非洲树皮丸”的保健品，这种利用所谓“进口原料”研制的药丸，“能使精薄身亏化为充足之验，能使力弱骨软化为健壮之验”⑤。当然，此类保健品价格不菲：人造自来血“大瓶二元，每打二十元，小瓶一元二角，每打十二元”⑥。非洲树皮丸“每瓶一元”⑦。可见，保健品对于社会下层而言，仍然是不可奢望的。

图5－13　自来血广告（《总商会新报》，1918年6月17日）

① 《震寰药厂》，载《国事报》，1910年5月6日第4页。
② 《爱理士红衣补丸》，载《南越报》，1910年4月16日。
③ 《兜安氏秘制保肾丸》，载《人权日报》，1914年9月19日第4页。
④ 《Blood》，载《民生日报》，1912年8月2日第2页。
⑤ 《非洲树皮丸》，载《商权报》，1915年9月25日。
⑥ 《Blood》，载《民生日报》，1912年6月19日第2页。
⑦ 《非洲树皮丸》，载《商权报》，1915年9月25日。

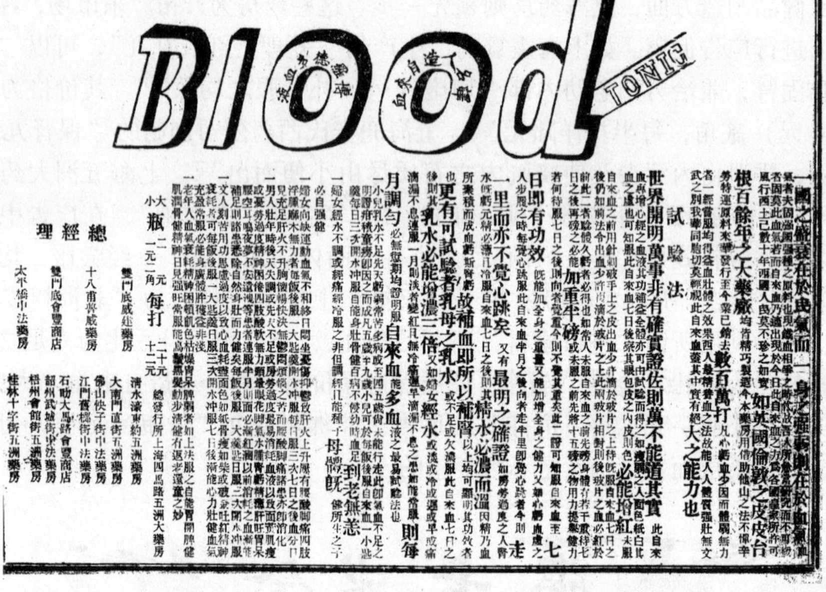

图 5－14　补品广告（《民生日报》，1912 年 8 月 2 日）

各类补品的高附加值，自然引起广州本地药房和厂商的关注，他们纷纷制造各种新式保健药品，与洋保健品和外地保健品抗衡。如广州名医梁培基创制的补脑丸，除了在报纸上大肆宣传外，还在医药期刊上做专业广告。其称：“此丸乃酌华人脏腑研究新法而制，故我国人服之最为和宜。……初服便觉神强魄壮，长服定可益寿延年。”① 其他如鱼肝油、补脑汁、人造自来血等新式保健品在清末报纸上屡见不鲜。《南越报》1910 年每期的保健品广告都在 2 个版面以上。此类新奇补药，利用当时富裕人士对保健药品的盲目崇拜心理，极力夸大其根治多种慢性病的作用，利用一些不太常见的配方，获取消费者的信任，从而牟取暴利。

第三节　日用品广告：本土消费文化的建构

一、烟酒副食品广告：本土品牌的形成与传播

在传统社会的生活方式中，菜肴和食品一般是“自给自足”，19 世纪初期以来，随着广州商业经济的发展，果蔬和副食品市场规模也不断扩大，与民众日常消费的联

① 《医药士梁培基创制燐质补脑丸》，载《光华医事卫生杂志》，1910 年第 2 期。

系非常密切。但是市场与民众之间的空间距离较近，民众对这些日用品的购买，很大程度上依赖购物体验，在熙熙攘攘的市场中，消费者通过与商贩之间的直接交易达到消费的目的。买卖双方通过人际传播的方式来降低交易成本，招牌广告和商贩的信誉在交易过程中起着重要作用，因此，一般商铺很少在报刊上刊登果蔬和食品广告。

广告使日用商品的消费范围扩大，这在副食品行业尤其如此。饮食消费是消费文化的重要内容，与社会变迁有着直接联系。清末民初，随着广州城市生活水平的提高，在消费方式上也呈现新的特征。社会中上层对于一日三餐更为讲究，一些包装食品由于做工考究、选料上乘而受到关注。早在1892年的《中西日报》广告中，就有“云南火腿”的品牌推销，一家名叫“永兴隆”的店铺长年刊登“云南火腿”广告，声称“异味甜滑”①。云南火腿行销粤港，香港联兴泰商行也代理云南宣和公司的罐头火腿，并介绍道：“其味甘香……送礼合宜。”② 20世纪初期的食品广告，更注重突出食品的营养价值和保健作用，如一则“钊龙氏牛肉汁”（见图5－15）的广告云：“本行捡选精壮最嫩正黄牛肉，……功能专补气血，凡病后元气难复，脑力耗竭，……均宜合服。”③ 一些药店还特地推荐某些罐头食品，如鹿肉在南方较为少见，一则“三星牌鹿肉汁”的广告介绍道：“鹿生深山，食能别良草，卧则口朝尾……其肉甘湿无毒……实为大补血肉之品，并无鹿性过热不多食，及少年忌食之说。本药房派友购来关东肥鹿，用西医提汁之法，生制成汁，以备卫生家购取。其汁味鲜，较牛肉汁尤为适口，且亦久藏不变。”④ 此类包装食品，由于其稀缺性和高营养价值，自然成为一种时尚食物，而受到社会中上层的欢迎。

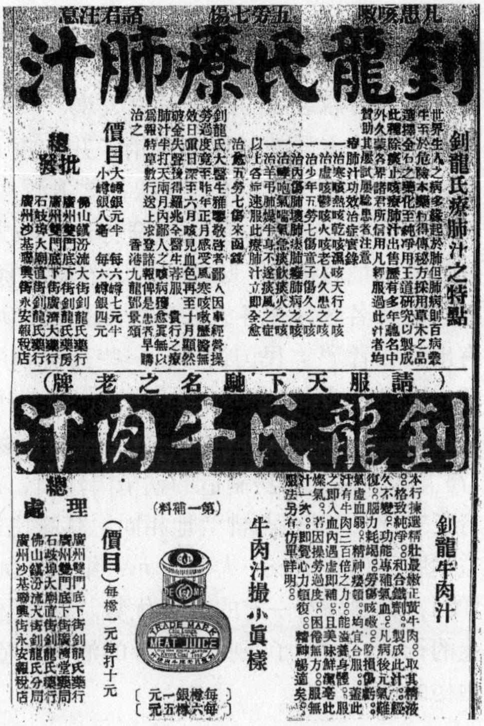

图5－15　牛肉汁广告（《商权报》1916年6月12日）

① 《云南火腿》，载《中西日报》，1892年5月21日第3页。

② 《新到云南罐头火腿、全只火腿》，载《广州共和报》，1919年3月7日第1页。

③ 《钊龙氏牛肉汁》，载《商权报》，1916年6月12日第4页。

④ 《三星牌鹿肉汁》，载《广粹旬报》，1909年第11期。

清末之际，由于各类洋酒价格偏高，一般消费者难以问津。而米酒似乎难登大雅之堂。随着广州酒楼消费的流行，食客对瓶装酒的需求量也大增。一些酿酒商便改良酿制技术，注重酒的包装和推销，并在报刊上广登广告。如信元酒庄（见图5－16）所酿各款美酒，“名驰遐迩。数十年来，有刘伶癖者，莫不啧啧称善。然尤近日发明之西庄菩提酒，最为特色。味厚醇香，养颜固肾，可称并皆佳妙。闲尝游历名区，凡各大酒庄所酝佳酿，均已尝试殆遍，鲜有出其右者”[①]。民国初年，一些药房利用药方研制各类补酒，在产品营销过程中强调补酒能“补气血、滋阴阳”，以“提倡国货”的名义与洋酒进行市场竞争（见图5－17）。如上海大药房制造的铁精肉汁酒，在广告中与洋酒进行了对比：“其色与佛兰地相同，其味比佛兰地稍纯，其补益远胜于佛兰地……大瓶一元，细瓶半元。”[②] 比起昂贵的洋酒，补酒确有一定的价格优势。此类国产瓶装酒在市场上的行销，改变了一些消费者的酒类消费方式，也提高了酒楼的消费门槛。

图5－16　酒广告（《广州共和报》，1919年3月7日）

图5－17　药酒广告（《广州总商会报》，1907年10月18日）

① 《何忍独为醒》，载《广州共和报》，1919年3月7日第3页。

② 《提倡国货》，载《真共和报》，1919年11月15日第7页。

清末进口香烟的销路颇好，并作为一种“文化标志”，在新兴社会阶层中流行。进口香烟价格高昂，自然引起本地厂商的关注，并纷纷加以仿制，广州本地一些烟草公司经常开展广告推销。如粤东同益公司的“金龙仙士”牌香烟广告称：“本公司拣选地道上等烟草，研究泰西制法，生津、化痰，补脑、提神、卫生、除瘴、辟疫，气味清纯，性质和润，洵佳品也。”① 为了进行促销，该公司还在香港商业闹市中环大马路设立“分局”。可见，该烟厂希望通过香港市场进一步打开销路。

一些烟草公司在1906年抵制美货风潮之际，在香烟广告中将“收回利权”和“振兴国货”作为营销策略，以此与进口香烟进行竞争。为了使消费者认同本土品牌，烟草公司在广告营销过程中，将本土香烟与国家利益结合在一起，强化民族主义和地方主义消费情结，南方爱国烟草公司在广告中用一首诗表述了土制香烟与爱国主义的关系：“南方新制好香烟，爱国诸君要试先。海陆军牌须记得，提倡土货挽利权。”② 广东南洋烟草公司声称其产品胜过进口货：“本公司不惜重资，得其秘诀，制为纸卷烟，纯用至佳之叶，味美香浓。虽欧美最著名之烟，无以过焉。连吸一二十枝（支）亦无舌燥头晕之弊。”③ 粤东烟草公司研制龙球牌卷烟发售，强调产业报国的雄心，在报纸上突出其产品特色：“自东西洋卷烟流入中国，利权外溢。为岁中一大漏卮，近年内地渐多仿造，然制烟非极精良，不足以抵制，外货占商战优胜。本公司向运北洋龙球红顶卷烟发售，久为同胞所欢迎。兹在粤东仁济大街开厂，添设伟人冯夏威嘜，吾粤人物杰出之观念；六榕塔嘜、五层楼嘜，为粤邦名胜之观念。均选中国上等烟叶研究配化，精心制造。较诸搀入杂质之烟，吸后便觉干燥者，优劣迥别。”④（见图5－18、图5－19）中国南洋烟草公司直接将香烟与爱国之心联系起来，其广告称：“这国产的宝塔牌香烟，是救中国的命的，诸君见了这七级浮屠，便当想想救国的责任。”⑤ 广东土制烟草公司的广告，也突出土货的优势，“真土货出世，新发明自制。其味香且纯，改良求实际。总要好入口，烟色无所谓。全用人手造，大家谋生计。国民兴国货，何必倡抵制。敬告有心人，谓分真与伪”⑥。可见，对于自制香烟，一些厂家在广告推销中颇为自信。

① 《粤东同益公司烟厂》，载《赏奇画报》，1906年第17期。

② 《请吸南方爱国香烟》，载《新报》，1917年3月26日第7页。

③ 《精品纸卷烟新张广告》，载《香港东方报》，1906年7月29日第1页。

④ 《中国龙球卷烟发售》，载《羊城日报》，1906年10月9日。该广告在1906年的《赏奇画报》、《时事画报》上也曾多次刊登。嘜为广东方言，意为商标、牌子。

⑤ 《宝塔香烟》，载《广州民国日报》，1921年8月1日第1页。

⑥ 《广东土制烟草公司香烟》，载《总商会新报》，1919年5月3日第3页。

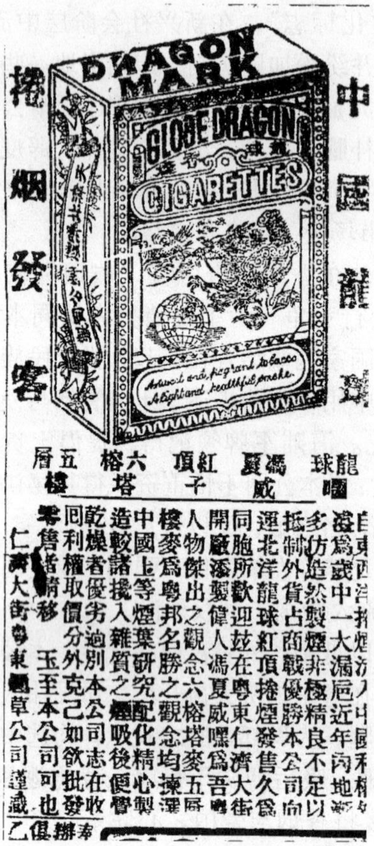

图 5-18　广东香烟广告（一）（《羊城日报》，1906 年 10 月 9 日）

图 5-19　本土香烟广告（二）（《赏奇画报》，1906 年第 15 期）

在 20 世纪初期，吸香烟作为休闲消费的一大内容，自然与民众的爱好和消费品位有着一定联系。一些厂家将香烟与官绅富商、美女形象结合在一起，突出香烟在构造优雅生活方面的特殊作用。如中国南洋烟草公司便推出“美人牌”香烟，广告词云：“美人今献身为本公司香烟代表，因应名。吾新制之最上等金嘴香烟，美人软、香烟软，二而一、一而二者。是在吸吾（美人唛）香烟。诸君之领略耳。第一华美，无可与比；结烟火缘，皆大欢喜。”①（见图 5-20）而另外一种“四喜牌”香烟则描绘了英雄美女与香烟相伴的图景，“设使英雄垂暮，温柔不住住何乡。新出十枝（支）庄（装）四喜香烟，为英雄儿女醉心之品，不可一日忘之者也”②。（图 5-21）

① 《破天荒之美人出现》，载《天声日报》，1918 年 6 月 11 日第 2 页。

② 《总商会新报》，1917 年 12 月 3 日第 3 页。

香烟与美女形象的结合，使广告传播不仅表现了产品本身的意义，还向受众推行新的消费时尚，美女代言香烟广告，体现了20世纪初期的文明气象，女性作为公共形象，在媒介中大胆展示其开放、自信、活泼的一面，她们梳着短发、身穿长裙、足蹬高跟鞋，体现出新女性的审美观。香烟广告利用女性的新形象，向受众灌输新的消费理念和生活方式，将时代变迁与广告营销理念结合起来，颇具新意。

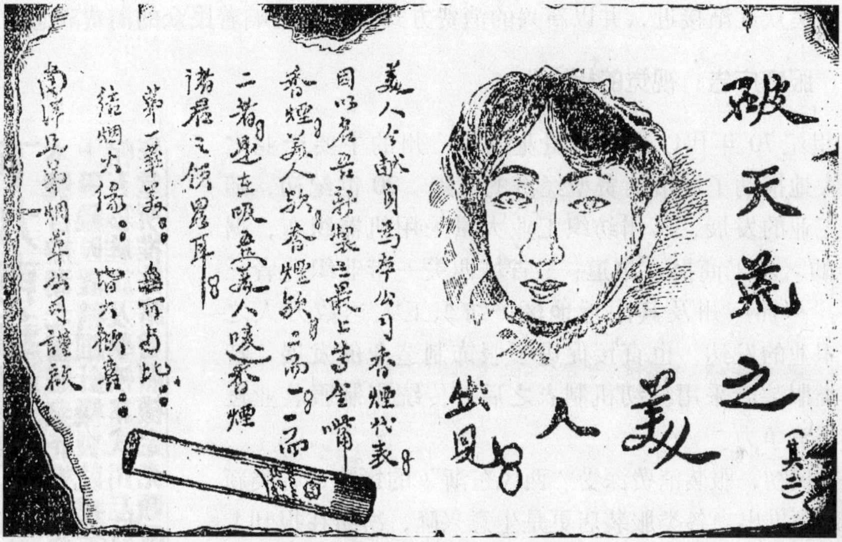

图 5－20　美人牌香烟广告（《天声日报》，1918 年 6 月 11 日）

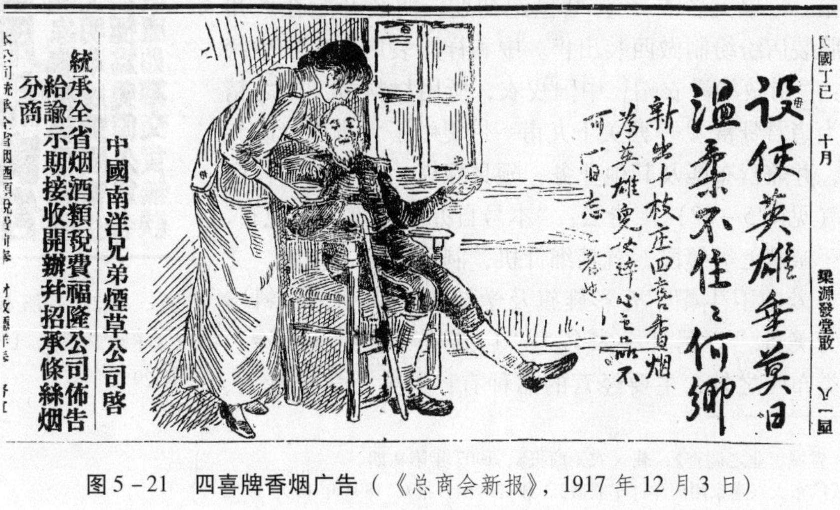

图 5－21　四喜牌香烟广告（《总商会新报》，1917 年 12 月 3 日）

20世纪初烟酒副食品广告的盛行，说明消费型工业对民众日常生活的影响进一步增强。在19世纪晚期，烟酒及副食品广告还很少在报刊上露面，民众对于“包装”食品和进口烟酒尚感到陌生。随着民族工业的发展，原来被认为是奢侈的商品逐步向社会扩散，尤其是技术上的模仿，使烟酒副食品的生产成本不断降低，进而影响其价格，从而扩大了消费者消费的空间。那些社会下层人士，也可能在杂货店里购买到烟酒副食品，尽管这种消费对他们而言仍然是“节日般的盛宴”，但这些商品毕竟与普通民众逐渐接近，并以新兴的消费方式改变并影响着民众的消费观念。

二、服饰广告：视觉的标准化

19世纪70年代以来，纺织业成为广州的主要产业之一，极大地推动了城市消费型经济的发展。20世纪初，随着机器工业的发展，广州纺织工业大量采用机器织布，据1907年的《农工商报》报道：“省城西关一带业织造者三千余人。”① 而广州及其附近地区，纺织工人达数万人之多。纺织业的发达，也直接促进了服饰制造业的发展。特别是各类服装店采用缝纫机制衣之后，传统家制服装业逐渐丧失了竞争力。

清末民初，服装消费深受“西风东渐”的影响，各类新式服装不断推出，各类服装店更是生意兴隆，纷纷在报刊上刊登广告，招徕生意。如西关大兴隆裁缝店，在1894年的《岭南日报》上刊登广告，声称“专办家用针车唐洋衣服，廉幔蚊帐……单夹各衣”②。20世纪初期，西装开始在广州流行，服装店纷纷制做西装出售。中和祥服装店在广告中特别指出：“制做华洋衣帽，中国戎衣，所用材料之工作之精良，久为诸君赞赏。”③ 西关下九甫一带集中了大量裁缝店和服装店，并兼营布匹及其他业务，颇具规模。如一则学校服式用品（见图5－22）广告云：“本号自办湖北雪绒紫花布、灰布……诚聘上等缝匠，置精细针机，制就戎装、礼服、文明革履、爱国卫生帽、五彩旌旗及学校诸式用品，材料丰富，极为美备。”④ 另外一家名为“启新号”的店铺，除了经营各类布匹之外，主要经营的品种有：“男女学校操衣、

图5－22　服装广告（《羊城日报》，1906年3月29日）

① 《省城织业之调查》，载《农工商报》，1907年第9期。
② 《广东大兴隆家用唐洋针车衣服》，载《岭南日报》，1894年10年19日。
③ 《中和祥制做华洋服式》，载《羊城日报》，1906年10月9日。
④ 《下九甫华纶学校服式用品广告》，载《羊城日报》，1906年3月29日。

帽履、陆军海军戎装、礼服……”① 清末停科举、废书院之后，各类新式学校纷纷设立，中小学校均统一校服，形成了巨大的消费市场，从而为服装店带来了大量生意。服装店的广告（见图5－23）也迎合学校的需要，制造大量校服及其相关用品出售，而许多维新志士也与新式学校有着密切联系，具有新思想者喜欢在穿着方面区别于守旧分子，西装、中山装、学生装大量流行，这是社会新潮给服装消费带来的直接影响。

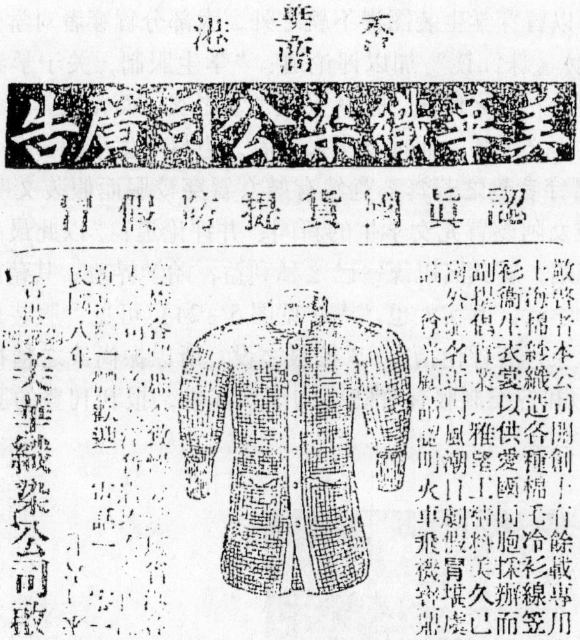

图5－23　美华织染公司广告（《七十二行商报》，1919 年 11 月 5 日）

民国初年，社会改革之风甚炽。社会变革者不仅要求民众剪掉象征满清愚昧形象的辫子，还期待通过身体象征符号的改变迎接新时代的到来。在开明人士看来，服装是体现国民精神的重要方式。采用新制服来表明对新社会制度的支持，是民主人士们共同的观念。因而，要在社会上推广民主、平等思想，首先必须消除传统服装的等级化，通过重新确定国民的服装来建构全新的民族主义视觉认知。社会精英对使用国产布料有着一致性的认同，但是对推广西装却有不同看法，传统士绅对民族服装带有深厚的民族情感，尤其是当时的中华国货维持会竭力支持穿传统服装，当然，这样的服装是经过社会精英改良的式样。因此，“通过抢救传统款式和重新赋予它们‘爱国’含义，保守的中国经济精英成功地把他们自身彻底改造成文化仲裁者、民族主义美学

① 《羊城下九甫启新号操衣帽履学校用品广告》，载《珠江镜》，1906 年6 月6 日第3 页。

的阐释者"[①]。

民国初年，校服成为新式学堂和新式学生的象征性符号，是新式教育推广的社会象征。因此，学生装的视觉效果引起各界的关注，冒穿学生装成为当时一大公共治理问题，《珠江镜》就对此报道云："迩来下流社会，多冒穿学堂服式，以致无从分别，日前业经督宪札行，谕饬葛学堂学生，必须一律标签，务使一望便知。其余寻常人等，一律不准冒乱，以示区别云。"[②] 显然，学生服具有规范社会身份的符号价值。除了少数不法分子以冒穿学生装图谋不轨之外，大部分冒穿者对学生装带有新潮和品位追求之意。因此，《珠江镜》加以评论道："学生服制，关于学界全体名誉，惜乎有好趋时者多好穿之。穿之何伤，伤其人服学堂之衣，而无赖其行也。不知者见其学堂装束，又目为学生之无赖，而抑知服操衣者，岂尽学生乎哉。鱼目混珠，不能不严为区别。"[③] 然而冒穿者趋之若鹜，竟然有妓女冒穿校服而假装文明学生。如《赏奇画报》就报道了妓女阿菱冒充女学生的新闻，并评论道："以此最高尚、最文明之人格，乃被以淫贱流娼，冒其名以谋一己之私利益，贻学界羞。其藉此自增身价，其害小；其藉此障碍女学者，其实大也。"[④]（见图5－24）可见，服装是具有深刻内涵的身份标志和社会形象，有评论指出："校服之设，所以振尚武之精神而尊学生之人格也。"[⑤] 由于对校服和各类制服有着旺盛的消费需求，报刊刊登的服装广告也成为新的视觉文化表达方式。

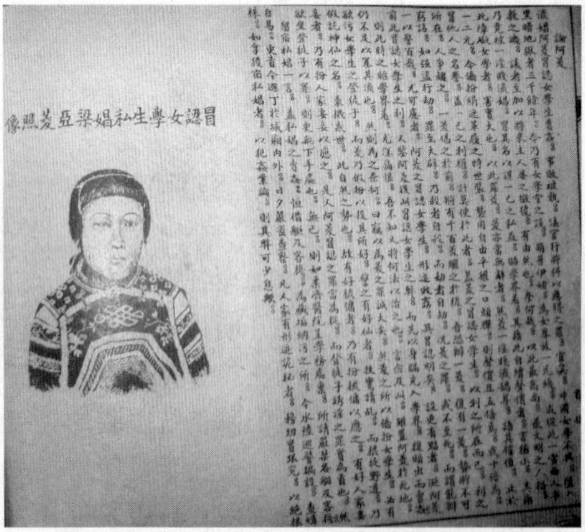

图5－24　妓女冒充学生（《赏奇画报》，1906年第5期）

① ［美］葛凯著，黄振萍译：《制造中国：消费文化与民族国家的创建》，北京大学出版社2007年版，第116页。

② 《学堂服制自应严定》，载《珠江镜》，1906年6月22日第3页。

③ 《学堂服制自应严定》，载《珠江镜》，1906年6月22日第3页。

④ 《论阿菱》，载《赏奇画报》，1906年第5期。

⑤ 《论滥用校服之亟宜严杜》，载《振华五日大事记》，1907年第8期，第9页。

同时，在鞋帽消费方面，传统的布鞋、头巾、布帽也受到社会新潮的冲击，而皮鞋、皮帽、袜子则成为消费热点，受到年轻人的欢迎。早在19世纪末，一些裁缝店便用机器制袜，与进口袜几乎无区别。如一家“福容”的店在《中西日报》刊登广告云：“本店专造新式车装定袜、袜丝线……底如面样，并可反穿。”① 但袜子毕竟难以体现时尚，20世纪初期，各类鞋店制成的皮鞋，颇受消费者的青睐。一些鞋店刻意突出其西方技术背景，以获取消费者的信赖。如西关一家名为“履祥源”的鞋店就告知受众：“本主人亲历欧美，研究中外精巧各款男女革履靴鞋。特请西洋名师，皮色精良，款式日出新奇，物美价廉，军学绅商各界均堪适用。”②（见图5－25）另一家名为“永福祥”的鞋店广告也有异曲同工之妙：“本号主人向在欧洲精造机器软皮革履，素为西人所公认。现初回祖国，特运上等全副机器，用文明之新式，趋近世之时装。皮料坚固，性质软便……诚士商所欢迎者也。”③ 可见，皮鞋作为时髦消费品，具有西方消费文化的符号特征，穿上新式皮鞋，意味着新潮和进步。

图5－25　皮鞋广告（《天趣报》，1911年4月12日）

清末服饰消费的变革，体现了新兴社会群体对城市生活的向往和追求。他们通过展示时尚来证实“社会身份”，服饰作为非语言符号，为城市社会变迁提供了注释。而女性在建构新型消费文化的过程中，起着非常重要的作用。在清末民初，大量女性进入新式学堂学习，她们脱离了传统家庭的樊篱，在城市公共空间里获得大量的信息，进而重新定位女性形象之美。清末民初，广州消费型工业的发展，也使纺织业、

① 《时款定袜》，载《中西日报》，1892年6月16日。

② 《履祥源中外男女靴鞋》，载《天趣报》，1911年4月12日第3页。

③ 《革履公司永福祥》，载《南越报》（附张），1911年10月25日。

服务业的女性从业者数量快速增长。女工工资也有很大幅度的增长，1891 年，纺织女工的月薪为 4 元[1]，1912 年，刺绣女工的日工资由 20 分增加至 40 分[2]，与十年前相比，纺织女工的工资增加了 80%[3]，女工月薪普遍在 10 元以上，这虽然属于较低的薪资水准，但这些女工多为未婚女性，无家庭拖累，对工资有着较大的支配权。这些女工在闲暇时，“有了日益增长的自由，可以穿梭于大街小巷中，穿梭在城市向她们开放的公共领域中”[4]。女性通过购物和社交活动，将她们的形象展示给公众，“女为悦己者容”，社会是一个最为广阔的舞台，经常出入街道的女性，不但感受着消费潮流，还把自己装扮起来，传递着时尚。

三、化妆品广告：女性主义与审美意识

化妆品为女性的公共活动提供了更好的点缀，特别是花露水，“馥郁宜人”，与花香有着直接的联系，“花可娱情，而悦心意。香能辟秽，以助芳妍，可知花香者，尽人所同好也”[5]。花露水的迷人之处，自然为女性所关注，也为广告主的推销活动提供了很好的媒介生态环境（见图 5－26）。

图 5－26　花露水广告［《南越报》（附张），1910 年 2 月 14 日］

19 世纪末期，广州市场的高级化妆品大多为进口货，由于价格昂贵，一般女性不敢问津。20 世纪初期，一些国产化妆品开始出现在广州市场上，这些化妆品模仿西方化妆品的配方，价格也有一定程度的降低，而在广告推销中所宣称的效果较为显著。如一种名为“双妹老牌花露水”（见图 5－27）的香水，颇有特色。

① 广州海关志编委会等编译：《近代广州口岸经济社会概况——粤海关报告汇集》，暨南大学出版社 1995 年版，第 874 页。

② 广州海关志编委会等编译：《近代广州口岸经济社会概况——粤海关报告汇集》，暨南大学出版社 1995 年版，第 1051 页。

③ 广州海关志编委会等编译：《近代广州口岸经济社会概况——粤海关报告汇集》，暨南大学出版社 1995 年版，第 1051 页。

④ 米卡·娜娃：《现代性所拒不承认的：女性、城市和百货公司》，见罗钢、王中忱主编：《消费文化读本》，中国社会科学出版社，2003 年版，第 176～177 页。

⑤ 《一号各种香水》，载《国事报》，1910 年 5 月 6 日第 3 页。

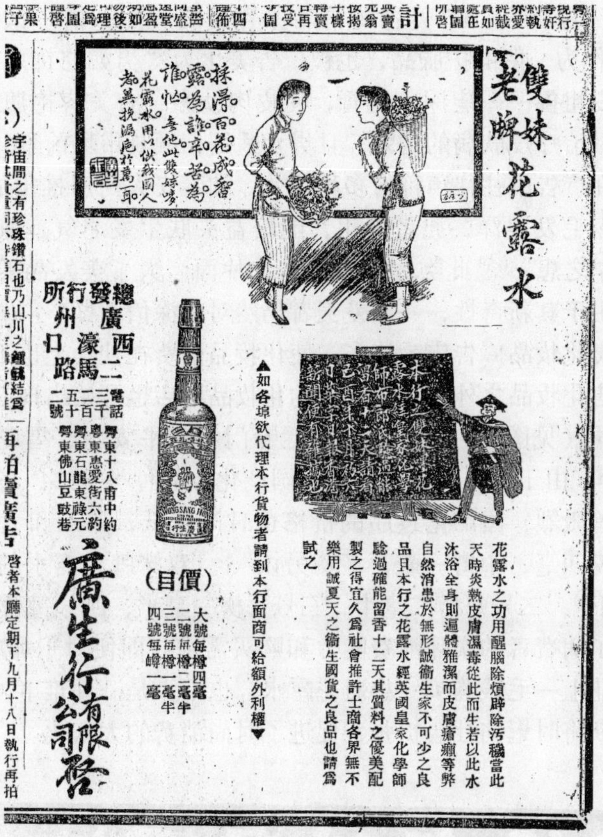

图 5－27　国产花露水广告（《国华报》，1919 年 9 月 9 日）

花露水之功用，醒脑除烦，辟除污秽。当此天时炎热，皮肤湿毒从此而生。若以此水沐浴全身，则遍体雅洁。而皮肤疮癞等弊，自然消患于无形，诚卫生家不可少之良品。且本行之花露水经英国皇家化学师验过，确能留香十二天。其质料之优美，配制之得宜，久为社会推许。①

在另外一则广告中，该花露水还声称能使消费者“如入兰室，如游香国”②。如此奇妙的感觉，自然令那些新潮女子格外向往。

除了花露水之外，雪花膏、固发油、生发油等化妆品也颇有市场。这些化妆品一般以年轻貌美女子作为形象代言人。她们穿着时髦，两眼脉脉含情，其画外音正如一

① 《双妹老牌花露水》，载《国华报》，1919 年 9 月 9 日第 2 页。
② 《请试双妹牌花露水》，载《七十二行商报》，1910 年 9 月 21 日第 2 页。

则“美容药精”广告所言：“美容药精能保容貌之美丽，请一试验便知功效之特色。”① 而雪花膏作为一般的护肤品，也被广告美化为“男妇修饰之良品”，“专治男女肌肤暗晦，面皮粗鲁……能深入血管，使皮肉幼嫩，有美容艳肌肤之功”②。这种雪花膏因声称兼具治疗皮肤病的功效，且男女适用，颇具市场前景。固发油、生发油作为美发用品，在广告中往往声称有多种疗效，如泰安大药房推出的固发药汁，“善能固发、长发兼令毛发美泽，秃者复生，能培益头肤生发之气，兼去头腻。能治发落，亦免发白过早之患”③。此类固发汁广告，片面夸大了美发品的用途，有欺骗消费者的嫌疑。但由于其新奇性，一些爱美者仍然对此深信不疑。

清末民初各类化妆品广告广为流布，使化妆品消费在社会上也不断扩张。除了各类药店、诊所销售化妆品之外，一些专业的化妆品商店也开始出现。如一家名为港粤沪百家利有限公司（见图 5－28）的商店，专门销售平安水、雪花膏、生发油、头水、花露水粉④等。由于进口化妆品与各式国产化妆品种类繁多，各种化妆品在广州市场上竞争也日趋激烈，国产化妆品的价格也日渐走低，如六和大药房生产的“最好之花露水，大樽四毫，小樽一毫，多购另议”⑤。双妹牌花露水的价格分类更为细致，“大号每樽四毫，二号每樽二毫半，三号每樽一毫半，四号每樽一毫”⑥。这样的价格定位，考虑了消费者的实际消费能力和购买需求，即便对于那些月薪 10 余元的纺织女工而言，花上一毛钱购买一小瓶花露水，也不算是一件难事。化妆品在广告推销的过程中，不断将时髦向社会扩张，促进了时尚消费的大众化。

图 5－28　化妆品广告（《平民报》，1918 年 5 月 28 日）

① 《美容药精》，载《羊城新报》，1914 年 11 月 27 日第 1 页。
② 《双妹嚜雪花膏》，载《七十二行商报》，1919 年 11 月 6 日第 5 页。
③ 《泰安大药房固发药汁》，载《时事画报》，1907 年第 7 期。
④ 《港粤沪百家利有限公司》，载《平民报》，1918 年 5 月 28 日第 7 页。
⑤ 《南越报》（附张），1910 年 2 月 14 日。
⑥ 《请试双妹牌花露水》，载《国事报》，1910 年 5 月 6 日第 3 页。

四、货价行情：民众日常消费的晴雨表

柴米油盐为民众日常所需，早在鸦片战争之前，《东西洋考》就刊登货价行情，但由于涉及的货物品种较多，加之《东西洋考》发行量较少，难以影响民众的日常生活。19世纪80年代后，在国人自办报刊的热潮中，广州的报刊经营者非常注重物价信息的报道，并将其列为广告栏目中的重要内容，其中主要刊登米、豆、油、海味价格。这些日用品与民众生活密切相关，是报刊吸引受众的重要信息资源。与一般的商业广告相比，货价行情栏目没有明确的广告主，其内容大多是报刊经营者通过市场调查制作的。同时，这类栏目主要是为了方便受众的日常生活，没有赢利的目的。因此，在某种意义上看，货价行情带有公益广告的性质。清末民初，广州许多报纸相继开设"货价行情"专栏，这些栏目内容较为固定，便于受众搜寻信息。将连续性的报道整理归纳，就可以基本上看出广州在数十年来的物价变动情况，并由此探究民众的消费状况。

在19世纪80年代，《广报》开始报道省城货价行情，对米市的各类大米价格进行了统计，这在当时是较为先进的做法。如《广报》1887年12月9日公布的米价如表5-1所示：

表5-1　1887年12月广州米价行情

单位：元/石

品种	价格	品种	价格	品种	价格
红豆赤朴	1.7	靓雪赤朴	1.9	上油粘朴	2.22
上围田朴	2.2	金凤雪朴	1.94	上银粘朴	2.28
新秋香朴	1.12	花罗粘朴	1.8	上镇江朴	1.66
靓芜湖朴	1.9	上方村玉	1.84	上宣占朴	1.74
三河粘玉	1.94	上蔴粘玉	2.07	中火车朴	1.54

资料来源：《广报》，1887年12月9日省城货价行情。

报纸公布的米价，对当时广州市场上销售的主要品种都进行了详细的调查，比官方上报的米价要全面得多，这种货价行情的公布，对普通消费者而言，可以避免受到信息不对称条件下的价格欺诈；可以根据经济实力和个人偏好，选择自己喜爱的品种，节约了大量信息搜寻费用。

20世纪初期，各报刊对价格行情的报道更为详细，对于同一品种的米价的差异进行了披露。如《岭海报》对光绪二十七年（1901年）的米价行情作了比较详细的报道，其部分日期的米价如表5-2所示：

表 5-2 1901 年部分日期米价行情

单位：元/石

品种	6月6日	7月24日	8月23日	9月22日
靓宣占	3.46/3.44	3.53/3.51/3.5	3.65/3.64/3.63	3.64/3.6/3.58
银条占	3.7	3.7	3.7	3.76
贡占朴	3.12/3.1	3.12/3.1	3.12/3.1	3.12/3.1
更玉	3.36/3.37	3.41/3.4	3.41/3.4	3.41/3.4
蔴占玉	3.62/3.56	3.58/3.52	3.58/3.52	3.58/3.52
芜湖玉	2.92/2.86	2.9/2.87	2.96/2.87	2.96/2.82
芜湖糯	3.68	3.65	4.65	4.65
大糯玉	—	4.8	4.8	4.8

资料来源：《岭海报》，1901 年 6 月 6 日、7 月 24 日、8 月 23 日、9 月 22 日省城货价行情。

从表 5-2 中所列的价格来看，1901 年 6 月到 9 月米价基本保持稳定，只有一些品种有较为微小的价格波动，对米价的整体变化影响不大。但是芜湖糯在该年 8 月猛涨了 1 元，价格波动很大，另外一种大糯玉的价格一直居高不下，对糯米价格的整体上扬有一定的拉动作用。按照平均价格计算，该段时间广州的粮价约为每石 3.4 元，远高于 1899 年约每石 2.2 元的价格。到了宣统年间，广州米价上涨得更快，如《国民报》刊登 1910 年 6 月 19 日的米价行情如图 5-29、表 5-3 所示：

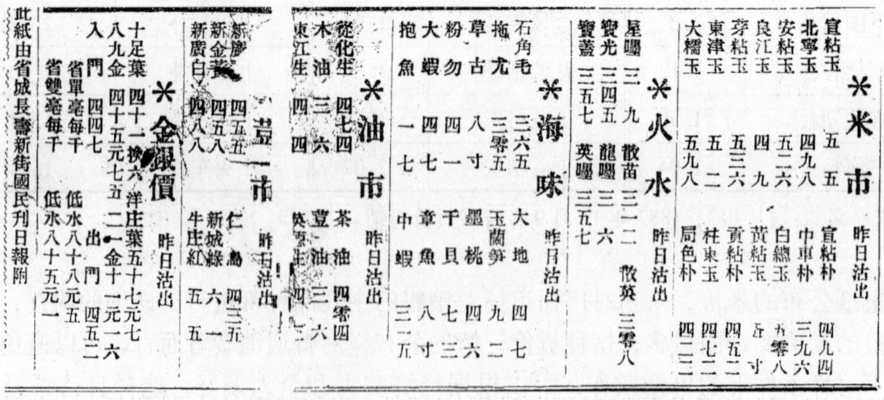
米市 昨日沽出
宜粘玉 五五　宜粘朴 四九四
北寧玉 四九八　中車朴 三九六
安粘玉 五二六　白緫玉 五零八
良江玉 四九　黃粘玉 五寸
芽粘玉 五三六　貢粘朴 四五二
東津玉 五二　杜東玉 四七二
大糯玉 五九八　局色朴 四二三

火水 昨日沽出
星嘜 三九　散苗 三一二　散英 三零八
寶光 三四五　龍嘜 三一六
寶蓋 三五七　英嘜 三五七

海味 昨日沽出
石角毛 三六五　大地 四七
拖尤 三零五　玉蘭笋 九二
草古 八寸　蟠桃 四六
粉勿 四一　千貝 七三
大蝦 四七　章魚 八寸
拖魚 一七　中蝦 三二五

油市 昨日沽出
從化生 四七四　茶油 四零四
木油 三六　荳油 三六
東江生 四四　[illegible]生 四二

荳市 昨日沽出
新膠黃 四五五　仁[illegible] 四三五
新金黃 四五八　新城綠 六一
新廣白 四八八　牛庄紅 五五

金銀價 昨日沽出
十足葉 四十一換六　洋庄葉 五十七元七
八九金 四十五元七五　二一金 十一元一六
入門 四四七　出門 四五二
省單毫每千 低水八十八元五
省雙毫每千 低水八十五元一

此紙由省城長壽新街國民刊日報附

图 5-29 货价行情（《国民报》，1910 年 6 月 19 日）

表 5-3　1910 年 6 月 19 日广州米价行情

单位：元/石

品种	价格	品种	价格
黄粘玉	5.5	牙粘玉	5.36/5.32
良江玉	4.9/4.68	贡粘朴	4.52/4.26
中车朴	3.96/3.84	局色朴	4.22/4.04
安粘玉	5.26/4.96	柱东玉	4.72/4.28
北宁玉	4.98/4.84	宣粘朴	4.94/4.84
白总玉	4.52/4.84	大糯玉	5.98
宣粘玉	5.5/5.42	东津玉	5.2/5.16

资料来源：《国民报》，1910 年 6 月 19 日。

《国民报》统计广州米市行情比较细致，同种类的大米，由于质量上有所差异，因此价格也有一定的区别。从 1910 年 6 月的米市行情看，广州市场平均米价约为每石 4.9 元。从 1901 年到 1910 年，在这 10 年间广州米价上涨了 40% 以上。民国初年，广州米价继续上扬，以《七十二行商报》所刊登 1912 年 6 月 2 日的米价行情为例，可以看出米价进一步上涨的趋势，如表 5-4 所示：

表 5-4　1912 年 6 月 2 日广州米价行情

单位：元/石

品种	价格	品种	价格
蔴粘朴	5.15	油粘玉	5.9
宣粘玉	6.5	银条朴	5.2
牙粘朴	5.15	上坊玉	5.1
白更玉	5.98	东京玉	5.2
杭州玉	5.65	江北玉	4.9
白总玉	6.3	西粘玉	6.5
旱玉	5.55	白粘玉	6.3

资料来源：《七十二行商报》，1912 年 6 月 2 日。

通过表 5-4 综合计算，可知当日米价为每石 5.67 元，比两年前又上升了 15%，然而，米价上涨的趋势并没有停止，《商权报》刊登 1915 年 5 月 20 日的米价又有进一步上升，如表5－5所示：

表5－5　1915年5月20日米价行情

单位：元/石

品种	价格	品种	价格
机器毛玉	6.17/6.14	一号白玉	6.42/6.2
杭州玉	6.06/6.04	二号白玉	6.22/6.2
祥和玉	5.96/5.9	白更玉	6.14/6.18
毛玉	5.92/5.9	更朴	5.41/5.4
上方玉	5.81/5.8	一号宣占玉	7.12/7.09
毛朴	5.64/5.62		

资料来源：《商权报》，1915年5月20日。

1915年5月20日，广州的米价平均每石为6.06元，比1912年上升了7%左右。从1901年到1915年，广州米价上升80%左右，远高于工资上升的幅度，基本生活资料价格的攀升，在很大程度上影响了民众的生活质量和消费水平的提高。

除了大米之外，豆类在居民饮食消费中占有一定比例。清末豆市的行情也成为报纸上货价行情的主要内容，其部分日期的豆价如表5－6所示：

表5－6　广州豆市价格行情

单位：元/石

品种	1887年12月9日	品种	1901年6月7日	品种	1912年6月2日
新牛庄绿	1.65	牛庄绿	5.93	新津乌	4.5
新大竹	2.3	新金黄	6.12	新广白	5.0
西枝青	2.3	吊壳黄	4.36	新城绿	7.9
靓东眉	2.55	汉口黄	3.93	新广黄	4.96
大花红	2.2	广宁黄	4.22		
新津乌	1.7	毛黄	3.96		
新黄金	1.87	新城绿	5.93		

资料来源：根据《广报》1887年12月9日，《岭海报》1901年6月7日，《七十二行商报》1912年6月2日的省城货价行情统计而得。

1901年的豆市价格普遍高于1887年，而且涨幅很大，1901年的平均豆价比米价还要高出1/3左右，大豆的品种价格差距较大，相同品种价格的涨幅一般都在一倍以上。但是从1901年到1912年，大豆的价格上升较为缓慢。从总体来看，豆类价格是偏高的，对一般消费者而言，不利于提高他们的消费欲望。在以大米为主食的广州，一般居民对大豆的消费主要看其对价格的承受能力，当豆价比米价偏高时，一般居民就会放弃对大豆的购买，对于那些下层民众而言，豆类消费是非常少的。其主食有时还需要其他杂粮补充。但是大豆作为豆制品的原料，在城市食品消费结构中有一定的比重，其价格变化直接影响到居民对豆腐、豆酱等食品的购买。

油类也是居民生活必需品，油类价格的敏感度要高于米、豆，其价格受到市场行情的影响较大。通过不同日期的油价比较我们可看出其变化幅度，如表5－7所示：

表5－7　广州部分日期油类价格

单位：元/石

品种	1901年6月9日	1910年10月18日	1912年11月23日	1914年6月6日	1915年5月20日
花生油	4.33	4.67	5.71	4.69	4.2
生油	4.3	4.64	5.68	4.66	4.3
茶油	3.8	3.7	5.16		4
豆油	2.8	3.46			
木油	2.6	3.44	4.62	5.09	3.85

资料来源：根据《岭海报》1901年6月9日，《七十二行商报》1910年10月18日，《安雅报》1912年11月23日，《商权报》1914年6月6日、1915年5月20日的油价行情计算而得。

可见，尽管油类价格变动的幅度不是很大，却是经常变动的，这说明油价受供求关系的影响更为明显。从总体上看，1910年的油价比1901年高出10%，1912年油价有所上升，1914年和1915年的油价有一定幅度的下降，比起米价的猛涨，油类上涨幅度在较为合理的范围之内。

值得注意的是，清末广州居民家庭普遍使用煤油，煤油与粮食一样，成为居民生活必备之物。报纸对煤油价格也非常重视，在货价行情中将其作为主要品种予以公布，以满足读者对市场价格信息的需求。当时报纸将煤油称为“火水”，是对煤油的一种通俗性称呼。《岭海报》在省城货价行情栏目中标明了“火水”价格，如1901年6月10日每罐煤油的价格为：“新星嘜，2.68元；新猫嘜，2.48元；新宝盖，2.46元；新龙嘜，2.36元，旧罐，2.36元。”[①] 在20世纪初期，煤油价格与其他商品一样，也不断飞涨。如《国民报》刊登1910年6月每罐煤油的价格为：“新星嘜，

① 《省城货价行情开列左》，载《岭海报》，1901年6月11日。

3.9元；散苗，3.12元或3.1元；散英，3.08元或3.05元；宝盖，3.57元或3.55元；龙嘜，3.6元；宝光3.45元或3.42元；英嘜，3.57元或3.56元。”① 10年之间，广州煤油价格平均上涨40%以上。基本生活用品价格上涨过快，势必影响普通民众的购买力和消费水平。

① 《火水》，载《国民报》，1910年6月19日。

第六章

店铺与百货公司广告：消费文化的公共空间

CONSUMER IMAGE AND
METROPOLIS SPACE

消费文化并不单纯是西方现代化的产物。在近代中国社会，由于自然经济的逐步解体和商业文化的发展，在广州这样的通商口岸城市，报刊媒介得到了较快的发展，报纸广告为传播新式生活方式和消费理念提供了一条新的途径。本章通过解读清末民初广州报纸上刊登的一些店铺和百货公司广告，展现这些消费场所在扩展公共空间、改变民众消费方式和传播消费文化方面的独特作用。

第一节　店铺广告：消费文化的社会化进程

一、店铺广告发展的动因

19 世纪 80 年代以前，由于报刊发行量甚少，“每日印报不过数百纸”①，即便如此，也难以通过自办发行售罄。“其剩余之报，则挨门分送于各商店。然各商店并不欢迎，且有厉声色以饷之者。而此分送之人，则唯唯承受惟谨。及届月终，复多方善言，乞取报资，多少即亦不论，几与沿门求乞无异。”② 可见，当时报纸发行渠道十分有限，在城市的公共空间里，适合报刊发售的地方难以寻觅。相对而言，店铺已是最有可能为报刊提供受众的传播中介。但是，店铺与报刊经营者之间的地位是很不对称的。店铺并没有觉得报刊发行为其生意带来任何好处，反而认为那些讨厌的发行人妨碍了生意。

报刊借店铺扩大发行量，是近代报刊发展初期的普遍做法。如《广报》在广州城内唯一的代理处就设在“双门底圣教书楼”；《中西日报》在广州的六个代售点均为店铺，这些店铺深知报纸发行之艰难，对于其广告传播效果亦存怀疑，因此，在报刊上刊登广告的欲望并不强烈。《广报》创办初期，每期刊登“货价行情”，其余广告多为书籍、药品类，除了沙面旗昌洋行刊登了一则“按期出投白糖”的广告外，本地店铺很少对报纸广告感兴趣。之后的《中西日报》、《岭南日报》的店铺广告数量有一定增加，但店铺广告仍然较为少见。店铺对报纸的商业信息传播功能尚没有充分认识。

20 世纪初期，随着洋货进口量的大量增长，商业性农业和手工业的快速发展，以及区域性商业经济辐射范围的扩大，广州商业店铺大量增加（见图 6－1）。《香港华字日报》1904 年的一则报道称：广州老城、新城、东关、西关、南关、河南共街

① 戈公振：《中国报学史》，台湾学生书局 1976 年版，第 125 页。
② 戈公振：《中国报学史》，台湾学生书局 1976 年版，第 127 页。

巷2 591 条，铺户 9 3621 间[①]，其中有相当部分是以经营杂货为主的商业店铺。辛亥革命前后，广州城的商业店铺近 3 万家。据 1909 年的一份统计报告显示，广州城区有店铺 27 524 家。[②] 1911 年 9 月，广州有珠宝店 1 094 间、银器店 407 间，而米店则有 817 间。[③] 商业网点遍布城内各个街道。而城南和城西作为清末民初广州商业店铺最集中的区域，成为消费市场的繁华之所。1925 年，广州店铺达到了 31 715 家[④]，同时，随着洋货在广州的大量倾销，广州的洋行数量也不断上升，“1891 年只有 35 家商行，而至 1901 年已增加为 58 间”[⑤]。

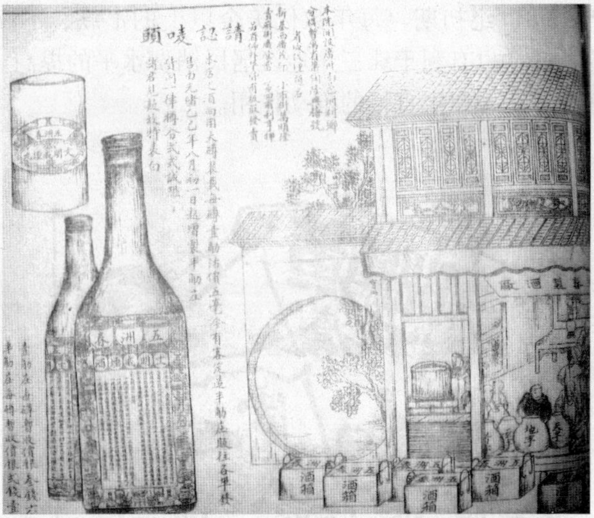

图 6－1　五洲春酒广告（《赏奇画报》，1906 年第 7 期）

各类店铺在数量增加的同时，其经营商品的结构也发生很大改变。19 世纪 70 年代以前，广州的“杂货店”较为常见，其经营品种主要为本地及其国内农副产品，洋货虽然被摆上了店铺的货架，但销量并不可观。19 世纪末到 20 世纪初，广州的进出口贸易快速增长，其中的主要原因是，“香港、澳门与广东达成禁止鸦片走私的协

---

① 《省城街铺之实数》，载《香港华字日报》，1904 年 4 月 29 日。转引自邱捷：《〈香港华字日报〉对研究辛亥革命的史料价值》，《广东史志》，2002 年第 2 期，第 37 页。

② 《广东咨议局编查录》（下），“政治丛述之部”，1910 年版，第 113、114 页。

③ 《省城各项职业户数表》，载《香港华字日报》，1904 年 4 月 29 日。转引自邱捷：《〈香港华字日报〉对研究辛亥革命的史料价值》，《广东史志》，2002 年第 2 期，第 37 页。清末民初，报界和知识界对社会调查颇为重视，以上数据应为当时广州有关方面经过实际调查得出的，可信度较高。

④ 黄增章：《民国广东商业史》，广东人民出版社 2006 年版，第 37 页。

⑤ 广州海关志编委会等编译：《近代广州口岸经济社会概况——粤海关报告汇集》，暨南大学出版社 1995 年版，第 927 页。

议，在查缉鸦片方面进行合作，双方原来的紧张关系得到改善，……广东在征税上作了让步，进口货物只需在通商口岸一次性汇兑交纳子口税，便可以自由运往其他地区出售……”① 随着铁路的开通和内河航运业的发展，广州与岭南市场的辐射力增强。从1901年到1911年，“所有主要的毛织品都有所增加，……水泥、香烟和雪茄烟、日本煤和（安南）东京煤、电器材料、纸张、汗衫、裤子和短袜、钟、表以及其它类似的杂货，需求量都很大，而且还在日益增长”②。与此同时，广州本地的纺织、药材、火柴、玻璃、纸张、橡胶、皮革、烟酒等行业，已经形成较大规模，尤其是侨汇和蚕丝业已成为珠江三角洲的两大经济支柱。20世纪初，广东移民海外的人数，“达三百万之谱”③。20世纪初期，每年数亿美金以上的汇款，不仅促进了广州甚至珠三角民族工业的发展，也有利于珠三角地区居民消费水平的提高。这对广州商业经济尤其是商业店铺的发展，产生直接的推动作用。

图6－2　药店广告（《羊城新报》，1912年11月27日）

外国工业品的大量输入与本地新兴产业的发展，使广州店铺类型和商品经营结构发生巨大改变。各类药店（见图6－2）、杂货店、钟表店、针织店、皮鞋店、印刷

① 黄增章：《民国广东商业史》，广东人民出版社2006年版，第3页。

② 广州海关志编委会编译：《近代广州口岸经济社会概况——粤海关报告汇集》，暨南大学出版社1995年版，第956页。

③ 叶显恩：《珠江三角洲的开发与近代化进程》，载《珠江经济》，2007年第1期，第59页。

店、眼镜店、玉石店、金器店纷纷设立。清末民初，广州商业以“七十二行”著称，“七十二行者，土丝行、洋装丝行、花纱行、土布行、南海布行……米埠行、酒米行、糠米行、澄面行、鲜鱼行、屠牛行、西猪行、菜栏行、油竹豆行、白糖行、酱料行、花生行、芝麻行、鲜果行、海味行、茶叶行、酒行、烟行、烟丝行、酒楼茶室行、生药行、熟药行……”① 商铺林立，使商家之间的竞争更为激烈，也使报刊媒介开始凸显商业信息传播中心的优势。20 世纪初期，广州报刊传媒随着政治运动的发展而不断获得受众的关注，一般报刊发行量都在 3 000 份以上，传媒影响力已与往昔不可相提并论。报刊作为信息传播的主流媒介，已经得到店铺经营者的普遍认同，广告亦成为报刊发展最为重要的资金来源。店铺广告作为报刊广告的主要形式，其发展已势不可当。

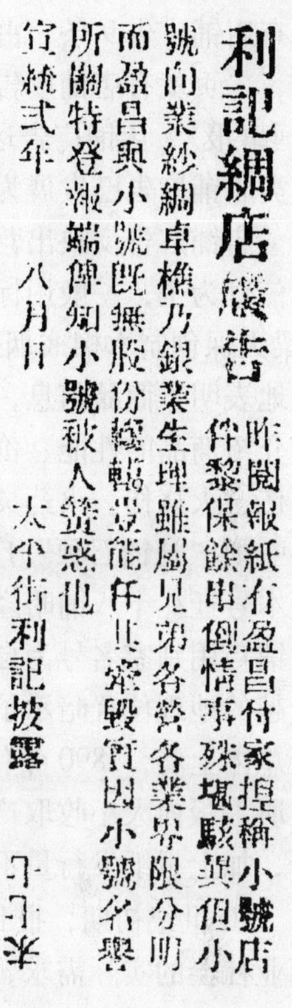
利記綢店廣告
昨閱報紙有盈昌付家揑稱小號店伴黎保餘串倒情事殊堪駭異但小號向業紗綢卓樵乃銀業生理雖屬兄弟各營各業界限分明而盈昌與小號既無股份轇轕豈能任其牽毀實因小號名譽所關特登報端俾知小號被人簧惑也
宣統弍年八月日 太平街利記披露

图 6－3　绸店广告（《七十二行商报》，1910 年 9 月 21 日）

值得注意的是，各类店铺经营者不仅积极在报刊上刊登广告，他们同时还作为一个庞大的受众群体，通过读报获取新闻和商业信息，以提高应变能力和经营水平。如一则“利记绸店”（见图 6－3）的广告，比较形象地反映了店主的“商战”能力：“昨阅报纸，有‘盈昌’付家揑称小号店伴黎保余串倒情事，殊堪骇异。但小店向业纱绸，卓樵乃银业生理，虽属兄弟，各营各业，界限分明，而‘盈昌’与小号既无股份轇轕，岂能任其牵毁，实因小号名誉所关，特登报端，俾知小号被人簧惑也。”② 正是由于各类商人对报刊广告的高度关注，并发展成为报纸的重要受众群体，使报刊广告的发展获得了强大的经济来源和信息资源。

二、店铺广告与消费者范围的扩大

20 世纪初期，报刊店铺广告已经较为常见。除了各类杂货店刊登广告外，各种类型的专业性店铺大量刊登广告，主要有洋货、书籍、药品、保健品、化妆品、卷烟、彩票、房地产、五金、金银首饰、旅馆等十多种类型。报刊刊登的各式店铺广告，使受众体会到“丰裕”的商业印象，店铺广告通过商品性能的介绍和商品图像的推介，为受众提供了眼花缭乱的视觉享受。

清末，店铺广告的种类不断增多。如 1901 年 11 月 19 日的《安雅书局世说编》，

① 民国《番禺末业志》（卷四），“工商业第四”。

② 《利记绸店广告》，载《七十二行商报》，1910 年 9 月 21 日第 3 页。

共有店铺广告9条，占所有广告的30%左右；1906年10月19日的《羊城日报》第一、二页就有店铺广告11条，占到这两页广告总数的60%左右；1910年5月6日的《国事报》，店铺广告达到40余条，占到该期报纸所有广告总数的60%左右。可见，各类店铺广告已发展为报刊广告的主要形式。

店铺广告反映出营销策略的变化。早期店铺广告的内容一般较为简单，以介绍商品信息为主，一般用标题突出所销售的商品。如“神效汤火膏”、“华英字典出售”、“梁天保创制木棉戒烟药发售”、“石印芥子园初集附海上名人画谱”等。广告标题明确地表明了商品信息，使受众一看便知广告主的营销意图。此类广告文字比较简约，以介绍商品的性能、价格为主，如介绍神效汤火膏的广告云：“此药专治滚油、滚水淋伤、火烧伤、火药焚伤……铺在广东省城太平门外打铜街南约，东向开张。”① 另外一则“迁铺召顶”广告云：“本号向在沙基大街开张京货、洋货生意，历经数载。今本号迁往十八铺昭隆泰号对门开张。”② 昭隆泰是当时一家较为有名的商铺，这家店铺巧用别家名号为自己进行品牌营销，通过搬迁他处以求获得更多的客源，其利用优越的地理位置暗示了自身的实力。简短的开张消息，达到了刊登广告的主要目的。从总体上看，1890年代的店铺广告内容较为简单，由于当时报纸按照广告登载位置及所占版面大小收取广告费，一般店铺为了节约费用，很少在报纸显要位置刊登广告，加上报纸发行量不多，商家对于广告的传播效果并无充分的信心。

20世纪初期，报刊经营者在办报理念上更接近商业社会的实际需求，将广告费作为报刊发展的重要资金来源。大部分报纸都将第一页辟为广告专页，在其他页面上也广登广告，一些报纸的广告版面占到一半以上。当时一般报纸发行量在数千份以上，且多数报刊为日报，新闻时效性更强，信息量更大。各类商人本身就是报纸的订阅者，通过读报获取商业行情。报纸所拥有的大量受众，成为店铺千方百计争取的优质客户资源。因此，各类店铺争相刊登广告，以推销商品，招徕生意。

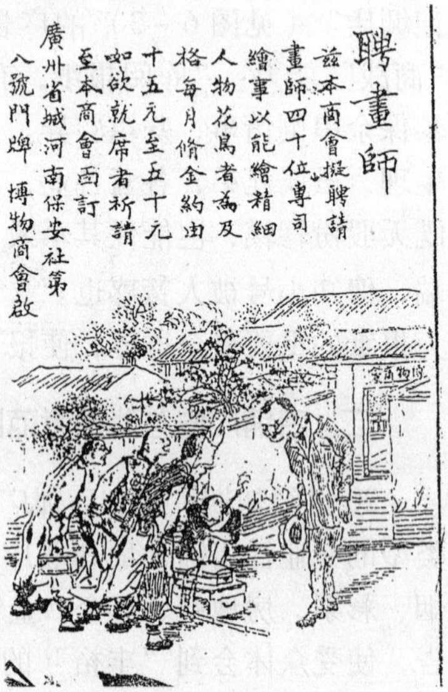

图6-4　**聘请画师广告**（《时事画报》，1908年第27期）

店铺广告的增多，与报刊印制技术的进步有着密切联系。铅印技术的广泛使用，使报刊的版式更为整洁，文字更为美观；机器印刷极大地降低了印刷成本，提高了出版效率。各种报刊在激烈的竞争中对美学表达方式也更为注重。为避免文字上的呆

① 《神效汤火膏》，载《中西日报》，1892年9月20日。

② 《迁铺召顶》，载《中西日报》，1892年6月30日。

板，一些报刊采用图画和照片增加版面的美感，专业画师成为许多报纸聘用的职员（见图6-4），如《时事画报》、《时谐画报》的编辑兼画师高剑父系岭南画派的主要创始人，画技堪称一流。其所绘制的各类图画，形象逼真，细致入微，深受读者喜爱（见图6-5）。画师不仅设计版式和插图，也作为广告设计者为客户提供各种服务，按照客户的要求，描摹各类商品图像，设计广告的款式和风格，使店铺广告从简单的内容介绍逐步转向专业性的广告创作，从而提高店铺广告的审美情趣和影响力。

图6-5 《时事画报》1907年第1期封面

店铺广告的形象符号，体现出经济发展和技术进步的成就。在19世纪80年代前，洋货在广州销路不畅，广州机器工业发展甚缓。报纸对商品形象的展示极为少见。19世纪90年代后，西方工业品在广州销量猛增，广州本地轻工业、手工业亦快速发展，城内各类店铺林立，尤其是各类与日常生活相关的专业性店铺大量增加。对于店铺经营者而言，仅靠文字广告不足以展现新兴商品的形象，利用图画和照片，更能显示店铺的经营特色、商品外观，图像符号的作用受到店铺的高度关注。在20世纪初的广州报刊广告中，广告图像已较为常见，并发展为广告传播的重要手段。

店铺广告所刊登的图像，是商业文化发展的结果。20世纪初，广州店铺经营的商品琳琅满目，尤其是一些刚刚打入市场的商品，通过对报刊广告图像的展示，使受众很快了解到消费市场的最新动态，并产生购物欲望。商品图像不仅对商品进行编码，而且通过受众对形象符号的解码，形成一种消费观念，进而影响生活方式。广告图像符号还展现了消费潮流，如1905年《羊城日报》、《游艺报》等刊登的广告图片中，进口香烟、西洋糖果等商品的图片占有一定比重，1906年的《珠江镜》，还多次刊登了留声机的图片。店铺对洋货促销十分热衷，民国初年，《七十二行商报》、《国民报》、《民生日报》等报纸，刊登大量保健品、药品、服装、烟酒图片，尤其是一些自来血、汽水、补脑汁之类的商品图片，商品外观十分显眼，翻开报纸就能感觉到此类商品的“控制性传播”，各类广告还利用美女俊男图像直观展示，人物形象的暗喻，使商品从直接的价值诉求“转向了对隐喻的价值与生活形态的塑造”①。店铺广告的视觉刺激，提高了受众对商品的关注程度，也在不知不觉中改变着消费文化的具体表现方式。

图6－6　眼镜店广告（《国华报》，1919年9月5日）

20世纪初期报刊所登的店铺广告，在文字内容和形式上都有较大的变化。一是广告的标题更为显眼，许多店铺在报纸第一页刊登广告，采用套黑的超大字体吸引广告受众的注意。如“沙面裕兴泰洋行”广告，标题居于《羊城日报》的正下方，采用白字黑底，标题字体为特大号，翻开报纸，格外显眼。二是广告内容十分丰富，具有煽动性、趣味性的文字较为常见，除了突出商品的性能外，往往采用多种手法表现商品的价值。如威建大药房的一则介绍治疗性病的广告声称：“余染花柳骨痛之症，经年不愈，百药罔效。幸得友人送此药汁，一服痊愈……”② 借顾客之口增强商品功效的说服力，是药品、保健品广告常用的手段。又如一则“光和眼镜店”（见图6－6）的广告，对眼镜的好处极尽夸张之能事：“莫道借光多室碍，须知有术察秋毫。

① ［美］苏特·杰哈利著，马姗姗译：《广告符码》，中国人民大学出版社2004年版，第26页。
② 《威建大药房花柳骨痛针》，载《商权报》，1918年2月23日第1页。

目为视官，监察最灵。配以眼镜，功用甚宏。制造得法，倍觉光明。倘若失法，为患匪（非）清。光和眼镜，远近知名。光学仪器，创办美英。验光准确，配镜工精。电机制片，最合卫生。……”① 其广告词对仗工整，读起来朗朗上口，对近视眼患者有很好的说服效果。三是采用一些激励手段吸引受众注意，如一些商家采取发行赠券、抽奖等方式进行促销活动。如《华严报》刊登的一则广告颇有诱惑力：“诸君如有廿庄（装）玫瑰包内之红色赠券五十张，或十庄（装）玫瑰包内之蓝色赠券一百张，或四庄（装）玫瑰空包一百五十个，交回本公司之支店或代理处，即赠银二毫半。并设彩银三百大元，每月开彩一次，欲知细情，请移玉至各分局取阅章程。分局一在西关三界庙前，一在第七甫廿八号。”② 一些店铺通过奖励“打假者”的手段提高知名度。如一家名为“孙义顺”的茶庄刊登打假广告颇有声势：“本庄向在安徽省采办雨前细致六安牌茶到粤，交佛山广丰行发售，历百余年并无分别行代沽。近有无耻之徒假本庄号，以假冒真。……如能将伪茶并人捉获，五捆至十捆赏花红银一百元，十一捆至二十捆赏花红银二百元。”③ 茶庄开出如此高的奖赏，巧妙地借用“制假者”这一靶子吸引受众，达到提高知名度、推销产品的目的。一些店铺还利用征集广告并进行奖励的方法，引起文人学士的关注，这类“软广告”容易引起新闻轰动效应，通过一系列的活动，达到了广告促销的效果。如光和眼镜公司公开向社会征求广告，其称：

美术以本公司出品眼镜、熊胆油两种为题目，须涵有本公司广告性质为及格；诗词歌谣亦分眼镜、熊胆油两种，不拘体裁，不限音调，以合本公司营业广告宗旨为及格；投稿赐教以美术、图画兼题诗歌谣者为上，若单独图画或单独诗词歌谣者次之，至投稿尺寸，以英尺横十三寸、高八寸为合格；投稿分眼镜为东榜，熊胆油为西榜，须注明东西一字，以免淆乱，并书姓氏里居暗码为记，不收卷资，所有遗卷恕不奉还，定期八月尾止截。首名笔金二十元，二名笔金十元，三名笔金五元，四名至十名笔金二元，十一名至五十名笔金一元正。④

此类广告，巧借征求广告之名，对店铺的商品进行介绍，并通过对应征者的征稿要求，为商品广告提供了一个框架，使应征者对于眼镜店有多方了解，进而提出有创意的设计。而眼镜公司开出的赏金也颇有吸引力，其还聘请社会名流担任评委，对应征者进行评奖，将广告活动演变新闻事件，从而获得了较好的品牌营销效果。

报刊允许各类店铺大量刊登广告，“为广告客户提供了一个与消费者更多接触的

---

① 《莫道借光多窒碍，须知有术察秋毫》，载《国华报》，1919 年 9 月 5 日第 4 页。

② 《华严报》，1914 年 10 月 26 日第 1 页。

③ 《孙义顺赏格》，载《广州共和报》，1919 年 3 月 7 日第 1 页。

④ 《征求广告之广告》，载《大同日报》，1920 年 9 月 9 日。

机会”①，使店铺利用大众媒介获得了很好的信息传播途径，有利于提高经营业绩和增强发展后劲。大量的店铺广告，节约了受众的信息搜集成本，使城市商业社会在消费地理上得以快速地延伸。如《民生日报》刊登旅馆广告，对广州各大高级旅馆采用调查的方式，详细列出了各家旅馆的食宿费，为旅客提供可信的第一手资讯，如表6－1所示：

表6－1 省城高等旅馆调查表

单位：元

旅馆名	所在地	头等宿费	食费	二等宿费	食费	三等宿费	食费
中西	源昌街口	1.5	0.6	1	0.5	0.4	0.2
越华	源昌街	1	0.5	0.5	0.5	0.3	0.4
宾华	其昌街	0.5	0.5	0.5	0.2	—	—
岭南	其昌街	1	0.5	0.5	0.5	0.3	0.2
泰兴祥	其昌街	1	0.5	0.5	0.5	0.3	0.2
中华	西濠口	0.8	0.4	0.3	0.2	—	—
泰安	油栏门外	1	在内	0.5	在内	—	—
海珠	海珠	2	在内	1.5	在内	1	在内
鹿角	太平沙口	2	0.5	1.5	0.5	—	—

资料来源：《民生日报》，1912年6月10日。

总之，报刊发行范围的扩大，使那些偏远乡村的受众也可以通过广告的指引，获得大量的购物信息以及相关的知识。特别是一些新式工业品广告，更是拓宽了受众的视野，增强了其对工业文明的认识。店铺广告的推销，为受众提供了一种生活范式和价值追求，即便一些广告带有虚假和夸张的成分，它仍然能成功诱导受众按照自身倡导的“理想生活”，潜移默化地改变着消费方式，树立对美好生活的信心。

第二节 百货公司广告：消费空间与消费革命

一、百货公司与消费空间的拓展

清末广州商业店铺的发展，使消费者的购物活动变得更为便利。商业店铺通过广

① 彼得·杰克逊、尼格尔·斯内夫特：《消费地理学》，见罗钢、王中忱主编：《消费文化读本》，中国社会科学出版社2003年版，第451页。

告活动，激发了消费者的购物动机，使店铺作为消费的公共空间，为更多的消费者所光顾。但是，商业店铺作为传统的营销模式，存在许多局限。首先，由于受到场地和经营品种的制约，店铺难以给消费者提供全面的购物服务，消费者可能为购买某种商品而花费大量时间，店铺并不能满足消费者的全面购物需求，从而使购物行为的时间成本过高。其次，由于商铺经营规模较小，进货渠道也较为狭窄，经营成本相对较高，难以形成“规模经济”，特别是一些中小店铺，一旦遭遇经济萧条，其经营往往陷于困境。随着洋货大量进口和工商业的发展，传统店铺经营方式与大规模消费需求之间的矛盾日益加剧。

适应集约化经营的百货公司于19世纪20年代出现在美国，之后风靡欧美，是近代消费革命的主要表征。但是，华人社会对于欧美百货公司的功效认识比较晚。19世纪中后期，随着大量粤人到海外经商和务工，对百货公司这一新兴消费场所有了一定了解。最先引进西方百货公司经营理念的是广东香山（今中山市）籍的旅澳商人马应彪，他于1899年[①]创办了近代中国第一家大型百货商店——先施（Sincene）公司，这家位于香港的百货公司同样是我国最早的股份有限公司之一，并在3年后达到年9万元的赢利。先施公司在香港取得的成功，为拓展广州市场奠定了基础。清末民初，香港与广州之间的商贸往来十分频繁。旅港粤商成为发展香港商贸业的中坚力量。香港是粤商最为集中的城市，粤商频繁往来于省港之间，两地经贸往来日益频繁，先施公司的新式百货公司经营模式，引起许多粤商的注意。同时，对于兴办商场所带来的好处，广东地方政府也有一定的认识，1907年，两广总督周馥对在广州东堤一带兴办商场颇为重视，《振华五日大事记》有报道云：“堤岸工程，前既由大吏拟定，饬令大加修理，嗣即由农工商局禀准，即在东堤一带新辟大商场，以期振兴商务各事。近日，周督宪（周馥）又以商场应办事宜，工程浩大，非设局在该处，派员专办，不足以重责成。”[②] 在官方和商人的合力推动下，广州新式百货商场得到快速发展，1907年，光商公司作为广州第一家百货公司在十八甫开业，首创分柜售货、订立双薪等经营原则。1910年，比光商公司更大的真光公司也在十八甫开业。先施公司也于1913年在广州长堤开设公司，成为广州最大的百货公司之一。民国初年，生生（见图6－7）、同益、德昌、大新等大型百货公司相继成立。

百货公司改变了传统的购物方式，使消费者有了更多的自主选择权。百货公司“改变了购物的整个行为和艺术。顾客不再是简单地走进一家商店，请店主到他的货架上或后间去取一件商品。在百货商店里，商品得到充分展示，购物者可以看到很多东西。百货商店的出现，与其说是倡导消费平等，不如说是促使各种渴望和欲望大众

① 另有一些学者认为先施公司成立于1900年。

② 《开辟商场之经营》，载《振华五日大事记》，1907年第1册，第52页。

化，它们煽起了大众羡慕豪华生活的情绪”①。大众化的商业经营场所，改变了民众的消费习惯，晚清以来在广州社会普遍盛行的奢华之风，与消费品市场的丰富和购物方式的转变有一定的内在联系。

百货公司一般位于城市商业中心，作为新的经营模式，百货公司以其高大华丽的建筑、琳琅满目的商品和自由开放的购物场所，发展为城市新的商业标志。百货公司的经营方式，对传统商铺构成了极大的挑战。胡子晋描述民国初年的店铺生意惨淡之状：“西关扬（疑为杨）巷为洋货疋头聚处，年来生意为先施、大新、真光各公司吸引。扬巷各疋头店均用少年三五人，遇过客即招之入店求照顾，生意艰难，此其一斑。”②

清末民初，西关一带的百货公司成为民众购物和休闲的理想场所。民众闲逛百货公司已成为一种生活情趣和社会景观。正如清末一首竹枝词所言：“大洋货铺好销场，拆白联群猎粉香。毕竟西关人尚侈，食完午饭去真光。”③ 可见百货公司生意十分兴旺，逛百货公司成为一种时尚，深刻地影响到人们的生活方式和消费偏好。

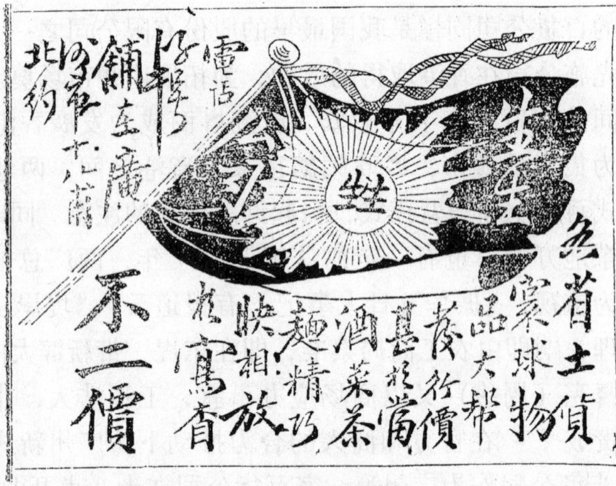

图 6－7 生生公司广告（一）（《七十二行商报》，1918 年 8 月 19 日）

二、百货公司广告：商品推销与消费时尚

早在广州的百货公司成立之前，一些香港百货公司便利用粤港之间的紧密关系，在报刊上刊登广告，向广州民众传播新型的购物方式和消费理念，通过消费空间的扩展，推广新型商业文化。百货公司作为异域情调和时髦生活方式的象征，引起广告受

① ［美］米切尔·舒德森著，陈安全译：《广告，艰难的说服》，华夏出版社 2003 年版，第 87、88 页。
② 胡子晋：《广州竹枝词》，见雷梦水等编：《中华竹枝词》（4），第 2906 页
③ 胡子晋：《广州竹枝词》，见雷梦水等编：《中华竹枝词》（4），第 2897 页。

众的高度关注。如先施公司在《珠江镜》上刊登的广告，较为全面地介绍了百货公司的宗旨及其经营范围：

世界之文化日进，则日用之器物亦必曰求精巧。近年香港风气大启，采买外洋之器物日多，洋货生意充塞衢巷。本公司开设已久，随时改良，尤以划定价钱，不欺妇孺。新到货物：线袜、线衫、洋遮、胶鞋、中国丝巾……夹边巾、冷线、线袜带、上好刀仔、铰剪……男子梳妆器具、全套散件、琥珀水泡烟嘴、银包、皮夹必装、书袋、西式皮鞋……①

先施公司的广告，代表了新型百货公司在广告营销的重要特点：一是注意倡导新消费方式，二是较多地介绍商品行情。与一般店铺广告不同，百货公司经营商品的品种极多，可以满足不同层次消费者的消费需求，此类大规模经营方式，在很大程度上降低了商品的价格，并以"妇孺无欺"等口号倡导消费平等观念，与社会文明之风相一致。显然，早期香港百货公司的广告宣传，使广州报刊受众极大地开阔了视野，增长了见识。

香港一些百货公司在经营上取得的成功，为其在广州、上海等地的扩张提供了基础。值得注意的是，广州是中国内地最早设立百货公司的城市，这与香港百货公司的经营者多为粤籍商人有很大关系，粤商与广州社会多有联系，熟悉广州商业环境，故将广州作为开设分公司的首选之地。如香港真光公司在广州设立分公司之前，特在广州《七十二行商报》刊登广告云：

本公司开设在香港中环大马路，专办洋什货、家私、匹头、丝绸生意，惟伙伴众多，于银两交收等事，或有错误。除交到本公司内账房盖章为据外，如有出外收银者，必要有黄在朝、黄佐廷、余近卿、萧鲁彬、梁信营、王玉廷此六人中之一人签收，方为实据。倘有误交，惟经手是问，与本公司无涉，更不得在货项内扣除，特此广告。②

这则广告表面上看是澄清交款方面的事项，事实上是为提高其在广州市场的知名度进行"造势"，之后不久，该公司就在广州十八甫设立分公司。光商公司为了提高知名度，曾在《震旦日报》等报刊上向社会各界广泛征集对联并给予重奖，通过这种巧妙的广告方式传播品牌文化。全省各地文人纷纷为真光公司撰写对联，一些应征者"只注街名，不注里居"③，真光公司便在报纸上刊登广告，通知一些没有写清地址的应征

① 《先施公司始创不二价》，载《珠江镜》，1906年7月9日第1页。
② 《商场须知》，载《七十二行商报》，1910年9月21日第1页。
③ 《真光公司告白》，载《震旦日报》，1911年11月29日第2页。

者寄回准确地址。通过广告传播，真光公司的商业文化更为受众所知悉。

1910 年左右，广州西关一带已设立数家百货公司，商家之间的竞争颇为激烈。为了提高知名度和营销水平，各百货公司都竞相在报纸上刊登广告，突出自身特色，介绍各类商品，以引起受众的关注。如位于十八甫北约的光商公司（见图 6－8）在《国事报》刊登的广告较为详尽：

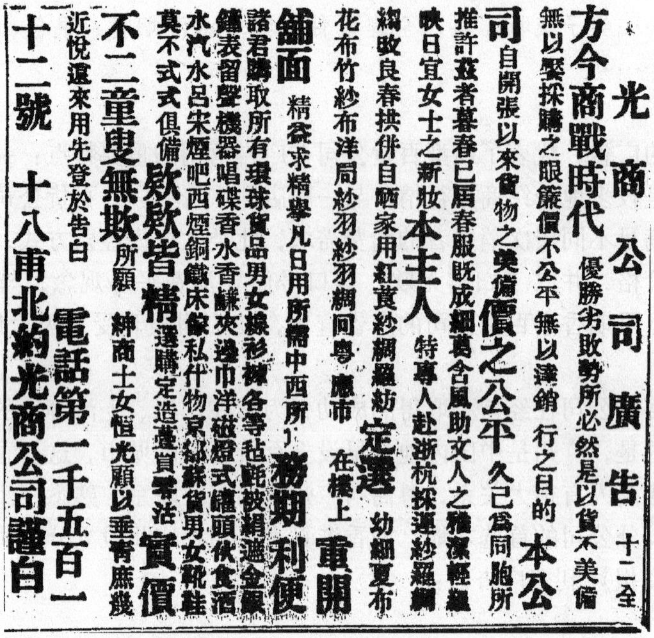

光商公司廣告 十二全
方今商戰時代 優勝劣敗勢所必然是以貨不美備
無以饜採購之眼簾價不公平 無以達銷 行之目的 本公
司自開張以來貨物之美備價之公平 久已爲同胞所
推許茲者暮春已屆春服既成細葛含風助文人之雅潔輕羅
映日宜女士之新妝本主人 特專人赴浙杭採運紗羅綢
縐改良春拱併自晒家用紅莨紗綢羅紡 定選 幼細夏布
花布竹紗布洋局紗羽紗羽綢同粵 應市 在樓上 重開
鋪面 精益求精舉凡日用所需中西所 務期利便
諸君購取所有環球貨品男女線衫褲各等毡氈被絹遮金銀
鐘表留聲機器唱碟香水香鹻夾邊巾洋磁燈式罐頭伙食酒
水汽水呂宋煙吧西煙銅鐵床傢私什物京都蘇貨男女靴鞋
莫不式式俱備 欵欵皆精 選購定造躉賣零沽 實價
不二童叟無欺 所願 紳商士女惠光顧以垂青庶幾
近悅遠來用先登於告白 電話第一千五百一
十二號 十八甫北約光商公司謹白

图 6－8 光商公司广告（《国事报》，1910 年 5 月 6 日）

方今商战时代，优胜劣败，势所必然。然是以货不美备，无以餍采购之眼簾；价不公平，无以达销行之目的。本公司自开张以来，货物之美备，价之公平，久已为同胞所推许。兹者，暮春已届，春服既成。细葛含风，助文人之雅洁；轻□映日，宜女士之新妆。本主人特专人赴浙杭，采运纱罗、绸绉，改良春拱并自晒家用红莨、纱绸、罗纺，定选幼细夏布、花布、竹纱布、洋局纱羽、纱羽绸，回粤应市。在楼上重开铺面……务期利便。诸君购取所有环球货品，男女线衫裤、各等毛毡被、绢遮、金银钟表、留声机器、唱碟、香水、香碱夹、边巾、洋磁、灯式（饰）、罐头、伙食、酒水、汽水、吕宋烟、吧（巴）西烟、铜铁床家私什物、京都苏货、男女靴鞋。莫不式式具备，款款皆精……实价不二，童叟无欺。①

① 《光商公司广告》，载《国事报》，1910 年 5 月 6 日第 4 页。

从这则广告可以看出，光商公司所经营的商品范围之广，远非一般店铺所能及。清末民初，广州百货业不断有新成员加入，各家百货公司经常在报刊上发布广告，提升知名度。如先施公司（见图6－9）的广告云："统办各国全球货品，专办中国各省土货。"① 生生公司的广告也极为夸张："搜罗各省土货　选办环球货品。"② 此类简单的广告语，却体现了百货公司区别于一般店铺的特色，为受众提供了一种全新的购物方式。既然百货公司广告声称中外商品齐备，受众自然将其广告作为一种生活指南，有着亲身实践的强烈愿望。

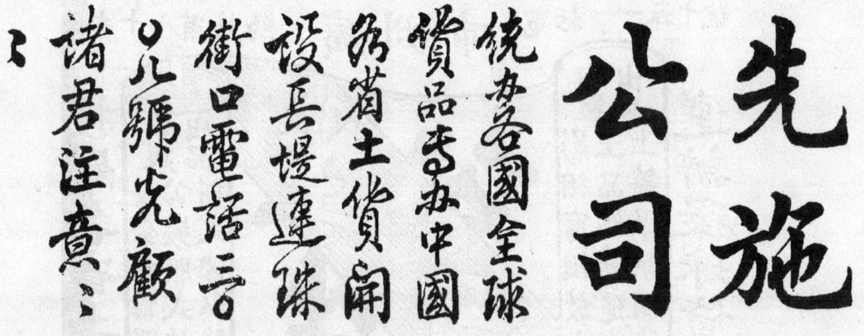

图6－9　先施公司广告（《民生日报》，1912年10月26日）

百货公司为不同层次的消费者提供了多样化的选择。既有留声机、唱碟之类的时髦洋货，也有国内各类日用商品，消费者可以根据自身的经济实力和爱好，在百货公司任意挑选中意的商品。百货公司将货柜敞开，面向消费者展示商品，使所有消费者在观览时，一律得到店员的平等对待，在消费过程中并没有身份上的差异，这是百货公司区别于店铺的一大优势，也是百货公司聚集消费者的魅力所在。

百货公司广告为受众提供了想象的空间。由于清末广州大众游乐场所较少，百货公司免费向下层社会开放游乐场所，将购物和休闲结合在一起，为受众的购物活动增添了许多闲逛和观赏的乐趣。因此，以富于挑逗性的话语吸引受众注意，是百货公司广告的一大特色。如位于长堤的德昌公司在其开业广告中用词颇为考究："规模宏敞，集环球之货品；美不胜收，萃宇宙之珍奇。名难尽识。全场以内，价钱齐二，敢夸童叟无欺。器物悉不，允合中西适用。光顾不拘多寡，一概由人。交易务取公平，十分克己。"③ 这样的消费地点，为受众提供了一个"梦幻世界"。广告为消费提供了理想化的形式，使受众将具体的购物活动演变为一种生活方式，通过到百货公司的观

① 《先施公司》，载《民生日报》，1913年12月16日第3页。

② 《生生公司》，载《国民日报》，1912年2月29日。

③ 《长堤珠海前德昌公司开幕广告》，载《广州共和报》，1919年3月7日第2页。

赏来满足内心的好奇和欲望。

一些百货公司除了经营商业之外，还将公司发展为综合性的经济实体，在社会上发行股份，通过募集资本进行多元化经营。如同益公司除了经营百货之外，“定口外各种皮草，自晒红莨纱绸，精造海陆军礼服、军学各界服装、革履、用品，定做家用男女衣服，依期不误”①。相对一般的服装店，百货公司兼营服装业有自身的优势，由于布料价格相对低廉，自制服装又在本公司销售，节约了大量进货成本和流通成本，服装销路自然不错。

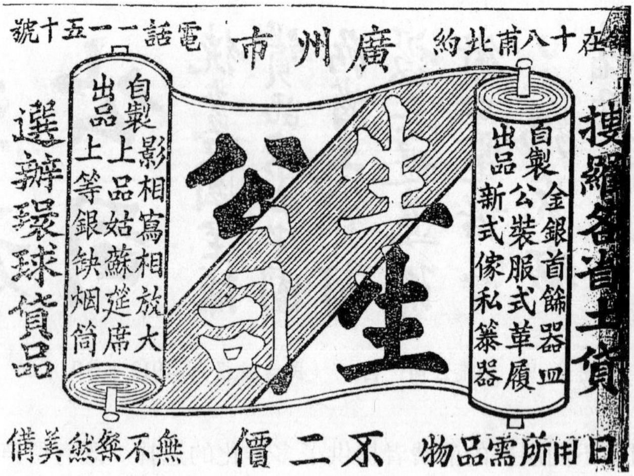

图 6－10　生生公司广告（二）（《国民日报》，1913 年 6 月 3 日）

由于百货公司聚集了十分庞大的消费人群，消费者在购物之余，还有休闲与娱乐等方面的消费需求。一些百货公司扩张营业场所，附设娱乐、饮食等场地，为消费者提供多样化服务。民国初年的先施、大新等公司，有数层经营场地，其中游乐场、酒楼占有一至两层，生意颇为兴隆。如先施公司开设“影画戏院”，较早在广州开展电影放映业务。该戏院还引进进口影片，在《新报》上刊登电影预告：“公司现从美国新到连台大部长剧一套，共三十一幕，名曰‘墨衣大盗’。”② 又如生生公司（见图 6－10）兼营“酒菜茶面、精巧映相……”③ 照相业是清末民初流行的文化消费方式，而百货公司由于地处闹市，其开设照相馆不但为消费者提供了便利，而且将照相作为一项时尚活动，与消费者的购物行为结合在一起，有着很好的市场前景。

① 《注意同益公司》，载《平民报》，1918 年 5 月 28 日第 7 页。
② 《先施影画戏院》，载《新报》，1918 年 11 月 2 日第 7 页。
③ 《生生公司》，载《七十二行商报》，1913 年 8 月 19 日第 5 页。

图 6－11　先施公司减价广告（一）（《商权报》，1916 年 6 月 20 日）

图 6－12　先施公司减价广告（二）（《民仇报》，1918 年 6 月 17 日）

民国初年，百货公司非常注重价格策略，在特定时段进行降价促销，以盘活库存，加快资金流转，引发消费热点。如先施公司往往利用开业周年纪念日，集中进行降价促销。在广州开业四周年纪念日，“货价大减价，由五月初一至十五日止。”①（见图 6－11）。在开业六周年之际，又多次在《民仇报》上声称：“大减价二十天，

① 《国民报》，1916 年 6 月 12 日。

……大减特减，一律沽之。”① 这种此时，先施公司除长堤总公司外，已在广州城内设立“惠爱街一支店、西关十八甫二支店”②（见图6－12），这种连锁经营的方式，使其降价策略更具规模效应。

中国传统节日是百货公司实行促销策略的重要时机。消费者在节日里往往比较慷慨，对商品的需求较为旺盛，而商品在丰富节日文化方面所起到的特殊作用，亦为商家所重视。大新公司（见图6－13）就利用大量民众在清明节回乡扫墓之际，抓住商机进行广告促销活动：

◎◎◎◎清明時節 ◎◎◎◎諸君注意

韶光荏苒。轉瞬春去夏來。諸君准備換季。正其時矣。況當此清明時節。諸君回鄉省墓。必須帶備種種品物。以應家中婦孺之需求。本公司爲利便諸君採用起見。恰辦到大幇合時綢縐紗羅。一切絲髮用品。各種家具。無美不備。價值格外相宜。自製各式西餅。特色餅乾。罐頭食品。批發零沽。額外克己。諸君光顧。請移玉步。

廣州西堤大新公司披露

图6－13 清明节促销广告（《总商会新报》，1919年5月3日）

诸君回乡省墓，必须带备种种品物，以应家中妇孺之需求。本公司为利便诸君采用起见，恰办到大帮合时绸绉纱罗，一切丝发用品，各种家具，无美不备，价值格外相宜。自制各式西饼，特色饼干，罐头食品，批发零沽，额外克己。③

一般而言，清明节对祭祀用品需求量颇大，但商家造势往往会找到合适的理由。民国初年，珠三角大量流动人口前往广州谋生，成为城市消费的生力军。每年回乡省亲扫墓，不仅是一场祭祀仪式，还由于城内民众的大量外出，成为一次消费的“盛

① 《民仇报》，1918年6月17日第1页。

② 《民仇报》，1918年6月17日第1页。

③ 《清明时节 请君注意》，载《总商会新报》，1919年5月3日第3页。

宴”，途中食用所需，馈赠亲友的礼物，是这些返乡者必须考虑的。由于空间上的差距，商品变得格外重要。精明的商家正是看准了这潜在的消费力而进行推销活动。

总之，百货公司广告比较客观地反映了清末民初广州消费市场的发展状况，广告对商品的推介，体现出商品符号所蕴涵的社会意义。通过百货公司这一大众化的消费空间，新的购物方式逐步在城市社会流行，民众从流行的商业文化中，更直接地感受到外部世界的变化，特别是西方第二次工业革命所带来的巨大变革。广告对百货公司的赞美，代表了新的消费潮流对传统的革新，在开放和自由的消费空间里，新兴的消费秩序开始颠覆传统的权力结构，金钱文化超越政治文化，对沉闷的社会等级制度提出挑战，工业化浪潮所带来的消费革命，在百货商店广告的话语解释中，逐步被普通民众所理解和认同，并通过新型的购物体验，汇聚成巨大的消费潮流，为城市消费文化带来几许清新的空气。

第七章

广告与消费方式的多元化

CONSUMER IMAGE AND
METROPOLIS SPACE

第一节 酒楼广告：饮食消费文化的繁盛

一些西方社会学家、历史学家认为，理解资本主义和市场经济，必须研究前工业化时期经济活动的领域，而物质生活是最基本的研究对象。布罗代尔认为："日常生活无非是些琐事，在时空范围内微不足道。你愈是缩小观察范围，就愈有机会置身物质生活的环境之中，……有时候，几桩传闻轶事足以使某盏信号灯点亮，为我们展示某些生活方式。"① 酒楼作为一种饮食消费方式，能够显示物质消费的丰盛，揭示社会阶层差异，展现消费文化的社会空间。本节以清末广州地区的酒楼广告为例，揭示广州在近代社会转型过程中，商业文化的兴起对城市消费文化的影响，以及酒楼作为一种公共消费场所，在消费话语空间和文化传播等方面的意义。

一、酒楼广告对食谱的推介

在酒楼的发展过程中，起初靠自身的经营业绩获得顾客的嘉许，并且树立良好的品牌形象。但随着城市工商业的发展和社会流动人口的增加，餐饮业竞争非常激烈，一些酒楼要想赢得客源，便设法将其经营的菜色品种和食品风味推介给顾客。在不同的酒楼之间，招牌菜成为酒楼提高声誉、获取客源的重要手段，如光绪年间相继在一些著名酒楼形成的太史（江孔殷）田鸡、李公（鸿章）杂烩、汀洲伊（秉绶）面等，成为当时的招牌菜。随着招牌菜知名度的提高，其他酒楼也争相仿制，这就迫使酒楼在经营上不断创新，经常变换菜色品种，以获得消费者的青睐。一些酒楼将佛山一带的菜色品种加以引进，如佛山三品楼的乳鸽、猪头肉、蒸鸡香味独绝，很有名气，有词云："佛山风趣即村乡，三品楼头鸽肉香。听说杜侯传秘诀，半缘鼓味独甘芳。"② 这类地方名菜自然有较好的销路。好食、敢吃是广州人生猛性格的反映。如老鼠，北方人一般不敢吃，而广州人视为餐桌上的佳肴，成为酒楼的一道名菜，"粤肴有所谓蜜唧烧烤者，鼠也。豢养生子，白毛长分许，浸蜜中。食时，主人斟酒，侍者分送，入口唧唧作声，然非上宾，无此盛设也"③。这种鼠餐，还颇为讲究，成为广州饮食消费的特色。

酒楼业的竞争，对当时的社会各阶层而言，无疑是一种消费者主权意识的扩张，这是酒楼扮演大众消费舞台角色的重要特质。由于不同层次的消费者在消费欲求和消

① ［法］布罗代尔著，顾良、施康强译：《15至18世纪的物质文明、经济与资本主义》（第1卷），三联书店，2002年版，第27页。

② 雷梦水等编：《中华竹枝词》（4），第2906页。

③ 徐珂编撰：《清稗类钞》（第13册），中华书局1986年版，第6447页。

费品位方面有较大差异性，酒楼必须满足消费者多方面的需要，由“经营者文化”向“消费者文化”转移。而特色菜谱的推出，是消费者需求多元化的体现。

由于酒楼大多集中于商业发达地区，在上层富商之间，奢靡之风相沿已久，一道名贵菜肴往往成为上层人士争相夸耀的对象。清人徐珂在《清稗类钞》中记载道：“闽、粤人之食品多海味，餐时必佐以汤，粤人又好啖生物，不求火候之深也。”① 食客对海鲜的偏好，使稍有档次的酒楼对海鲜的经营非常重视。如渔洋山人有词云：“行乐催人是酒杯，漱珠桥畔酒楼开。海鲜市到争时，怕落品尝第二回。”② 张心泰在《粤游小记》中记载道：“入市酒食谓之上高楼。高楼买醉，食单烹黄鳝、田鸡，名龙虎斗，名甚奇。”③ 除了这些品种外，吃虾和螃蟹是广州人的爱好，有竹枝词云：“酒旗高插罩斜晖，脍出银丝玉屑霏。鲜艳明虾肥绝蟹，漱珠桥畔醉人归。”④ 这类海鲜，在晚清酒楼已成为普通品种，不能满足上层富绅的炫耀性消费需求。一些酒楼便推出新式海鲜餐满足食客的消费欲望，光绪年间南海女词人梁和霭有词云：“海鲜风味爱家乡，冰裂瓷盆切嫩姜。新绿矮瓜红苋菜，桥楼青馔荐鲟鳇。”⑤ 清末，食鱼翅成为酒楼新的消费风尚，正如胡子晋的《广州竹枝词》中所言：“由来好食广州称，菜式家家别样矜。鱼翅干烧银六十，人人休说贵联升。”⑥ 贵联升作为广州著名的老酒楼，其干烧鱼翅虽然每碗高达60银元，但是对富有阶层而言，恰恰彰显了他们的消费档次，只有点上这样一道名贵菜，才能向客人表明其高贵的身份。

19世纪末至20世纪初，西关一带报馆林立，一些资金较为雄厚的酒楼注意到报纸广告在扩大知名度和吸引客源方面的潜在价值，不惜重金在报纸上进行广告推销，以提升品牌知名度和拓展消费市场。酒楼广告非常注重对菜色品种的介绍，如久负盛名的怡珍酒馆在1892年重建开业时声称：“大小满汉，而外有堂小酌。山珍备蓄，海错纷陈。酒旨肴嘉，咸擅易牙之技；价廉货美，洵称适口之宜。故凡仕官绅商到滋欢叙者，无不意悦情怡。”⑦ 又如位于老城华宁里的新同升酒楼的开业广告云：“内有雅座，大小厅堂雅洁，随意小酌，满汉戏筵酒席，南北酒菜……”⑧ 号称“岭南第一楼”（见图7-1）的某酒楼在《游艺报》上广告云：“本楼酒菜，日日新奇，承接包办，价甚相宜。”⑨ 而颐苑酒楼在其新张广告中声称：“本号尚备南北酒菜、满汉全

① 徐珂编撰：《清稗类钞》（第13册），中华书局1986年版，第6242页。
② （清）金武祥：《粟香随笔》（卷六）。
③ （清）张心泰：《粤游小志》（卷七）。
④ （清）吟香阁主人选辑：《羊城竹枝词》（卷二）。
⑤ 雷梦水等编：《中华竹枝词》（4），第2885、2886页。
⑥ 雷梦水等编：《中华竹枝词》（4），第2898、2899页。
⑦ 《省城怡珍酒馆告白》，载《中西日报》，1892年6月16日。
⑧ 《酒楼开市》，载《安雅书局世说编》，1901年8月30日。
⑨ 《岭南第一楼改良食品广告》，载《游艺报》，1905年8月12日第1页。

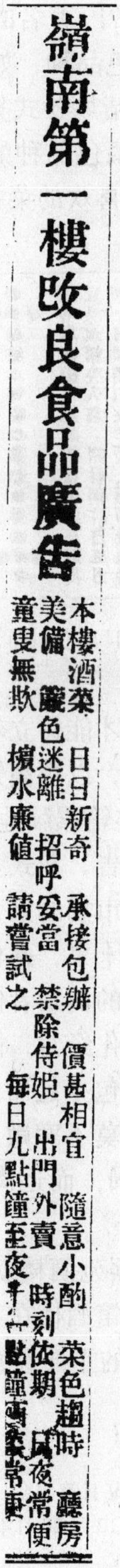

图7－1 “岭南第一楼”广告（《游艺报》，1905年8月28日）

席、大小全餐、九龙茶、新式面食、点心……价甚相廉。”① 著名的天一楼酒店（见图7－2）经常在《天趣报》上刊登广告，公布最新的菜色品种，如1910年10月18日的菜谱为：“红烧包翅、鸡蓉鸡腰、烧鸡卷、炒白菜、精炒各式雀片、炒三冬、甫芋泥、原盅淮己黑鸡。”② 此外其他菜式可以任意选取。菜色品种的推广，使消费者能够比较主动地根据经济实力、消费偏好和生活习惯选择喜欢的菜肴。

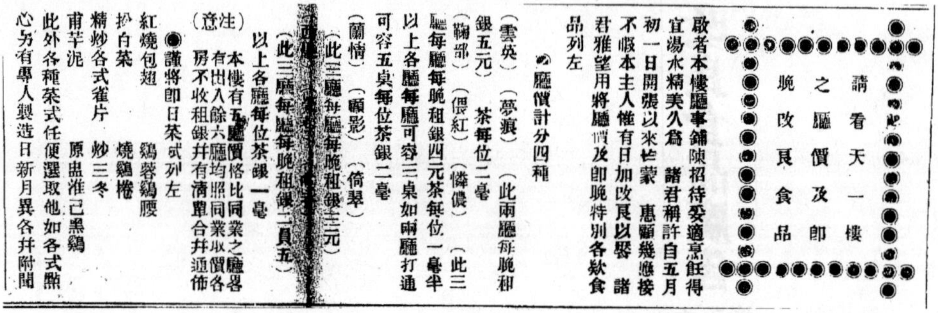

图7－2 天一楼广告（《天趣报》，1910年11月19日）

高级酒楼要在名牌菜上下工夫，必须聘请有名的厨师才能树立较好的声誉，一些酒楼聘到著名厨师后，在报纸上大加宣扬，介绍新的菜谱，以提高知名度。如著名的岭南酒店“在向外埠添聘头等厨师”后，在《游艺报》连篇累牍地展开宣传。天一、玉波、富贵、大观等酒楼经常在报纸上刊登改良食谱的广告，花式多样的菜谱宣传成为当时社会信息传播的重要方式，极大地促进了酒楼消费市场的繁荣。

一些实力雄厚的酒楼还承办大型筵席，其规模可达几十桌，并根据不同层次顾客的需要，设置价格多样的包席菜肴。一些有一定经济实力的消费者便将婚寿喜事从家庭转移到酒楼，大型宴席推动了酒楼服务的大众化和集约化经营，体现了酒楼经营思路的改变和经营范围的扩展。如西关著名的颐苑酒楼在其包办筵席的广告中称：“本苑自去岁重张，广拓厅堂，改良食品……开筵须数十席，莫不宽敞……”③ 这种大型宴会，在富商云集的西关一带，具有较为广阔的市场前景，而远离市中心的一般酒楼，对于此项业务的开展，则缺乏应有的条件。

一些酒楼为了增加经营范围，还兼办茶点业务，如颐苑酒楼就多次在《时事画报》上刊登广告（见图7－3），介绍其茶点的特色。森记馆酒楼在其改良食品广告中告知顾客，“本楼日夜茶话”④，茶点业务已成为一些酒楼的重要经营内容，这无疑对

① 《颐园新张广告》，载《 游艺报》，1905年8年28日。

② 《请看天一楼之厅价及改良之食品》，载《天趣报》，1910年11月19日第3页。

③ 《西关十一甫颐苑茶点酒菜包办筵席广告》，载《天趣报》，1910年12月20日第3页。

④ 《森记馆改良食品广告》，载《天趣报》，1911年3月1日第3页。

传统的茶楼提出了挑战，以致一些茶楼为了提高竞争实力，开办起餐饮业务，从而使酒楼、茶楼业务出现了交叉（见图7－4）。

图7－3　颐苑酒店广告（《赏奇画报》，1906年第1期）

图7－4　酒楼广告（《天趣报》，1911年3月1日）

19世纪后期，西餐才开始成为酒楼的菜色品种，并逐步在上层社会中流行。由于西餐在调味佐料、原材料和饮品等方面与中餐的区别很大，对厨师也有较高要求，以及西 餐惯于分食,对餐具特别讲究,需要投入较多的资金,因此一般酒店无力经

图7－5　岭南酒店广告（《游艺报》，1905年9月10日）

营。在清末社会，吃西餐成为官商富绅追求的消费方式，一些著名酒楼将之视为新的利润增长点，纷纷调整经营方式，注意中西餐结合或者专营西餐（见图7－5）。一些老牌的酒楼也纷纷推出西餐品种，以适应消费者的需求。如岭南酒店“烹调各式西菜，美味无双，并巧制西饼，一切便来往小酌”。清末，西餐消费也不是很贵，如岭南酒店标出 1905 年 7 月 8 日的西餐价格为："全餐收银五毫，大餐收银壹圆。"① 比起每碗标价高达 60 元的鱼翅，吃一顿西餐，还是比较便宜。

值得注意的是，香港、澳门的一些经营西餐的酒楼也在广州的报刊上经常刊登广告，如澳门日照酒楼在《广东白话报》上告白："大小西餐，脍炙人口，中西人士，均赞不谬。"② 澳门天香酒楼对西餐流行的原因进行了分析，认为"人情厌旧，世界维新，铺陈可尚洋装，饮食亦与西式，盖由唐餐具食惯，异味想尝，故此西餐盛行"③。对改良的西餐，该酒楼告诫顾客一定要注意卫生。港澳的酒楼将目标瞄准广州市场，说明当时广州商人和其他各界人士经常往返港澳，成为当地酒楼的重要客源，这在一定程度上反映了广州与香港和澳门之间商贸关系和人员往来的频繁。

二、酒楼广告对消费环境的渲染

各酒楼新张业务，意味着要分割一定的饮食市场份额，酒楼要想提高知名度和美誉度，就必须在开张之际建立自己的特色。为了突出经营特色和设计风格，许多高档酒楼在开业广告中费尽心机，还聘请一些广告文字高手设计广告词，用生动、明快、华丽的辞藻来形容酒楼的与众不同。清末广州的一些酒楼开张广告，文字优美、对仗工整，读起来朗朗上口，引人入胜。如大观酒楼刊出一则含有包房名称的广告：

> 月下笙歌，是玉暖香温之地；帘前花鸟，正金迷纸醉之天。话好景于金陵，稻花香处；忆前尘于珠海，荔子开时。锦帐列夫十围，香车驾夫七宝。美人似玉，春色如花，非买醉以寻欢，孰陶情而寄兴。此大观酒楼所由建也。楼主人以风月之场，宜广构行厨之馆。于是钩心斗角，杰构连楹；鸠工庀材，高楼矗日。桥通曲径，游鱼之水涟漪；石叠文山，飞鹭之峰突兀。寄红情于画里，如听莺歌；写绿意于花间，闲看蝶舞。厅开四柱，容珠履兮三千；地石数弓，列金钗兮十二。况复筵登珍错，式备中西。炉喜香熏，送暖则寒宵并却；扇凭电力，除烦则酷暑胥忘。虎跑之泉千寻，螺丝之梯百尺。诸君朋簪雅集，刚逢黍谷春回；文筵流连，好趁瓮头春熟。用登告白，伏冀垂青。试看（大）业宏开，远揽珠江之胜；倘许（观）风至止，且停香国之车。④

大观酒楼位于陈塘南，这里妓院云集，是达官贵绅和浪荡子弟销金之处。酒楼广告中极力渲染其环境的幽雅、陈设的华丽、位置的优越，运用了优美的词句进行"话语"传播，使受众在阅读过程中产生较为愉悦的审美情趣，感受到在这里不仅可

---

① 《岭南第一楼改良食品广告》，载《游艺报》，1905 年 7 月 8 日第 1 页。
② 《澳门日照酒楼广告》，载《广东白话报》，1907 年第 2 期。
③ 《澳门天香酒楼广告》，载《广东白话报》，1907 年第 7 期。
④ 《大观酒楼开始广告》，载《天趣报》，1911 年 12 月 10 日第 3 页。

以享受到美味佳肴，欣赏到珠江美景，体验到高质量的服务。更为重要的是，酒楼与妓院相邻，可以随时招徕妓女宴乐侑酒，为酒色之徒提供了种种便利。大观酒楼的广告体现了其独特的市场眼光，赢得了富裕阶层的青睐，开业不久就成为清末广州著名的高级酒楼。

一些社会上层人士将酒楼当作消遣和社交活动的重要场所，他们注意酒楼品牌与其身份的“对应性”。一些酒楼意识到豪华装修是赢得竞争优势的重要手段，便纷纷在环境布置上费尽心机。如颐苑酒楼在开张时对其优雅的环境作了宣扬：“茶烹龙润，留题到苑，酒买羊垣，味佐盘餐。颐皆快我，香开饼饵，苑更宜人。况复颐解说诗，室谈有月。苑游秉烛，厅事皆花，指可从颐和……何妨箸下万钱，观头消野蛮之恶潮；取廉河润，入苑观文明之空气。”① 位于河南鳌洲的广东大酒店（见图7－6）在更换主人后，于1907年5月10日重新开张，其广告称：“明窗几净，房舍宽舒，近水楼台，舟车咸便。”② 位于东堤一带的富贵酒楼则利用其靠近色情场所，又有东堤美景的优势，其广告词也颇具诱惑力：“粤自东堤风月，别有一天，北里烟花，乐为正地，既花明而柳媚之，当醉月而飞觞……房拢精洁，厅事轩宏，十色五光，金迷纸醉。”③ 这对那些想寻欢作乐的富家子弟而言，自然心向往之。位于南堤的小南楼也在广告中突出了酒楼环境与色情消费的结合：“伙伴招呼慰贴，厅房洁静。菜式则每日更换，甚合卫生，悉心讲求。况此地相连堤岸，红男绿女，香风散百里之芬芳；雏妓艇妹，花国聚十方之妙丽……登兹楼也，谁不快两腋生风之趣，赏彼美兮，君莫忘倚栏对月之心。”④

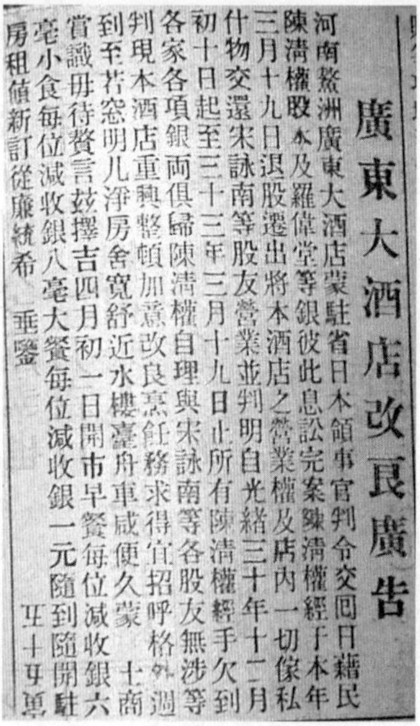

廣東大酒店改良廣告

河南鰲洲廣東大酒店蒙駐省日本領事官判令交回日藉民陳清權股本及羅偉堂等銀彼此息訟完案陳清權經手本年三月十九日退股還出將本酒店之營業權及店內一切傢私什物交還宋詠南等股友營業並判明自光緒三十年十二月初十日起至三十三年三月十九日止所有陳清權經手欠到各家各項銀兩俱歸陳清權自理與宋詠南等各股友無涉等判現本酒店重興整頓加意改良烹飪務求得宜招呼格外週到至若窓明几淨房舍寬舒近水樓臺舟車咸便久蒙 士商賞識毋待贅言茲擇吉四月初一日開市早餐每位減收銀六毫小食每位減收銀八毫大餐每位減收銀一元隨到隨開駐房租値新訂從廉統希 垂鑒

图7－6　广东大酒店广告（《广州总商会报》，1907年5月10日）

位于西关十八甫的玉波酒楼，为了满足商人社交活动的需要，在环境布置和装备方面显得与众不同。其在装修后刊登广告云：“本楼所以扩张余地，增筑层楼，一桥可通，六栏正曲……尘事通风，极东壁西园之美；房廉卷雨，侈南轩北牖之华。临水关窗，云石与玻璃相映；裁花作局，假山偕树木俱齐。电钟开设而应灵通，风扇牵而

① 《颐园新张广告》，载《游艺报》，1905年8年28日第4页。

② 《广东大酒店改良广告》，载《广州总商会报》，1907年5月10日。

③ 《富贵酒楼开张》，载《天趣报》，1911年6月18日第3页。

④ 《小南楼新张价廉酒菜广告》，载《光华报》，1911年12月15日第2页。

清凉气爽。”[①] 这是清末广州高级酒店的典型设施，不仅环境幽雅，而且装备了当时最为先进的电器设备，对宴客者而言，电风扇和电灯代表着高消费档次和消费时尚。由于硬件设施对顾客具有巨大的吸引力，许多酒店纷纷投资添置新的设备，如群乐酒楼就在1910年5月新安装了电灯，添置新式椅桌[②]，并在报纸上介绍其新装修的消息，以期引起消费者的注意。电灯和电风扇在酒楼的广泛使用，使酒楼消费具有更多的文化意蕴。在“物”的消费同时，消费者在审美情趣上更关注“现代性”，传统社会的沉闷气息中，酒楼炫目的灯光和摇曳的电风扇无疑带有强烈的诱惑力，为城市消费时尚开创新的公共空间。

一些酒楼还充分利用清末广州电信业务的拓展带来的便利，纷纷安装了电话，并在报纸上公布其电话号码，如颐苑酒楼的电话号码为一千三百七十九号[③]，大观楼的电话为一千三百六十九号[④]。电话延伸了人的听觉，是一种冷媒介，“冷媒介要求的参与程度高，要求接受者完成的信息多”[⑤]。受众获得电话号码后，通过电话联系，使信息传播的空间无限度地扩张，并极大地节约了信息搜寻的时间成本。电话不仅为受众提供各种预约服务，还为酒楼经营者带来许多便利。酒楼装备技术的提升，从一个侧面反映了西方工业革命对广州城市生活所带来的巨大变化。

提升服务水平是酒楼取得竞争优势的重要手段，也是展开营销宣传的口号。许多酒楼都用“招呼周密，款待殷勤”[⑥] 等词语来表达对顾客的服务承诺。随着商业贸易的发展，广州夜间消闲娱乐活动比较丰富。一些酒楼为了招徕生意，便延长夜间营业时间，以便适应当时工商阶层的生活节奏，为他们的夜间消闲生活提供更多的选择机会。如清末“岭南第一楼”的营业时间是每天早上9点到晚上11点，岭南酒楼的开餐时间由早上10点至晚上10点。一般酒楼的营业时间都延至晚上10点左右，特别是英商旗昌洋行创办的电灯公司改为广州民办企业之后，电灯业务在20世纪初得到了较快的发展，主要街道都安装了路灯，照明设施的改善大大方便了市民的夜间消闲活动，酒楼营业时间的延长是适应当时消费娱乐发展趋势的必然选择。

三、酒楼广告突出包间位置的消费意义

19世纪晚期，广州的一些酒楼为拓展消费市场而装修不同规格的包间，这种包间的出现，是清末广州社会的新潮，它在一定程度上代表了不同阶层的消费需求。一

---

① 《玉波楼扩充广告》，载《天趣报》，1911年2月7日第3页。

② 《群乐楼改良菜式酌减广告》，载《天趣报》，1911年6月5日第3页。

③ 《西关十一甫颐苑茶点酒菜包办宴席广告》，载《天趣报》，1911年6月23日第3页。

④ 《大观楼改良菜式广告》，载《天趣报》，1911年6月16日第3页。

⑤ ［加］埃里克·麦克卢汉、弗兰克·秦格龙编，何道宽译：《麦克卢汉精粹》，南京大学出版社，2000年版，第245页。

⑥ 《岭南第一楼改良食品广告》，载《游艺报》，1905年7月8日第1页。

些酒楼对豪华包间的消费环境非常注重，将它作为提升知名度和提高消费档次的谋略，利用报刊媒介进行宣传。如天一酒楼的广告云：

开筵坐花。虹竿雉拂，春暖而锦障芙蓉；月兔羊灯，宵寒而炉薰蘭麝；扇凭电力，清风与故友俱来；窗映波光，明月偕美人并至。至若阿房结拘（构），厅事铺陈，则有“鞠部”新声，写豪竹哀丝之韵；“兰情”旧谊，胪骄花宠柳之欢；“春”梦无“痕”，扬州之游一觉；“云英”未嫁，钟凌之别十年。合“倚翠”而“偎红”，且“怜农”而“顾影”；扫“西厅”以延客，“唾”余“香”而染衣。“燕燕”“莺莺”，嫦娥似月；“颙颙”“雅雅”，胜友如云；不同桑者“闲闲”，尽是衣裳“楚楚”面光眉。妓则“飘飘”欲仙，朋盍观簪，客则“翩翩”浊世。此所以能燕居“安安”，而其乐“陶陶”也。[①]

包间消费不但体现了装修的华丽，它所包含的酒、色、音乐一体化服务，为奢华消费提供了十分充裕的条件。包间作为具有一定区别意义的消费空间，其消费指向较为明确。不同规格的包间带有标志性的符号意义，代表不同层次顾客的身份和地位，具有炫耀性消费的基本特点。与传统的家庭宴会不同，酒楼包间为官商富绅提供了社会交往的新空间，成为礼仪消费的重要形式，是一种荣誉消费。上层人物的消费习惯一旦形成，就会在消费的数量等级方面进行竞赛。因此，“在明显消费方面后退是困难的。要博得名誉，就不能免于浪费”[②]。包间的流行，客观上反映了清末广州社会流行的奢靡之风，为上流社会的社会生活增添了新的景象。

豪华包间的租金相当昂贵，是经营者谋利的重要手段。清末广州的各大酒楼都对包间制定了不同的使用价格。如岭南酒店规定头等房平均每位每天收取房伙银二元，这二元钱包括房客的住宿费。[③] 这一价格对一般中等收入者还可以接受。玉波楼的套房分为六等，价格从三元到一元不等。天一酒楼 1910 年 10 月的包间价格分为四类：“云英”、“梦痕”，此两厅每晚租银五元，茶每位二毫；“鞠部”、“偎红”、“怜农”，此三厅每晚租银四元，茶每位一毫半，以上三厅每厅可容三桌，如两厅打通，可容五桌，每位茶银二毫；“兰情”、“顾影”、“倚翠”，此三厅每晚租银三元；“西厅”、“莺燕”、“唾香”，此三厅每晚租银二元五，以上各厅每位茶银一毫。[④] 经营者将不同包间进行命名，并划分不同的等级和价格，具有三种含义：其一，便于顾客识别，使他们在包间消费期间具有身份象征。其二，由于包间的价格是分等级的，对于顾客

① 《天一酒楼开始广告小引》，载《天趣报》，1910 年 12 月 10 日第 3 页。

② ［美］凡勃伦著，蔡百受译：《有闲阶级论》，商务印书馆 2002 年版，第 26 页。

③ 《羊城岭南酒店扩充房舍改良西餐》，载《游艺报》，1906 年 8 月 12 日。

④ 《请看天一楼之厅价及改良之食品》，载《天趣报》，1910 年 11 月 19 日第 3 页。

而言，可以根据宴请宾客的层次和本人的身份进行选择。其三，包间的名称可以通过顾客的传播而具有营销的效果，那些上层富豪由于经常光顾上等包间，客观上为酒楼作了宣传。

但由于各酒楼看到包间存在暴利，纷纷添设包间，使其价格有了一定幅度的下降。如天一酒楼的“云英”和“梦痕”两个一等包间的价格在1911年5月就由原来的每间五元下降到三元，而且在设施上有了改进，一些包间“俱备银器”[①]。竞争的加剧客观上推动包间消费方式的流行，对酒楼业的经营方式和发展方向产生了较大影响。

清末著名的酒楼，大多集中在陈塘、东堤一带。如富贵、群乐、大观、岭南、天一等著名高级酒楼，都临近高级妓院。有竹枝词为证：“两岸青楼接酒楼，万星灯火夜无收。郎如萍梗侬如叶，赠别琵琶唱粤讴。”[②] 高级酒楼为富豪们争强斗富提供了极好的去处。酒楼为了招徕生意，务必突出其与妓院的密切关系。酒楼包间，体现了富豪消费的私密性，与其消费上的档次相匹配，也为妓女的声色之乐提供雅致的环境。清末一名顾客在天一酒楼包间消费后，写下了他的真实观感：“其厅事铺陈，五光十色，壁上图画，西式家私，金银餐具，无不精美，极口称欢。谓遨游以来，所过苏沪各地，阅历不少，能如此楼之精细者，不可多得，省港中允推巨擘矣。淮海南来第一楼，可以移赠。聆一曲，则又赞不绝口，盖章是夕所徵歌鬟，则燕香月英、得和九妹、同记顺琼、名花才仔及苏仔嚎苏华，皆一时乐部中之著名者也，客于是为之叹观止。”[③] 可见天一楼的包间不仅在广州鹤立鸡群，就是在国内其他城市，亦难有与其媲美者。

求新奇、求奢侈成为富裕阶层酒楼消费的特征，正如当时的一首竹枝词所描绘的那样：“富家年少不知愁，酒地花天恣冶游。转瞬繁华春梦歇，阿官仔也雪盈头。”[④] 他们之间进行争强斗富，引导着社会的奢靡之风。随着工商业的发展，晚清广州城内的手工业者和中下层商人等新的社会阶层人数不断增多，专业分工的发展，使他们有一定的时间和金钱从事消闲娱乐活动，对上层社会的消费行为的推崇，使他们将在公共场所饮酒、吸烟看作非常惬意的事，在社会中普遍形成了奢华的消费风气，对社会风尚产生了较多的负面影响。

在清末的报纸广告中，其他地区的酒楼广告较为少见，这是由于当时有影响的全国性大报一般不刊登酒楼广告，或者说酒楼在全国性大报刊登广告的效果甚微。而清末广州娱乐性报纸的兴起，为酒楼广告提供了很好的发展机遇。酒楼广告改变了传统

① 《天一楼改良菜式广告》，载《天趣报》，1911年6月1日第3页。
② （清）吟香阁主人选辑：《羊城竹枝词》（卷一）。
③ 《云英厅之观止》，载《天趣报》，1911年3月21日第3页。
④ （清）陈坤：《岭南杂事诗钞》（卷六）。

人际传播的方式，扩展了消费者的交往空间。通过文字传播，受众获取信息的方式更为直接。特别是一些娱乐性报纸具有较为稳定的读者群体，这些读者大部分是消闲娱乐消费的活跃分子，他们具备较强的经济实力和广泛的娱乐兴趣。在这类报纸上刊登广告，可以很快地将酒楼的信息传播给潜在的消费者，使受众在较短时间内了解广州饮食消费市场的现状，对各酒楼的动态有着较为确切的了解。

酒楼作为公共消费空间，不单是一种饮食消费场所，它作为商业社会的一个缩影，体现了商业文化的发达和人际交往功能的增强。而酒楼广告，就是为了适应商业社会的人际互动的需要，为消费者提供了新的社会交往空间，特别是清末广州酒楼普遍安装了电话和电器设备，极大地拉近了消费者与酒楼的交往距离，为消费者提供了新的消费操纵方式，也给经营者提供了服务的便利。消费者通过阅读酒楼广告，可以搜集大量信息并取得更多的消费主动权和选择权，酒楼广告也为拓展消费文化提供了广阔的社会空间。

第二节　博彩广告：畸形消费的表征

一、赌博的种类及其传播途径

赌博的兴起，与商业的繁盛有着密切关系。在商业社会，有闲和有钱人士的数量会急剧增加。一口通商期间，广州作为世界贸易中心，是商人的淘金乐园。商人的社会影响力，已经深入社会生活的各个方面。商人的生活习尚，以浮华奢靡为荣。这种奢侈性消费，是引导社会消费风尚的巨大动力。商人体面而奢华的生活，成为民众羡慕而追逐的目标。鸦片战争后，赌博消费已成为社会生活的重要方面，并在广州大街小巷广泛流行，它反映了商业社会的畸形消费心态。赌博能够使不同阶层的人同时拥有一个不劳而获、一本万利的梦想。从某种程度上讲，广州赌博业的昌盛，是畸形消费无节制发展所结出的罪恶果实。

广州赌博的种类繁多，流传甚广。“始则闱姓、白鸽票，继则番摊、山票，几于终日沈酣，不知世事。而下流社会中人，嗜之尤甚。此外又有诗票、铺票者，诗票则用五言八韵诗一首，铺票则用店铺名号一百二十名，限猜几字，其分簿开彩等，与闱姓、白鸽票大同小异。”① 可见赌博花招迭出，参与范围相当广泛，与日常生活的关联性很大。“平日有普通忌讳之字，如牛舌则谓之牛利，盖以舌为粤音近息，与折阅之折字同音，闻之不利，故讳舌为利，取利市三倍之意。又猪肝谓之猪润，盖以肝与

① 徐珂编撰：《清稗类钞》（第10册），中华书局1986年版，第4879页。

乾同音，人苟至于囊橐皆乾，不得孰甚，故讳肝为润，取时时润色之意。”[①] 在赌博活动中，赌民已将日常食物消费中的习俗，与赌博活动联系起来。赌博已经深入民间生活的各个方面。

广州赌博之闻名，与其名目繁多的赌法和消费的巨额金钱有着很大关系。如晚清番摊赌博，在广州最为盛行，“城内外之馆，多至六七百处”，“其胜负极巨者，则书为‘内进金牌’，盖所谓金牌者，每注必以银币五元、十元为起点，银牌则以一元为本位，一元以内，用小银币，不得以铜币下注也。其最下者，则表明‘内进铜牌’，为下等社会中人赌博之处，铜币不论多寡也”[②]。可见，番摊之赌，适合于各类赌徒，根据其消费水平的高低，进入不同层次的赌馆，赌馆在赌博的社会化过程中，起着社会分层的作用。高级赌馆进入门槛很高，需要较强的经济实力和社会身份，低级赌馆则可以满足那些既想发财又囊中羞涩的下层民众的需求。在不同的赌馆之间，赌徒对金钱的梦想是相同的。

白鸽票则称为“小闱姓”，“取《千字文》前八十字，密点十字，令人亦猜。点十字猜得五字以上，每一钱赢十钱。城乡各处具开有票厂，猜票者以票投之，每日猜一次。”[③]，这种文字游戏，简单易懂，适合不同性别和年龄阶段的人猜想，其普及程度很高。“恒有买主数百标，因而获中，得数百金。故嗜利家往往竞奔，虽乡村妇女亦为之。”[④]“男女均被诱惑，约千人之乡岁辄输银二千余两。”[⑤] 这种高回报的赌博形式，非常迷惑人心，使许多下层民众陷于其中，以致许多家庭为之耗尽钱财，无力支付基本的生活消费开支，导致家庭经济的崩溃。这种看似小数目的赌博，使嗜赌者陷入猜字游戏而不能自拔。

在科举考试被废除后，广州赌商又开办“山票”赌博，成为新的牟利方式，也成为民众新的赌博热点。山票赌博与白鸽票相类似，也以《千字文》首篇 120 字为猜买对象。猜买者可以任意购买 15 字为一条，买多少条无限制。“于数十万条中，取中字多者得头彩，同中同分。票盛时，头票可得数万元。”[⑥] 但是由于一般猜中头票的人往往较多，头彩一般会由多人分配。山票赌本较低，获利甚巨。“广州极贫之人，或有不入番摊馆者，而山票则无人不买，盖以每票仅售一角五分，得标者可以获利数十万倍，故人人心目中，无不有中山票之希望也。”[⑦]

铺票因店铺捐借款发行彩票得名，兴起于光绪年间，其目的是筹建公益事业，表

① 徐珂编撰：《清稗类钞》（第 10 册），中华书局 1986 年版，第 4879 页。
② 徐珂编撰：《清稗类钞》（第 10 册），中华书局 1986 年版，第 4909 页。
③ 同治《南海县志》（卷六），“舆地四”、“风俗”。
④ （清）黄芝：《粤小记》（卷四）。
⑤ 同治《南海县志》（卷六），“舆地四”、“风俗”。
⑥ 徐珂编撰：《清稗类钞》（第 10 册），中华书局 1986 年版，第 4893 页。
⑦ 徐珂编撰：《清稗类钞》（第 10 册），中华书局 1986 年版，第 4894 页。

彰商绅的功绩，将商铺名称作为竞猜的对象。投买者在票底所印各店铺名中任选10个字为一条，票款为一两或五钱，每月开奖一次，彩金分三等，中字最多者为头票，依次为二票、三票，同中同分，如无同中，则为独得。[①] 铺票赌博的票金较高，但是选买字数较少，得彩率较高，在清末亦较为盛行。

由此可见，清末民初，广州赌博形式多样，参与人数非常广泛，赌博已成为广大民众“公共集会”和日常生活的重要组成部分，赌博公司规定了“开会”日期，主动向赌民约会，如利成公司“每会定期初二、初九、十六、廿四开会，开彩后三日派奖金”[②]。为了激发普通赌民的兴趣，大多数赌博活动采取“猜字”的方式，以极高的彩金引诱民众上当，并通过定期公布“中奖”号码及其彩金数额的方式，向社会公开传播赌博的信息。由于赌博公司与官方签订了“承赌”的协议，如耀鸿公司便在报纸上公开声称：“每认缴正饷毫银一百零二万三千元，另分年带缴报效毫银四十万元，又特别一次过提前先缴报效银二十万元，为数最多。准予承办三年。”[③] 清末广州各类赌博活动得到了地方政府的默许，并以“合法”的方式，侵入社会的各个角落，演变为一项普及性的社会活动。

二、博彩广告的传播与畸形消费

在赌博活动蔓延的过程中，报刊媒介起着推波助澜的作用。由于清末广州报刊的商业性功能不断扩张，报刊经营者大多以经济利益作为最高追求目标。对于当时盛行的赌博活动，各类报刊很少从“新闻良心”的角度进行批判和揭露。相反，他们对赌博信息传播所带来的商业价值十分关注，并很快与赌商同流合污，利用报刊媒介在受众中的影响力和传播信息的优势，为赌商刊播博彩广告提供诸多方便。一些报刊还纷纷将报刊的头版位置留给赌商刊登广告，其牟利之目的昭然若揭。

彩票是清末流行的赌博方式，闱姓、白鸽票、山票、铺票等彩票赌博形式，大多起源于广州，并迅速在广东全省流行，而广州则是全省彩票发行的中心，专业的彩票公司与一般赌馆相比，其赢利方式更为灵活。发行彩票需要有一定的经济实力和政治背景，还必须具有市场竞争意识，在众多的彩票业务中取得赌民的信任。一些彩票公司千方百计扩大宣传，提高其知名度和营销水平，利用报纸和其他传播手段扩大影响，使更多的赌民能够参与其中，以获取更多的利润。

20世纪初期，《羊城日报》、《国事报》、《安雅书局世说编》等报纸的头版，经常刊登博彩业广告。博彩广告的信息较为全面，一般会公布“所开之字”，以便赌民认真对照，然后告知中奖名次及其奖金，并预告下次开彩的时间等。报纸所提供的详

① 郭汉林、肖梅花：《中华赌博史》，中国社会科学出版社，1995年版，第195页。

② 《大公无私》，载《商权报》，1918年2月23日第2页。

③ 《承办广东全省水陆花捐筵捐耀鸿总公司广告》，载《新报》，1917年2月16日。

尽信息，使受众足不出户可知赌场大事，博彩广告在某种程度上充当着“博彩专栏”的作用，成为广大赌民采集赌博信息的最为便捷的途径。为保证信息传播的权威性，一些赌博公司还特地在广告上注明开赌的监督员。如广州名利公司开设的山票赌博，在广告中注明：“本公司奉宪特派委员广东补用县正堂夏，监核谢教，山西补用州正堂何，监督开彩。”①通过“权威”的监督，来证实广告主的“至大公正”，显然是赌博公司增强广告说服力的有效手段。

赌博公司虽然干着欺世盗名的勾当，在广告推销的过程中，却强调其“童叟无欺”、“大公无私”的社会形象。广州中和、钜益等彩票公司，多次在《安雅书局世说编》上进行彩票宣传，如中和公司（见图7-7）的广告称：“本公司开办广东彩票业务以来，开彩一秉至公，谢教总期快捷荷，蒙士商赐顾，久已遐迩盛行矣。”② 境外的澳门恒和公司也经常在广州报纸上刊登广告云：“本公司自承充澳门彩票以来，诚信相孚久矣，流行中外。”③博彩公司通过“诚信”的承诺，在广告传播过程中提升自身的品牌形象和社会影响力，也给赌民提供了一种心理上的安全感。

廣東全省彩票告白
啓者本公司承辦廣東彩票年餘以來開彩一秉至公謝教總期快捷荷蒙士商賜顧久已遐邇盛行矣現議改新章由第二年
第八會起即明年正月每會改開一萬張每月開兩次首次訂期正月初九日開彩二次總在正月下旬開彩按月均分兩期開彩
所有各士商之循票每會照額五成出票出入通用銀紙茲登告白以便士商週知此佈〇茲將中式彩銀數臚列于左
第一名頭票得彩銀一萬五千員　第二名二票得彩銀三千員　第三名三票得彩銀一千五百員
第四名四票得彩銀八百員　有四条票每条得彩銀二百員　有十条票每条得彩銀一百員
有四十条票每条得彩銀五十員　有六百二十五条票每条得彩銀二十員　第一名左右傍票每条得彩銀二百員
第二名左右傍票每条得彩銀壹百弍員　第三名左右傍票每条得彩銀一百員　以上共得彩票六百八十九條
合共派彩銀三萬七千五百員　所有中式彩銀由宏豐公司擔保依期開派一經得彩銀即憑紅票到領彩銀另每十
員加水銀五員　光緒廿七年　十一月　二十日　承辦廣東彩票中和公司謹啟

图7-7　彩票广告
（《安雅书局世说编》，1901年1月7日）

由于赌民迫切需要了解所买彩票的中奖结果，赌博公司往往定期在报纸上公布各类彩票的中奖字号。如名利公司公布第61会的“所开之字”为“原、月、盈、昃、暑、腾、丽、果、珍、奈、火、帝、拱、臣、荒、宿……”④ 共30字，以中字最多者获头彩。澳门大利公司的第114会的中奖字为“地、黄、盈、寒、往、雪、致、金、号……”⑤ 而铺票则以猜中的商铺名为中奖结果，如新发源公司的第9会铺票“入点”为“宏昭、宏纶、宏新、宏隆、宏亨、宏茂、宏开……”等12家，以中字多者为头名。

关于彩金的分配，一些赌博公司在广告中以“明示”的方式，向受众介绍具体“账目”。如名利公司（见图7-8）第34会的彩票投注和彩金分配情况为：“是会共受票叁拾万零壹仟零贰拾玖条，共受银叁万零壹佰零贰两玖钱正，八成派彩，共派出

① 《名利公司山票增彩谢教单》，载《国事报》，1910年5月6日第1页。
② 《广东全省彩票公告》，载《安雅书局世说编》，1902年1月15日第1页。
③ 《广东全省彩票公告》，载《安雅书局世说编》，1902年1月7日第1页。
④ 《名利公司山票增彩谢教单》，载《国事报》，1910年5月6日第1页。
⑤ 《澳门大利公司山票增彩谢教单》，载《南越报》（附张），1910年2月14日。

首贰叁肆名谢教银贰万肆仟零捌拾贰两叁钱贰分……”[①] 通过公布明细账目，彩票广告给赌民一种高度透明的错觉，增加了对博彩公司的盲从，由此可见，赌博信息的传播具有很强的伪装性。

有私天厭
名利公司山票增彩謝教單
（每逢月小逢叄日開彩陸日派謝教）
○茲將第叄拾肆會陸月拾弍日所開之字臚列於左弍叄肆名
數太多不能盡錄 下會陸月弍拾日截收 開如遲不候
日來歲水果李柰淡火制國章臨宿
張收呂陽霜出崑夜乃服虞問道百遐
是會共收票叄拾萬零壹千零弍拾玖條共收銀 零弍兩玖
錢正八成派彩共派出首弍叄肆名謝教銀弍萬 捌拾弍兩叄
錢弍分除照章提繳官紙價銀玖百零叄兩零捌分
除外實派出謝教銀弍萬叄仟壹百柒拾玖兩弍 叄
○首名中拾弍字得彩銀 萬叄千玖百零柒兩伍錢 分
均三份每得銀肆千陸百叄拾伍兩捌錢肆分
洲字頭福星街何廣記 讌字頭 壹合帶正興街同利手
合字頭宏安帶正興街同利手
○弍名中拾壹字得彩銀肆仟零伍拾陸兩叄錢陸分陸
均玖份每得銀肆百伍拾兩零柒錢零柒
壹合帶二份正興街同利手 詳 香山石 西門口成昌
石龍廣棧帶大生財手 都城盧榮記 帶裕安堂手
李溪日記帶裕安堂手 香山煥記帶裕 署前成福
○叄名中拾字得彩銀弍仟捌百壹拾玖兩零玖錢
均壹百玖份每得銀弍拾伍兩零玖分
○肆名中玖字得彩銀 百 拾柒兩柒錢
均壹千零陸拾肆份每得銀弍兩零柒分捌
是會監督開彩公正人沛字 大南門邱仁記 源街恰綸

图7-8　彩金的诱惑（《羊城日报》，1909年8月4日）

博彩广告的另一特点是将每期中奖彩银数目在报纸上公布，以巨大的获奖数目吸引受众的目光。如中和公司在1901年12月21日公布的中奖金额为：“第一名头票得彩银一万五千元，第二名二票得彩银三千元，第三名三票得彩银一千五百元，第四名四票得彩银八百元，有四条票每条得彩银二百元，有十条票每条得彩银一百元。”[②] 又如钜益公司的山票在1901年7月第23会的彩金，“首名中十字，均四份，每份得彩银

① 《名利公司山票增彩谢教单》，载《羊城日报》，1909年8月4日。

② 《广东全省彩票公告》，载《安雅书局世说编》，1902年1月7日第1页。

四百八十两一钱九分，二名中九字，均五十份……每份得彩银八两九钱六分九厘……三名中八字，每名中八字，二百三十二份，每份得彩银一两三钱八分”①。相对于广州的赌博公司，澳门一些公司所开出的彩金更为惊人，如澳门恒和公司第3会的彩金数为：“第一名得彩银五万大员，第二名得彩银一万五千大员，第三名得彩银五千大员……”②这种高额的彩金，对赌民具有巨大的诱惑力，赌博公司在广告营销方面，抓住了赌民的暴富心理，赌民的消费期望大为提高，其消费上的拉动效应非常明显。

博彩公司经常在报纸上刊登广告，促使受众产生快速致富的狂想。因此博彩广告不单纯是赌博信息的传播，它在推动赌博消费社会化进程中，起着巨大的“牵引”功能。那些不明真相的受众，在巨额彩金的诱惑下，将大量资金转入赌场中，形成一个吸引社会资本的“黑洞”。博彩业转移了民众的消费热点，从参与动机上看，赌民总是先有了赢利的欲望，才会受到刺激做出消费上的购买行为。这与赌民的理解、思考、判断、预期等一系列心理状态有关。对于赌博的风险，赌民都知道，但是，赌民对赌博的理解，由于博彩广告的舆论导向作用而进一步丧失了理智，如博彩广告的巨额彩金对赌民有强烈的吸引力。赌商在承赌过程中的“劝导”作用和自身对投机行为的特殊偏好等，导致赌民对消费行为所带来后果的错误估计。在赌商、地方恶势力的操纵下，一般赌民与经营者之间存在着严重的信息不对称，其获利的机会非常小，但是极少部分的“成功”者，掩盖了赌博掠夺赌民财富的本质。赌民的高支出低回报，与博彩广告所倡导的低投入高回报恰恰相反。从这个意义上讲，博采广告见证了赌民消费异化的发展过程。赌博导致了无数赌民家破人亡，绝大多数赌民梦幻式的消费狂欢，都注定以悲剧结束。马克思系统而精辟地阐释了异化是人与其对象处于现实的、物质的对抗状态，即“对象化表现为对象的丧失和被对象奴役”③。赌博消费正是一种典型的畸形消费方式。

第三节　交通广告与交通消费方式的变化

一、从交通广告看交通工具的革新

在传统社会，民众出行一般依靠步行，轿子仅供官商富绅作为代步工具。一口通商以来，广州水上运输发达，珠江上数以万计的疍民以船为家，船只作为交通工具在珠江两岸的民众生活中显得较为重要。各式帆船和紫洞艇作为珠江上一道独特的风

① 《钜益公司山票告白》，载《安雅书局世说编》，1901年8月24日第1页

② 《大西洋澳门彩票改开大彩》，载《安雅书局世说编》，1902年1月7日第1页。

③ 《马克思恩格斯全集》（第42卷），人民出版社，1979年版，第91页。

景，成为民众消闲的好去处。19世纪六七十年代，广州有数家外国轮船公司，其中包括旗昌轮船公司、省港口轮船公司、太古及怡和公司，这些外国轮船公司一般经营广州到香港、澳门、上海等地的航线。广州商人设立的小轮船公司也逐步发展起来，如光绪十五年（1889年）创办的民营平安轮船公司经营广州一带的内河航运，其他如广州侨轮公司、侨办新南海公司等。清末，轮船作为交通工具在粤港澳之间的交通往来中起着重要作用，"1882年航行于香港、澳门间的河轮，每周载运来往的中国旅客约为2 204人次"[①]，而到了1902年，"由轮船往来省城、香港、澳门者，本年比往年相等，一来一往，各约50万人。又由省城来往西江各口之客，年多一年，本年扯计一来一往各约1.2万人"[②]。清末广州至珠江三角洲周围城市的铁路开通，大大加强了地区之间人员和商品的流动。广州至三水铁路，仅1904年12月，"每日搭客扯计7 273人……市上所出之物，亦多由载客火车转运。1907年，广三铁路载客约为3 191 524人，其中外国人2 108人"[③]。另外，广九铁路于1911年全线通车，粤汉铁路也于1915年通车到韶州（韶关）。民国初年，广州城内开始修建现代化的马路和街道，以便通行人力车和机动车。到1919年左右，以广州为中心的水路、铁路运输网络已较为发达，广州与珠三角之间的交通更为便捷。

报刊在为受众提供交通信息方面有着独特的价值。早在鸦片战争前，澳门出版的《蜜蜂华报》就有轮船航行信息的报道。鸦片战争后，1855年在香港出版的《遐迩贯珍》第一期就有汽船出发的广告，之后，《香港船头货价纸》、《香港中外新报》等报纸都有船行信息的广告。19世纪六七十年代，省港之间已经有机动轮船航班，但由于当时广州报刊较少，因此对航运信息报道不多。值得注意的是，同治四年（1865年）11月至12月，《中外新闻七日录》连续三期刊登了港省澳火船公司的航行日期，该公司拥有金山、辉也得、白云三艘机动船，"金山火船准以礼拜二、礼拜四、礼拜六由港上省，礼拜一、礼拜三、礼拜五由省下港，俱早九点钟开行。辉也得火船准于礼拜一、礼拜三、礼拜五由港上省，礼拜二、礼拜四、礼拜六由省下港，亦以早九点开行，白云火船除礼拜日不开行，每日以早八点由澳来港，下午两点由港往澳，依期不误"[④]。在1865年，除礼拜日之外，每天都有来往于香港、广州之间的航班。令人遗憾的是，此后出版的《中外新闻七日录》，不再刊登轮船航行广告。

1884年，《述报》刊登了广州轮船招商局的广告，但内容主要以催交客户所欠

① 广州海关志编委会等编译：《近代广州口岸经济社会概况——粤海关报告汇集》，暨南大学出版社1995年版，第271页。

② 广州海关志编委会等编译：《近代广州口岸经济社会概况——粤海关报告汇集》，暨南大学出版社1995年版，第415页。

③ 广州海关志编委会等编译：《近代广州口岸经济社会概况——粤海关报告汇集》，暨南大学出版社1995年版，第432页。

④ 《港省澳火船公司》，载《中外新闻七日录》，1866年1月18日。

“水脚银”为主，很少刊登轮船开行的消息，之后的《广报》、《中西日报》也很少有交通信息方面的广告。创办于 1898 年的《岭海报》，对轮船航行信息非常注重，每期都设有“入口船头”、“各船开行日期”专栏，详细介绍进出广州的轮船航班。入口轮船主要有英、美、德等国的商船，以装载货物为主。出口轮船中，也多属于洋行。如光绪二十六年（1900 年）8 月的一则“各船开行日期”的广告云：“往安南、西贡火船名刁打剌士，十四日开行，广发公司；往上海火船名龙士，十四日开行，禅臣洋行；往暹罗火船名德生，十四日开行，华商；往星架坡、孟米火船名加兰地亚，十五日开行，山打洋行……”① 其总共列出了未来 20 天左右开往国内外的 30 个班次的轮船，其中许多为客货混装，为商家和旅客出行提供了较为详尽的信息。

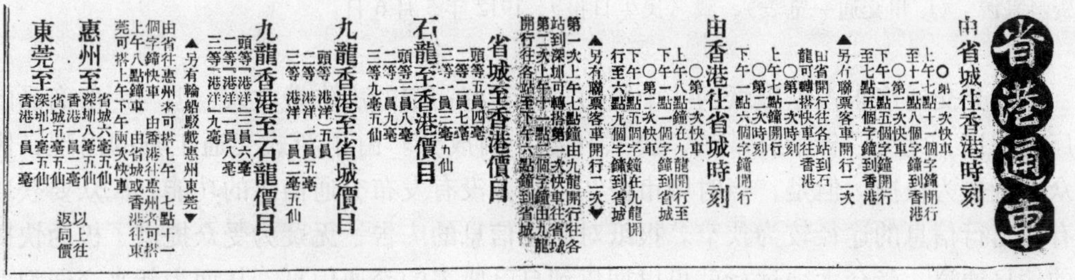
省港通車
由省城往香港時刻
○第一次快車 上午七點十一個字鐘開行 至十二點八個字鐘到香港
○第二次快車 下午二點五個字鐘開行 至七點五個字鐘到香港
▲另有聯票客車開行二次▼
由省開行往各站到石龍可轉搭快車往香港
○第一次時刻 上午七點鐘開行
○第二次時刻 下午一點六個字鐘開行
由香港往省城時刻
○第一次快車 上午八點一鐘在九龍開行至下午一點一個字鐘到省城
○第二次快車 下午二點五個字鐘在九龍開行至六點九個字鐘到省城
▲另有聯票客車開行二次▼
第一次上午七點鐘由九龍開行往各站到深圳可轉搭第一次快車往省城 第二次上午十一點二個字鐘由九龍開行往各站至下午六點鐘到省城
省城至香港價目
頭等五員四毫 二等二員七毫 三等一員三毫九仙
石龍至香港價目
頭等三員八毫 二等一員九毫 三等九毫五仙
九龍香港至省城價目
頭等（港洋）五員 二等港洋二員五毫 三等港洋一員二毫五仙
九龍香港至石龍價目
頭等『港洋』三員六毫 二等『港洋』一員八毫 三等『港洋』九毫
▲另有輪船駁載惠州東莞▼
由省往惠州者可搭上午七點十一個字鐘快車 由香港往惠州者可搭上午八點鐘車 由省城或香港往東莞可搭上午下午兩次快車
惠州至 省城六毫五仙 深圳八毫五仙 香港一員二毫
東莞至 省城五毫五仙 深圳七毫五仙 香港一員一毫
以上往返同價

图 7－9　交通广告（《光汉日报》，1911 年 12 月 5 日）

20 世纪初，随着广三、广九等铁路相继开通，报纸也注重火车行程方面的信息，经常在显眼位置刊出火车开行时刻表。如《光汉日报》刊登广州至香港之间的火车时刻表（见图 7－9）为：“第一次快车，上午七点十一个字钟开行，至十二点八个字钟到香港；第二次快车，下午二点五个字钟开行，至七点五个字钟到香港。”② 每天两次的往返火车，使粤港之间往来较为方便。民国初年，《民生日报》等报纸开设专版介绍广州交通信息，名为“广州交通一览表”，包含了广州开往各地的轮船、火车往返时刻表。当时开通的粤汉、三佛、广九、新宁、潮汕铁路主要站点的开行时间都有详细刊登，如粤汉铁路的火车时刻表如表 7－1 所示：

① 《各船开行日期开列左》，载《岭海报》，1900 年 9 月 4 日。
② 《省港通车》，载《光汉日报》，1911 年 12 月 5 日。

表 7－1　粤汉铁路火车时刻表

行程	开行时	到埠时
由黄沙至连江口	早九点 早十一点	一点十字 四点五字
由连江口回黄沙	早八点 早十一点	一点八字 三点半
由黄沙至新街	七点、九点、十一点、十二点、四点	约行一点
由新街回黄沙	八点四字、十二点三字、一点四字、二点六字、五点二字	约行一点

资料来源：《广州交通一览表》，载《民生日报》，1912 年 5 月 6 日。

这类交通广告占据报纸的一个版面，尽管有一定的广告费收入，但与一般商品的广告相比，此类广告带有某些“公共利益”的成分。由于新式交通工具的出现，民众出行更为快捷。但是，当时城市公共机构并没有发布交通信息的功能，民众要获取有关出行信息的途径较为狭窄。报纸对此类信息的广告，无疑为受众提供了极为快捷的信息通道，受众无须远行就可以搜集到自己所需的交通信息，从而为新兴交通消费方式的推广提供了便利的条件。

二、交通费与交通消费方式的变化

图 7－10　铁路开工典礼（《赏奇画报》，1906 年第 7 期）

民众出行方式的变化，随着交通工具的发达而变得更为快速，交通消费由奢侈向大众化方向发展。在机器动力引入之前，轿子是社会中上层人士乘坐的主要短途交通工具。由于轿子使用两人以上人力，人工费用很高，一般人远行难以雇佣轿夫以坐轿子代步；非机动船只不仅需要技术熟练的船夫，且速度较慢，效率低下。机动船舶、火车（见图 7－10）作为当时先进技术的代表，是交通革命的先导。新式交通工具使旅客感受到安全、快捷和舒适，也使广州作为岭南中心的地位和作用更为突出。珠江三角洲地区的民众可以坐上火车、轮船当天从广州往返，这极大地改变了民众的时间观念，使城乡之间的联系更为紧密，商贸往来更为便利。

新式交通工具的发展，为民众提供了极大的方便。一般而言，民众可以通过各种交通工具价格的比较分析，选择合适的出行方式。有竹枝词形象地描绘清末珠江小艇和电船的竞争："西堤站立望鹅潭，旧式生涯也不堪。小艇呼人人弗管，电船争落过河南。"[①] 由于电船有明显的速度优势，虽然价格较高，"一等五铜元，二等二铜元"，而小艇价格较低，"从前每人二小制钱，今改为一铜元"，[②] 但是民众纷纷选坐电船。新式交通工具凭借技术优势，取得了市场竞争的有利位置。

清末民初，广州城内修建了新式大马路，城市流行的代步工具是人力车，比起轿子，不仅速度快，且节约了人力，来去非常方便。有竹枝词描绘道："马路纵横处处通，洋车飞跑气冲冲。独怜轿馆门罗雀，轿佬围谈诉困穷。"[③] 人力车往返于各交通要道，形成了一些固定的线路，如《民生日报》就刊登了人力车价格的广告："由西濠口至靖海门，五仙；由靖海门至天字码头，五仙；由天字码头至川龙口，五仙；由川龙口至广九铁路，五仙；由广九铁路至咨议局，五仙；由咨议局至农事试验场，一毫；由农事试验场至沙河，一毫；由沙河至瘦狗岭，五仙。"[④] 这是1912年人力车的消费价格，当时一般职员的工资都在15元以上，偶尔花费几角钱坐人力车，还是可以承受的。至于官商富绅，乘坐人力车则成为家常便饭，人力车取代轿子，成为城内重要的公共交通工具。

清末民初，连通广州与珠三角广大区域的铁路缩短了城乡的空间距离。火车更是成为民众出远门的首选交通工具。在火车开通之初，铁路公司为吸引普通民众乘坐，定价较为适中。如广三铁路1904年的票价，"往佛山三等车费每人一毫五仙，往三水则五毫五仙"[⑤]。一般旅客尚可接受这样的票价。为了方便受众了解铁路票价信息，当时一些报纸纷纷开设交通广告，详细提供铁路沿线各站点的票价。广九铁路、粤汉铁路各站的票价如表7－2和表7－3所示：

表7－2　广九铁路票价表

行程	头等票价	二等票价	三等票价
广州至香港	五元四毫	二元七毫	一元三毫五仙
石龙至香港	三元八毫	一元九毫	九毫五仙

① 胡子晋：《广州竹枝词》，见雷梦水等编：《中华竹枝词》（4），第2900页。

② 胡子晋：《广州竹枝词》，见雷梦水等编：《中华竹枝词》（4），第2900页。

③ 胡子晋：《广州竹枝词》，见雷梦水等编：《中华竹枝词》（4），第2899页。

④ 《省城手车价目表》，载《民生日报》，1912年6月10日第2页。

⑤ 广州海关志编委会等编译：《近代广州口岸经济社会概况——粤海关报告汇集》，暨南大学出版社1995年版，第432页。

（续上表）

行程	头等票价	二等票价	三等票价
九龙香港至广州	（港洋）五元	（港洋）二元五毫	（港洋）一元二毫五仙
九龙香港至石龙	（港洋）三元六毫	（港洋）一元八毫	（港洋）九毫

资料来源：《光汉日报》，1911 年 11 月 18 日。

表 7－3　粤汉铁路票价表

行程	头等票价	二等票价	三等票价
黄沙至连江口	三元一毫五	一元九毫	一元零五
黄沙至新街	八毫半	四毫半	二毫半

资料来源：《民生日报》，1912 年 5 月 6 日。

交通部门将火车票划分为三等，考虑了旅客经济承受能力和交通消费的实际状况。不同等级的票价，提供的设施和服务有很大的区别，三等车票仅为头等票价的 1/4～1/2，旅客可以根据自己的经济能力选择相应等级的票价。票价作为身份符号，为旅客划分了三种消费空间，也对旅客进行了身份上的“鉴别”，相似身份者共享一种票价，有一定的认同感，而不同等级车厢之间，则存在着明显的身份区隔。报纸广告对票价信息的公布，为潜在的消费者提供相应的“位置消费”，使受众感受到消费差异的存在，并进行理性的选择。

民国初年，广州开往香港、澳门、阳江、惠州等地的客轮班次较多，各类客轮由于速度、设施等方面存在较大差距，往同一目的地的客轮之间，在票价上存在很大差距，1912 年广州往香港的客轮价格如表 7－4 所示：

表 7－4　广州至香港轮船票价表

船名	餐房	唐餐楼	尾楼	大舱
香山	六元	二元	一元	三毫
河南	六元	二元	一元	三毫
永安	二元五	一元二	八毫	四毫
永汉	二元	一元	六毫	三毫半
金山	五元	—	八毫	二毫半
佛山	五元	—	八毫	二毫半
哈德安	五元	一元六	八毫	二毫

（续上表）

船名	餐房	唐餐楼	尾楼	大舱
播宝	五元	一元六	八毫	二毫
海通	二元	八毫	五毫	一毫半
海明	二元	八毫	五毫	一毫半
广东	二元五	八毫	五毫	一毫半
广西	二元五	八毫	五毫	一毫半

资料来源：《民生日报》，1912 年 5 月 6 日。

相对于火车，旅客对轮船旅行方式的选择更多，由于轮船本身各档次具有较大的差距，选择不同档次的航班，票价上有很大区别。同时，轮船提供的票价更具多样性，四种不同层次的票价相差悬殊，餐房与大舱相比，票价可以高出 20 倍。大舱的票价，比三等火车票也要低 4 倍以上，这对于低收入阶层而言，选择坐最低等的大舱，可以节约一笔开支。而轮船提供的高级餐房，比火车头等座位更为奢华。因此，两种交通工具各有所长，受众通过读报可以选择比较适合自己的出行时间、交通工具和票价。

第四节　戏剧娱乐广告与休闲消费新趋向

一、戏剧广告与剧目介绍

晚清以来，随着广州工商业的恢复和发展，阶层关系也发生深刻变化，城市商人和手工业者数量急剧增多，有闲阶层的人数大大增加，极大地改变了广州社会的消费结构和消费风气。工商业的发展，为民众消费的多元化提供了广阔的空间。戏剧消费也改变了原有的方式，逐步走向民间社会，成为晚清广州社会普遍流行的日常消费方式之一。戏院由此有着巨大的市场潜力，赢利颇丰，并促进商业的发展。如东关、西关一带的戏院，“每园缴捐巨万”①，戏院成为重要的税收来源，也是民众休闲消费的重要场所。

由于报纸有相对稳定的受众群体，戏院经营者非常重视在报刊上进行剧目宣传。广州一些戏院定期在当地报纸的显要位置刊登最近将要演出的剧目，使戏迷能够及时了解到演出市场的信息，选择自己喜爱的节目。这种提前公布剧目的做法，较为主动

① 徐珂编撰：《清稗类钞》（第 11 册），中华书局 1986 年版，第 5048 页。

地争取到潜在的观众，是戏院经营者的重要营销手段。如西关是广州的商业繁华地带，报纸和著名戏院大多集中在此处。一些戏院利用天时地利之便，在报纸上展开宣传攻势。如西关广庆戏院在1892年的《中西日报》上多次刊登剧目广告，当年5月公布的剧目为《河边会》，声称“格外好看，出头鸳鸯同心，柳底莺眠，强僧逼辱……”在5月26日的广告中公布了农历五月初一的剧目：“正本，假虎威，格外好看出头，吕兄杀弟，路不拾遗……”[①] 其对故事情节作了渲染，以激发受众的想象力，并产生到戏院看戏的冲动。秋冬季节是市民休闲娱乐较为集中的时期，一些戏院聘请著名的戏班，集中优势节目，增加演出时间和场次，大力进行旺季“促销”。如位于珠江河南的大观戏院，在1893年11月的《岭南日报》上做宣传：“初七日正本，演至初九，共戏六套，初七正本西河会，初七晚演出头江南盛……初八日正本说群贤。”[②] 可见当时看戏已不限于晚上，对于有闲阶层而言，白天仍然是欣赏戏剧的好时光。

清末民初，广州地区戏院数量明显增多。广庆、大观、海珠、乐善、同庆等著名戏院在形象宣传中，注重介绍其近期聘请的戏班，如乐善戏院（见图7－11）在1918年11月2日的广告中，标明演出的剧班为“警晨钟全女班”，同日，珠海戏院则聘请“香港民乐社配景白话班”[③] 演出，这些戏班都以表演新剧为特色，迎合了社会新潮，颇受开明人士的欢迎。一些剧院还在剧目预告中，告知将要登场演出的演员名单，并保证这些演员悉数出场。如广庆戏院有时演出的剧目达8种，每个剧目都标明了演员的名单。如《斩黄袍》一剧的演员有夏月珊、杜云霞、刘锡山、胡会芳、小来子等九人[④]，这些名角的出场，在提高戏院“上座率”方面有着明显的促销效果。同庆戏院在广告中还声称，对《背解红罗》这样的重头戏，保证“全班名角出齐同演”，戏院将全部班底展现

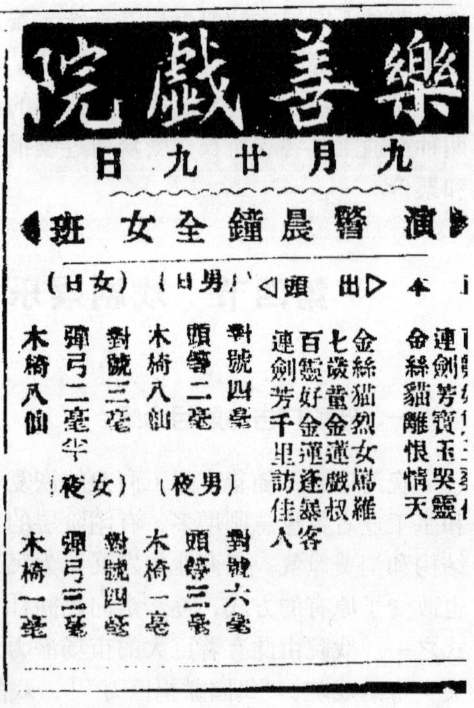

图7－11　戏院广告（《新报》，1918年11月2日）

① 《西关广庆戏院接演舜丰年班》，载《中西日报》，1892年5月21日。

② 《河南大观戏院大有年》，载《岭南日报》，1893年11月15日第1页。

③ 《新报》，1918年11月2日第7页。

④ 《西关广庆戏院接演四喜京班》，载《中西日报》，1892年6月4日第1页。

给受众，自然会受到戏迷们的欢迎。

在报纸刊出的各类剧目广告，反映出戏剧传播在时间和空间上的扩张程度。戏院的流布，使戏剧消费方式从社会上层逐步向一般民众开放，体现了商业化运作的社会效果。戏剧消费的流行，极大地丰富了民众的业余生活，提高了民众对戏剧的鉴赏水平和审美趣味。

二、戏院门票与消费分层

戏院（见图 7－12）的出现，改变了观众在露天站立或者坐在临时搭建座位的传统欣赏方式，也有利于维护观众和戏班的经济利益。戏院专业化的舞台和布景，以及固定的座位，使观众能够摆脱天气和演出时间的局限，获得了更多的自主选择权，享受到更舒适的环境。随着戏院商业化经营的发展，晚清广州的一些戏院经营者为了吸引戏迷而加强了对市场的争夺。他们发现，一些上流人士到戏院看戏，不仅仅是满足于戏剧情节和演技的精彩，在欣赏戏剧的过程中，他们对消费环境非常注重，那些装修豪华、座位舒适的戏院，往往会吸引更多的上层人士光临。看戏也成为上层人士之间交往的重要形式，他们需要区别于一般观众的位置空间，这样更能显示其身份和欣赏过程中的优越感。

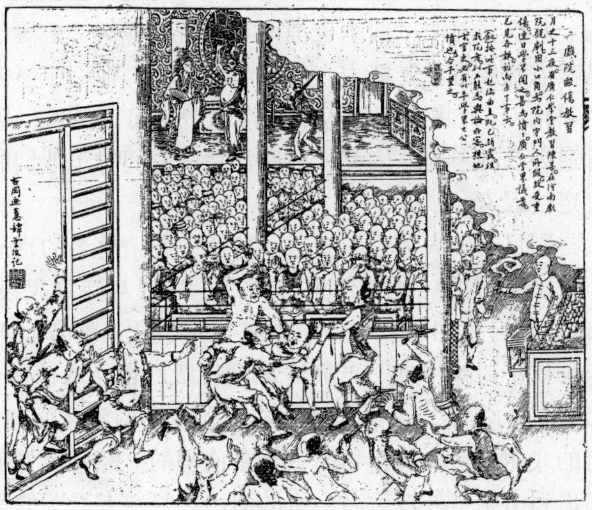

图 7－12　到戏院看戏，是清末广州流行的消闲方式，戏院也是容易制造新闻的地方（《时事画报》，1906 年第 3 期）

戏院作为公共娱乐空间，只有在观众广泛参与的情况下，才能获得经济效益和社会效益。戏院除了在其门口和附近张贴广告之外，需要在民众间传播其最新的演出动态和门票价格信息。传播是"一种交换的社会过程，其产品或是社会关系的标志，或是它的具体表现"①。为了提高剧院在民众中的影响力，剧院经营者经常利用报纸进行信息传播，特别是门票价格信息的传播，使广大观众在戏剧消费上有着更多的选择。戏院广告刊登在较为固定的版面，一般读者可以比较方便地找到自己需要的信息。

不同规格的座位带有标志性的符号意义，代表不同层次顾客的身份和地位。根据观众的消费能力和戏院座位的规格，设置不同档次的门票价格，是晚清广州戏院的普遍做法。这种不同价格的座位对观众而言是一种"位置消费"（positional consumption），是人们对相对经济地位或名次的消费，也是典型的炫耀性消费。炫耀性消费主要是满足心理的、精神的，更准确的说是为了满足虚荣心的要求，是一种显示戏迷社会地位的消费。戏院广告对门票价格的分类，显示了"位置消费"档次上的差异。如广庆戏院在1892年5月的座位价格是："男，藤位日收银钱二，夜收银钱六；女，藤位日收银钱二，夜收银二钱二；男，木位日收银钱五分，夜收银钱五分；女，木位日收银钱五分，夜收银钱五分。"②

从各剧院门票价格的差异，可以看出戏院经营者的精心策划，也反映了社会各阶层和男女性别之间的消费差别。首先，藤位是为那些有一定身份的人准备的，其价格可高于普通的木位数倍。下层民众的消费水平较低，对这种位置较好、价格很高的滕位票是不敢问津的。其次，对于一般木位消费者而言，他们一般属于低收入阶层，到戏院看戏，主要是考虑到经济承受能力，如果收费过高，他们宁愿放弃这种爱好，被戏院的高价门票"挤出"，而将这笔钱用于日常消费支出。而且，从长远看，戏院的繁荣，还是依赖普通观众的参与。因此，戏剧消费的时间对于他们的效用没有多大的差异，而价格是决定性因素。

戏院的票价，与剧目有较大关系，有时一些戏院邀请著名的京班到广州演出，要投入更多的成本。由于京班的一些名角报酬较高，一般戏院如果没有较强的经济实力，也很难进行市场运作。在1892年端午节前后一个月，著名的四喜京班到广州广庆戏院演出，其票价比平时高一些，"藤椅每位收费八钱，木椅每位收费三钱二分，日夜同价"③。戏院票价的制定，考虑到经营成本和戏迷的消费倾向，虽然价位较高，对于那些追求新奇的戏迷而言，价格稍高一些是值得的。经营者打破常规，将票价定位日夜同价，是考虑到由于是外地著名京班的演出，只要有看戏的愿望，一般观众会抽出时间到戏院去欣赏，这样白天、晚上的时段差就不太明显。这对经营者而言，增

① [加] 文森特·莫斯可著，胡正荣等译：《传播：在政治和经济的张力下》，华夏出版社，2000年版，第72页。

② 《西关广庆戏院接演舜丰年班》，载《中西日报》，1892年5月21日。

③ 《西关广庆戏院接演四喜京班》，载《中西日报》，1892年5月26日。

加了赢利的机会。与四喜京班相比，凤凰仪班的知名度较低，其票价相对较低。以女位为例，“藤位日收银二钱四，夜收银三钱五；木位日收银八分，夜收银钱二”①，而男位的价格更低。可见，其吸引力远低于四喜京班，经营者必须考虑观众的上座率，因此，对于一般戏班，还是采取男女、日夜不同票价，以增加票房收入。

清末民初，广州城内的娱乐消费空前繁荣，留声机、电影等新媒介在广州颇受欢迎。戏院受到新式娱乐方式的冲击，面临强大的竞争压力。一些戏院在消费环境和设备上加以改善，在座椅方面，添置弹弓床、贵妃床，与以前的藤椅相比，显得豪华而舒适，大大提高了市场竞争力。但是在票价方面，比起10年前，并没有显著的提高。如西关乐善戏院在1909年8月公布的票价为：“弹弓床，（男日）收银三毫，（男夜）收银伍毫；（女日）收银四毫，（女夜）收银陆毫；贵妃床，（女日）收银壹毫，（女夜）收银贰毫。”② 戏院之间的竞争，使位置消费的档次也不断提升，乐善戏院在1910年9月21日的广告中，声称农历八月十八日有祝华年班演出，其演出的剧目有：“正本，郭之仪祝寿、醉打金枝；夜出头，酒楼戏凤，大闹金山寺；作双，金山七，京仔棠……”节目丰富多彩，有些剧目为首次演出，除了弹弓床之外，又新设了帆布床，更为舒适，“位置消费”的档次更高：“（男日）帆布床六毫，（男夜）帆布床一元。”③ 乐善戏院是当时一家高级戏院，从当时的票价报道看，一般戏院的票价低于这一水平，如1909年8月4日同庆戏院的票价：“弹弓床，（男日）收银贰毫，（男夜）收银三毫；（女日）收银壹毫，（女夜）收银肆毫。贵妃床，（男日）收银三分六，（女日）收银三分六。”④ 又如海珠剧院，平时票价一般低于五毛，但1918年正月，聘请“周丰年班”演出，票价有一定上浮，“（男日）对号六毫，（男夜）对号八毫；（女日）对号六毫，（女夜）对号七毫”⑤。这一定价，考虑到了春节和戏班等综合因素。宣统年间的物价比10年前上升了60%以上，但是戏票的价格似乎上升不大，这与当时娱乐业走向多元化应该有一定的关系。

门票价格在整体上代表了当时戏剧消费的支出状况，折射出戏院商业化运作的经济背景和社会背景。门票的“等级化”，是戏院经营者对社会阶层消费力综合考察的结果。以价格差异拉开座位的档次，符合观众的真实消费需求，体现门票消费的社会分层意义。

三、新式娱乐广告与消闲消费的新态势

随着西风东渐，新剧在广州社会逐渐流行。如1906年到1907年间，广州盛行戒

① 《西关广庆戏院接演凤凰仪班》，载《中西日报》，1892年4月28日。
② 《西关乐善戏院》，载《羊城日报》，1909年8月4日。
③ 《西关乐善戏院演祝华年班》，载《七十二行商报》，1910年9月21日第8页。
④ 《同庆戏院》，载《羊城日报》，1909年8月4日。
⑤ 《海珠戏院演周丰年班》，载《商权报》，1918年2月23日第1页。

烟之风，各种戒烟的文学作品和民间故事甚为流传，一些作品被搬上戏剧舞台，并采用新式的说唱方式演出。《时事画报》介绍戒烟新剧云："戏剧感人，较捷于演说，无端歌泣，观者动容，辄为之动容，更有忍泪不住者。西哲以戏剧为现身说法之学校，谅哉……我粤有天演公司，亦欲踵行媲美。争奈社会积习太深，未能骤革，即破神权之事……乐同春近串串新出头，名曰'新戒洋烟'，描摹吸烟之恶现象，无微不至，其裨益于社会，当不鲜浅也。"① 新的演唱方式，吸引了大量的戏迷前来观看。这种取材于社会重大问题的新剧，贴近现实，针砭时弊，具有很强的教育意义和社会宣传效果，是20世纪初期广州社会改良运动中出现的新现象。

图7－13　魔术广告（《时事画报》，1909年第6期）

在清末广州社会，一些西方的新奇娱乐方式传入广州，很快流行起来。一些戏院将西方的魔术（见图7－13）引入戏院，引起较大的轰动，大大开阔了市民的眼界，成为当时演出市场的一个新的热点。如《时事画报》刊登了"开演变法戏"的广告："本院定到环球第一变法戏，在空中楼阁随时开演。"其戏法变幻无穷，能够变出各种东西，如"一粒官员所戴金顶，能变为白石、水晶、宝蓝、亮蓝、淡红、大红各色；以猪一双，用火烧之，能变为金猪；鸭一双，以火烧之，变为火鸭。鸡变为火鸡……"② 如此变幻多样的"戏法"，观众大多颇感新奇。此类魔术，运用一些简单

① 《戒烟新剧》，载《时事画报》，1907年第3期。

② 《开演变法戏广告》，载《时事画报》，1909年第6期。

的道具，演出方式较为多变，与传统戏剧欣赏方式有很大不同，对一些看多了盛大演出场面的戏迷而言，无疑具有很强的吸引力。值得一提的是，此类魔术表演还很快在广州附近的一些乡镇流行，清末《点石斋画报》曾报道广州南海县松岗乡三位魔术师大演戏法的情形：“令乡人取一旧酒坛至焚符封口，随即探手坛中，牵出一及笄处女。”而一位法师挥剑而入酒坛中，“近视坛内，已空无所有”[1]。可谓神通广大，引起围观者如潮，在当地引起极大轰动。魔术杂技这种新潮玩意在广州附近乡间的出现，是当时社会休闲娱乐活动广为流行的一个缩影。

值得注意的是，清末广州的一些戏院不但装上了电灯等新式设备，还将当时最为时髦的电影[2]引入戏院，号称“影画戏”，其实是无声电影。这对于看多了舞台艺术的戏迷而言，具有很强的吸引力。相对于上海，广州电影的商业经营要晚一些。其主要原因是地方官员对于电影这一新式媒介非常厌恶，视之为洪水猛兽。1907 年 2 月，《广州总商会报》的一则报道反映了电影试图进入广州的曲折历程：

> 前准日□等国领事官先后照会督宪，请准外人在粤城开演洋戏等，由迭经岑前督（岑春煊）暨周玉帅（周馥）以粤省民情浮动，每辄生事，无论何项洋戏，未便在粤开演。迭次照覆在案……兹闻法领事由函致南署，以法商南德，不日在多宝大街开演影戏，如有不便之处，则该机器运到时，即送赴贵署，请将价值偿还等。[3]

但是，新媒介还是打破了旧制度的束缚。1910 年 5 月 6 日，河南戏院就打出了“演新影画戏”（见图 7－14）的广告：“本院廿七晚特演最新电光影画戏，由八点半开演，至十一点钟止，诸君欲新眼界，请早光临。”由于不需要支付演员的报酬，这种新奇艺术的票价并不高：“日，（男）桌位四毫，头等二毫半，（女）桌位五毫，头等三毫；夜，（男）桌位一毫半，头等一毫，（女）桌位二毫，头等一毫。”[4] 而且白天票价高于晚上，这与一般戏剧欣赏习惯有着相反的消费倾向，对于那些追求新奇的观众而言，欣赏

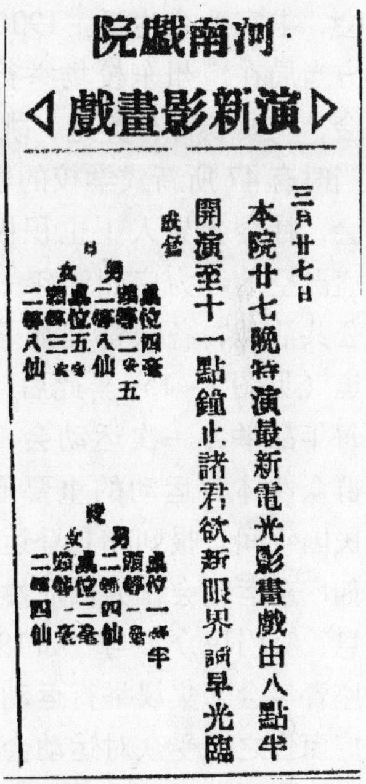

图 7－14 电影广告（《国事报》，1910 年 5 月 6 日）

① 《点石斋画报大全》射 11，第 83 页。

② 1895 年，电影诞生。1896 年 8 月 11 日，在上海的徐园，中国首次放映电影。1905 年，作为中国最早的电影制作机构，北京丰泰照相馆拍摄、制作了中国第一部电影——《定军山》，由京剧演员谭鑫培主演其中“请缨”、“舞刀”、“交锋”等场面。见 http://www.cctv.com/geography/tvonline/zdzy/bcsj/wy/article/2081.shtml。

③ 《索偿影戏价值之可异》，载《广州总商会报》，1907 年 2 月 26 日第 5 页。

④ 《河南戏院演新影画戏》，载《国事报》，1910 年 5 月 6 日第 7 页。

这类具有动感的电影，时间的稀缺性显得并不重要，白天似乎更能满足新奇的需要。另外，先施公司开设的影画戏场，除了放映电影之外，还演出各类新剧，有时在正式开演之前，"先演全副音乐大洋琴十五分钟"①。西洋音乐登上公共舞台，表明当时懂得西洋乐的观众并不在少数。

除了魔术、电影之外，一些新式娱乐方式也被引入广州。如位于西关的志成公司刊登的一则"环球火车"广告颇有新意："本公司由外洋购到特别新式环游配景车，座位雅洁，铺陈华丽。登是车者，能环游五大洲，周览形胜新奇变化，饱饫眼帘。每日十一点钟起，夜十一点钟止，每点钟开车一次，每位收银贰毫，每日景色不同，欲游埠者请尝试之。"② 此类新景观出现在商业闹市，无疑会使游客大开眼界。

清末，广州民众对体育运动也怀有强烈的兴趣，除了观看西人的比赛和演出之外，广州人也举办各种运动会，丰富业余生活。1906 年，广东地方当局在广州东校场举行了首届运动会，主要项目有赛跑、跳高、跳远等，当时有 47 所新式学校的学生参加运动会，社会各界人士也积极参与，可谓盛况空前，为广州当年一大重要社会公共活动，各报都在显著位置予以报道（见图 7-15）。此后，广州基本上每年都举办一次运动会，并将其作为群众性体育运动的重要形式，延续到民国年间。报刊亦刊登运动会的广告，如广东运动会作为群众性团体，曾多次在《天趣报》刊登广告，发布筹办运动会消息，吸引民众参与。如 1910 年的一则广告称："本会定于十一月十八号七点半钟，假座青年会，集议举行运动。敬请本会同人依期到会。议办一切，幸勿放弃。"③ 通过广而告之，受众对运动会的到来充满期待。

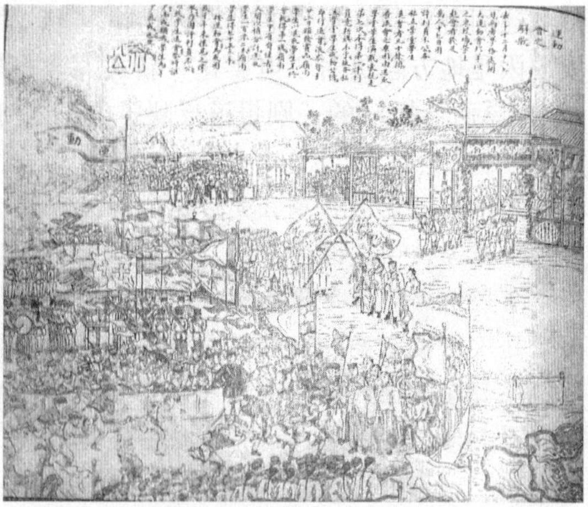

图 7-15　广东运动会（《赏奇画报》，1906 年第 1 期）

可见，在清末民初，戏剧、娱乐广告为受众提供了极为丰富的休闲消费信息，便于受众提前得知城市文化娱乐活动的最新动态，选择自己喜爱的娱乐场所和娱乐方式。而相关经营者也通过广告传播，吸纳更多顾客，获得更好的经济效益。报纸的新闻和娱乐价值也进一步得以体现。

① 《（粤东先施公司）天台影画戏场》，载《商权报》，1918 年 2 月 23 日第 1 页。

② 《环游火车广告》，载《七十二行商报》，1913 年 6 月 2 日第 6 页。

③ 《运动会广告》，载《天趣报》，1910 年 12 月 20 日第 3 页。

第五节 文化教育广告与精神消费的新需求

一、出版业与书籍的规模化生产

广州的刻书业，在道光、咸丰年间已经在国内很有影响，书坊数量之多，在全国仅次于北京、苏州而位居第三位。书坊集中在学院前、九曜坊、西湖街、龙藏街、双门底一带，有70余家，其中著名的书坊有述古堂、拜鸳楼、修本堂、粤雅堂、随山馆等。晚清广州文人著作大量产生，极大地推动了书坊业的发展，出现了海墨楼、南雅、澄天阁等石印书局。这些石印书局采用机器印刷，“所印书籍、法帖，设色图画较前更为精美”①。南雅石印书局“多延美术家以期绘画”②，专业美术人员的创作提高了书报的档次。海墨楼所承印的《述报》配有大量插图，色泽鲜艳，制作精良，其印刷技术堪称一流。中法战争期间，刘永福作为著名将领在战争中声名大振，海墨楼得到其照片后，“借其底本，影印上石，另纸印行，以公同好，小像价每张一中元”③。海墨楼充分利用了其技术优势，对国内政治热点大加渲染，通过印行照片，在宣传刘永福的过程中，既获得了经济利益，又在民众中提高报纸的知名度。澄天阁书局（见图7－16）采用彩色石印技术，“精印各行牌照、大小文件、嘜头仿单、书籍、舆图、族谱、会部征信录、描金五彩月份牌等件……并创造特别五彩石印通书及时务新书、学校用品、各款器具发行”④。文茂印务馆的业务范围较为广泛，“承印中西大小活版书籍、文件、仿单、族谱、会部、花边五彩嘜头，敏捷快廉”⑤。可见各类书局已成为引导文化消费的重要组织，为书籍出版事业的发展提供了很好的文化氛围。

值得注意的是，晚清广州书院数量居全国各大城市之首。书院除了承担教学、祭祀、藏书功能之外，还对刻书事业情有独钟。早在阮元创办学海堂时，便将刻书作为传播文化的重要职能，设立书局，从1824年开始，刊刻《皇清经解》，历时5年才完成，共刻书1 400卷，360册。该丛书集结了清代乾嘉学派的学术成就，在岭南学术史上具有重要影响。此后，学海堂曾先后刊刻书籍1 254册，凡3 334卷。⑥ 其中包括《国朝岭南文钞》、《学海堂集》、《南海百咏》《岭南集》等大量广东地方文献。

---

① 《海墨楼石印书局告白》，载《述报》，1884年9月19日。
② 《南雅石印书局迁铺广告》，载《羊城日报》，1906年10月9日。
③ 《本馆告白》，载《述报》，1884年9月25日。
④ 《十七甫澄天阁五彩石印书局广告》，载《游艺报》，1905年8月8日第4页。
⑤ 《羊城日报》，1906年10月9日。
⑥ 陈谷嘉、邓洪波主编：《中国书院制度研究》，浙江教育出版社1997年版，第305页。

各类书院不仅为振兴地方文化教育作出了重要贡献，而且集结了大量的民间知识分子，成为知识生产和文化传播的重要组织。

清末民初，印刷技术的进步，为出版行业带来了新的业务，也给文人墨客的文化消费提供了更多的机会。一些书坊和印刷公司所出经典著作、私人文集、工具书等，品位很高。在这些书坊集中的街道，还有许多文具店、古董店，文化气氛非常浓厚，形成了全国著名的文化街。文化街极大地提升了城市文化教育的品位，给居民的文化教育消费提供了极大的便利。由于地方政府对出版市场的管制较为宽松，书籍生产在“印刷革命”的带动下，出现了欣欣向荣之势。除了传统的古籍经典外，新式教科书、诗词小说、剧本、学术著作等各类书籍都大量出版，并拥有一定的消费市场。社会各界人士对于“出书”颇为热衷，如一名演艺界人士就出版了一本《小晴雯集》，“内容诗词二百首”[①]。一些出版商还煞费苦心，“搜罗古今中外之奇异秘术”，出版所谓的“不可思议之奇术”书籍40种，其书名颇具诱惑力，如《绝食不饿之仙法》、《百年长寿法》、《预卜人之生死法》、《百日夜不眠而精神不疲法》、《人造黄金法》、《辟除时疫法》、《试验女子贞淫法》[②] 等。此类所谓的“奇书”，有违出版道德，但从一个侧面反映了书籍出版的多元化态势。

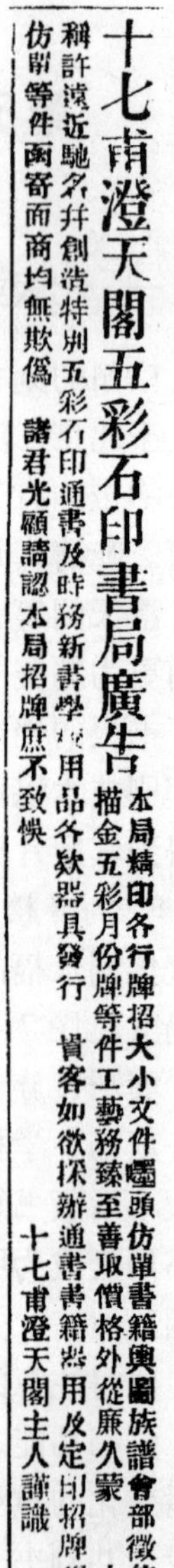

图 7－16　书局广告（《游艺报》，1905 年 8 月 8 日）

二、书籍广告与文化消费的新特点

由于出版印刷业的快速发展，广州出版的各类书籍在质量和数量上都居于全国领先位置。民众对购买广版书的兴趣大增。一些刻书商还充分利用宣传手段，策划一些颇有影响、受读者欢迎的书籍，在报纸和公共场所进行广告宣传，如《广报》刊登了一则石印《芥子园画传》的广告：

> 《芥子园画传》乃鸳湖张子祥先生家藏原谱，久为艺林珍贵。今付石印以广流传，并增辑海上名人任伯年等数十家集成大观。如蒙鉴赏者，可至制台新丰街头巷户部谢寓购取。每部洋钱壹两捌钱，二集《花卉》随即续印，约年内出书。[③]

① 《〈小晴雯集〉出版》，载《国华报》，1918 年 9 月 17 日第 3 页。
② 《奉送不可思议之奇术四十种》，载《商权报》，1918 年 2 月 23 日。
③ 《石印芥子园初集附海上名人画谱》，载《广报》，1887 年 11 月 17 日。

此类出售新书的广告在19世纪末的广州当地报纸上较为多见。如广州西关明经阁印行《武备志兵书全集》，在报纸上刊登广告云："是书二百四十卷，分装八十本，价银十二员（元）。"① 这类大型丛书的出版，说明了书坊具有较强的经济实力和市场开拓能力。

书坊和书局对于读者的阅读兴趣有较为深入的市场调查，以期最大限度地降低出版成本。从价格上看，除了一些经典著作较贵外，一般书籍都在几毫左右，大多数读书人还是有能力购买的。光绪末年，广州街头出现了一些新式书庄，书庄在品类和数量上更多地考虑了读者的多元性，经营的范围较广，如铅印书才刚刚上市，一些书庄便从书局批发过来进行推销。其推销的书籍往往是多品类的，与书坊就某一本书推销相比，节约了广告成本。如一家叫"宝云楼"的书庄开出的书价为：

《官场现形记》，二元；《洗耻记》，五毫；《近世中国秘史》，五毫；《秘密使者》（上、下），一元；《血性男子》，三毫；《明季稗史》，九毫；《西装石头记》，二元；《福尔摩斯》（六、七、八案），三毫；《人体解剖图》，未表（裱），二元二，已表（裱），三元。②

清末侦探小说颇受欢迎，英华书庄专营此类小说，在《广东白话报》上刊登了新书广告：

《花月痕》，五毫；《牛马经》，五毫；《雾中人》一元正；《尸楱记》，二毫半；《致富全书》，三毫；《夺嫡奇冤》，五毫；《尔雅图》，三毫；《张保仔》，五毫；《快心编》，三毫；《八美图》，三毫；《刘公案》，二毫；《千情记》，五毫；《爱国精神》，三毫；《怕老婆》，一毫；《名妓尺》，一毫；《狸奴角》，二毫半；《恨海春秋》，三毫；《一片情》，一毫。③

可见，书庄所列书籍，价格定位较为适中，可以满足不同消费水平读者的需要，读者的选择性较大。一些报纸利用书庄人群较为集中，读者文化水平相对较高，文化消费较为旺盛的特点，纷纷在书庄设立分销点，提高报纸的传播效果和扩大发行数量。如《广报》、《游艺报》就在双门底圣教书楼设立销售店，《述报》在十八甫嘉禾书室、十七甫品经书阁、双门底大雅斋儒林阁等书庄集中地带设立销售处，为读者提供了方便，也为报纸销售提供了新途径。

---

① 《明经阁现印武备志兵书全集发售》，载《安雅书局世说编》，1901年9月19日。
② 《广告》，载《唯一趣报有所谓》，1905年6月4日。
③ 《英华书庄侦探小说新书广告》，载《广东白话报》，1907年第7期。

清末废除科举，提倡新学，各类新式学堂对教材的需求量大增，一些书局对教科书业务较为注重，不惜在报刊上进行广告宣传。如广雅书局“发售广东学务公所排印出版各种书籍、表式，兼承印大小书籍、文牍……”① 为了加强与各级学堂的业务联系，广雅书局有针对性地在《广东教育官报》上刊登广告，部分教材及其价格如下：

《奏定学堂章程》，大五册一元二角、小八册八角；《小学各科教授法》，一册三角；《新订初等小学堂章程、中学堂分科章程》一册八角；《本庄氏历史教授法》，一册二角五分；《奏定女学堂章程》，一册一角；《理科教授法》，一册一角；《初等小学堂章程、各学堂管理通则合刻》，一册一角；《中国教育史料略》，一册三角；《两广初级师范简易科馆讲义合编》，十八册三元二角、十三册二元二角；《工业教育》，一册三角；《师范讲习所讲本》，七册一元二角；《速成师范馆国文讲义》，一册二角五分；《国民教育爱国心》，一册一角；《速成师范馆地理讲义》，一册二角五分；《中等教育生理卫生学》，一册一角五分；《速成师范馆历史讲义》，一册二角；《国际私法详解附各国法制一班（疑为斑）》，三册三角五分……②

该广告刊登的书籍共40种，涉及当时各类学堂的各科教材，从一个侧面反映了当时广东新式教育教材编撰工作的成果，以及新学的普及程度。由于发行量大、成本低廉，教科书的定价相对较低，适应了各类学堂的客观需求。由于经营教材获利丰厚，一些外地大型书局也在广州报纸上开展广告推销。如商务印书馆推出的新式教科书广告中称其有：“《小学初等珠算教科书》、《珠算教书教科授法》、《各科教授法》、《水学》、《气学》、《静电学》、《植物学》、《中等铅笔习画帖》、《帝国英文》、《国民教育论》”③ 另外，该书局还推出英文教科书广告，称其有“共和国教科书中学英文读本、英文新读本、英语实习教科书”④ （见图7－17），以满足学校英文教育的需求。

① 《售书价目》，载《广东教育官报》，1910年第7期。

② 《售书价目》，载《广东教育官报》，1910年第7期。

③ 《上海商务印书馆最新教科书出版》，载《羊城日报》，1906年3月30日。

④ 《商务印书馆分馆紧要广告》，载《广东中华新报》，1918年3月16日第1页。

图 7－17　英文教科书广告（《广东中华新报》，1918 年 3 月 16 日）

20 世纪初期，社会日益开放，新式知识分子在阅读趣味上追求浪漫和趣味性，适应社会新潮的言情小说印制精美，以描写才子佳人、男欢女爱为主要线索，文字清新、描写手法多样，颇受市场欢迎。各类言情小说广告充斥着各类报刊，成为当时一大文化景象。如一则《破天荒新小说出世》的广告，开列的书目及价格为："《广东英雄》，一角；《广东女英雄》，一角；《广东豪杰》，一角；《广东女才子》，一角；《广东才子》，一角；《广东花月记》，一角；《广东奇人》，一角；《广东杂志》，二角。"[①] 一些报纸还刊出言情小说的打折广告，以广开销路，如一则《爱阅小说者快看》（见图 7－18）的广告称："言情小说《红泪影》四册，定价一元六角，特价八

① 《破天荒新小说面世》，载《国华报》，1918 年 8 月 8 日第 1 页。

角，艳情小说《伉俪福》一册，定价五角，特价二角五。”① 一些广告还刊登言情小说的概要，以吸引受众注意，如介绍小说《茶香梦》的广告称，“述某茶室主人及靓梳佣阿娥二人一生历史。用深曲之笔、浅白之词，描写社会状态，穷形尽相，颇堪发剧。”② 当然，对一些言情小说家的推介，也是此类书籍广告的亮点，如一则《惟一趣致新书出版》的广告，就对作者大加赞美：“欧君博明为报界中诸部之巨子，每出一艺，人争欢迎，笑谈歌谣、谐文小说皆极趣妙，诚有目共赏者也。今选其佳作，排印成帙曰‘空即色’，曰‘情天孽警’，曰‘上炉香’，曰‘风花雪月’。”③ 与一般教科书相比，此类言情小说和诗词在市场化运作方面，更接近读者的阅读需要，成为当时社会一大文化现象。

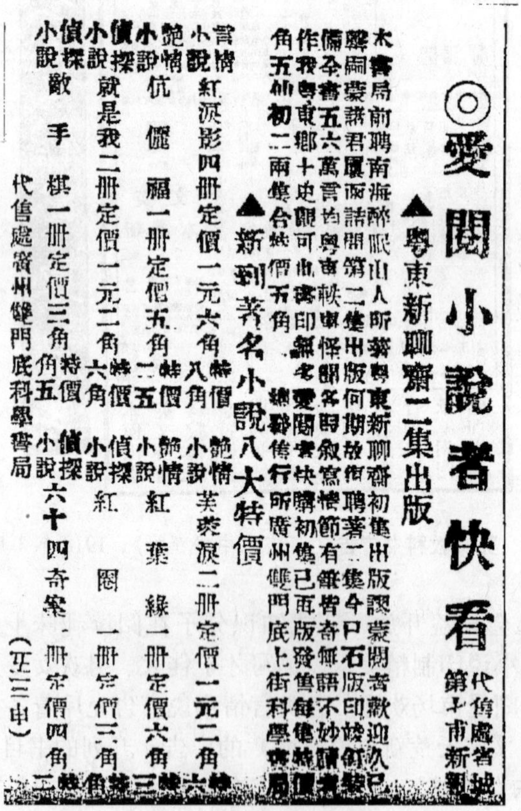

图 7－18 小说广告（《新报》，1918 年 11 月 2 日）

① 《爱阅小说者快看》，载《新报》，1918 年 11 月 2 日第 2 页。
② 《新编近事小说〈茶香梦〉出版》，载《国民报》，1916 年 6 月 12 日第 5 页。
③ 《惟一趣致新书出版》，载《羊城日报》，1906 年 10 月 9 日。

书籍等文化商品的消费，在消费文化的发展过程中占有重要位置。不同社会群体，“试图通过消费文化商品，如文学、音乐和艺术，重新定义其身份和消费的意义。所以，尽管文化商品的消费既不是具有代表性的也不是典型的更一般的消费，就它作为消费的一种范例模式而言，它对我们理解消费文化具有特别重要的意义”①。

三、新式教育需求与招生广告的互动

19 世纪晚期以来，在商贸经济不断发展的过程中，广州的文化教育事业也取得了长足的进步，广州官学和书院教育都较为发达。同治、光绪年间，广州士子的应举水平大为提高。如番禺县光绪年间考取进士 41 人，而同治年间为 19 人、道光年间为 22 人、咸丰年间为 6 人。② 良好的文化氛围，有力地推动了广州教育的发展。广州人对私塾教育十分推崇。大凡富裕家庭，都聘请塾师到家中教授子弟。塾师收入颇为优厚，塾师对于雇主的过分要求，还可以拒绝，并有挑选东家的较大余地。如《点石斋画报》曾报道过广州南海一位富人，由于对塾师多有苛责，导致无人应聘的局面。“脩脯既微，又苛于责备，师或因事外出返馆，稍有迟，即令妻妾室中垢詈，使之闻之。曾聘某生至家，生不能堪，辞馆而去……”③ 作为一种颇受尊敬的职业，塾师的收入和社会地位一直很高。民间对于文化教育事业的热衷，直接推动了城市文化教育事业的发展。

清末民初，广州作为全国著名的教育发达城市，一改过去南蛮之地的形象。这与广州人对教育消费的重视程度有着很大的关系。对精英教育的崇拜，促使广州人的价值评判标准发生改变。清代以前，广州文化教育相对落后。广州人的教育观念在清代中后期，特别是同光年间发生重大变化。从消费的角度上分析，晚清广州人对教育消费支出的慷慨，与清代以来整个广州社会形成的教育风气，有着一定的内在联系。官方在修建官学、创办书院方面的热情，对民间的教育消费起着示范的作用。清代广州书院数位居全国之首，特别是一些著名书院的人才培养，取得了前所未有的成功，对两广地区人才的吸引力远超过以前，一旦进入一些著名官学和书院就读，取得功名的机会就会大增，这对基础教育的导向作用非常明显。那些期待子弟能够显身扬名的家庭，就必须对子弟的基础教育加大投入，使他们能够得到名师的指点，以便有机会进入到高级官学和书院就读。

清末维新变法时期，广州成为新式教育最为发达的城市之一，从 1902 到 1911 年，广州兴办了法律学堂、特等学堂、英文学堂、高等工业学堂、优质师范学堂等各

---

① ［英］西莉亚·卢瑞著，张萍译：《消费文化》，南京大学出版社 2001 年版，第 47 页。

② 根据同治《番禺县志》（卷十二），宣统《番禺县续志》（卷十六）统计。

③ 《延师笑柄》，载《点石斋画报大全》革 9，第 70 页。

类官办学校71所，公立学校学生达6 195人。[①] 新式学堂的创办，使更多的学生接受到新式教育，他们在知识结构、思想观念等方面区别于传统知识分子，尤其是对新事物和新思想的开放程度，有利于新式书籍和报刊的传播（见图7－19）。

图7－19　书籍广告（《农工商报》，1907年第1期）

民国初年，广州教育事业迅速发展。1912年至1921年，广州各类公私学校得到快速发展，公私立高等学校8所，公立学校94所，新式私立学校168所，高等学校在校生1 749人，公立学校在校生11 546人，私立学校（含私塾）学生达到37 654人[②]。学校教育的快速发展，极大地促进了教育消费水平的提高。各类学校利用报刊开展广告宣传，以扩大招生规模，争夺优质生源，提高学校知名度。

耐人寻味的是，较早在报纸上刊登招生广告的，不是新式学校，而是一些开设外语课程的私塾。清末广州出洋留学成风，一些上流社会人士非常重视提高子弟的外文水平，聘请洋人为家庭教师。有洋人对广州人西式教育颇为熟悉，便模仿中国儒者开馆授徒，设立教馆，专门教授外文，颇受广州上层人士的欢迎。《中西日报》的一则广告云：

西人罗沙路先生，少而博学，长而壮游诸国。通华英文字，晓英粤方言，且于洋务律例俱能翻译，详明周知洞悉，中外人士咸称道之，以为识时俊杰。前在香港臬司衙门充当文案者十有八年。现赋闲在河南洲头嘴华光庙右邻第二间，设馆教习英语文字，脩脯甚廉。方今通商互市，中外一家，上而朝廷时有玉敦珠槃之事，下而商贾不乏梯山航海之人，莫不凭乎文字语言，方能通乎意气消息。[③]

---

① 广州海关志编委会等编译：《近代广州口岸经济社会概况——粤海关报告汇集》，暨南大学出版社1995年版，第980页。

② 广州海关志编委会等编译：《近代广州口岸经济社会概况——粤海关报告汇集》，暨南大学出版社1995年版，第1040～1042页。

③ 《中西日报》，1892年6月25日。

当时，内地城市对西方文化的了解相当有限，而广州人已经意识到将子弟送到外国人开设的私塾学习外语，西式教育消费在当时广州社会已经有了较深厚的基础。1892年至1901年的《粤海关十年报告》客观地反映了当时广州人对西式教育的渴求："广州人中有很多人都想学习英文，因此，每年都有一些私立学校开办，以满足这一需求。但在许多情况下，这些学校的老师根本不适合他们所教的科目，不过他们所得到的支持表明了那里对教育的需要。现在广州人当中出现了这样一种趋势：放弃旧学，学习西方学科，特别是各种科学知识。"① 光绪末年，一些私塾也适应时代变革，开设英文课程，在报纸上进行招生宣传。如一家英文书室的广告云："本书室敦请吴书樵父子教习英文、英语、笔算、地舆等学，每月脩金二元……"② 英文与自然科学知识，成为各类私塾和学校十分重视的新课程。

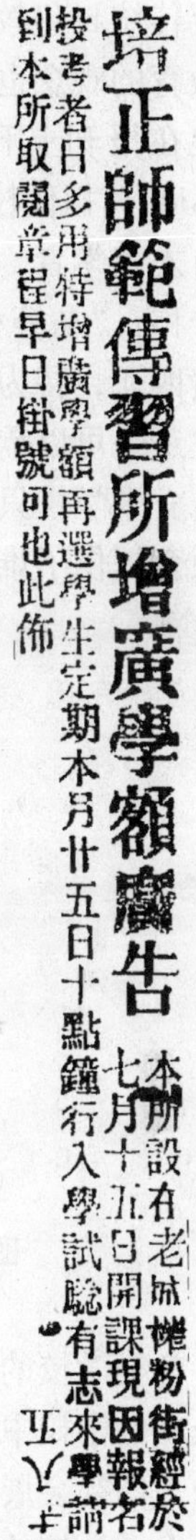

图7－20　招生广告（《羊城日报》，1906年10月9日）

民国初年，各类新式专门学校不断设立，对于渴求学习一技之长的学生颇有吸引力。如警察、师范等专科学校经常在报刊上刊登招生广告。民国初年，警察职业颇为热门，许多年轻人争相报考警察学校。广东高等警察学校是当时广东少数职业院校之一，为适应社会需要，该校扩大招生规模，其广告称："本校开设新班，有志愿来学者须依期到校报名，取阅章程，定期试验。"③ 师范专业也有较多青年学子报考，培正师范传习所（见图7－20）的广告云："现因报名投考者日多用，特增广学额，再选学生，定期本月廿五日十点钟行入学试验。□有志来学，请到本所取阅章程，早日挂号可也。"④ 由于学校层次差距较大，一些名校的考试较为严格，如民国初年的岭南学校规定插班生也须通过考试，其广告称："本校中小学、蒙学均于元月八号早九点招考插班生有志来学者，请携笔墨及册金一员（元）（港币），依时到校投考。"⑤（如图7－21）对插班考生收取报考费，在当时的中小学还不多见。

由于新式教育的普及，在受教育对象上也发生了很大的变

① 广州海关志编委会等编译：《近代广州口岸经济社会概况——粤海关报告汇集》，暨南大学出版社1995年版，第938页。

② 《英文书室告白》，载《安雅书局世说编》，1904年2月22日。

③ 《高等警察学校招生广告》，载《国民日报》，1912年2月29日第1页。

④ 《培正师范传习所增广学额广告》，载《羊城日报》，1906年10月9日。

⑤ 《岭南学校招生》，载《民生日报》，1913年1月8日第3页。

化。传统封建教育是排斥女性的，但是清末一些外国人在广州创办女子学校后，对女子教育的观念也有潜移默化的影响，一些开明绅士将女孩送到女子学校就读。女子学校也在报刊上刊登招生广告。如广州圣希理达女校由边悌历夫人（Mrs. Bendelack M. Aide）担任校长，该校“设在东关校场侧，均以高等教授，定于九月八号开学，如有志入学者，请至本校取阅章程，便可知悉详者也”①。又如贞德女子学校的招生广告称：“初等小学生以年七岁至十六岁为合格，以期学龄与程度逐渐齐一。每学期学费四元，特为廉收，以见本学校注重小学之至意。”② 对于这样的学费标准，一般家庭还是可以承受的。家长在教育消费观念上的变化，是女学兴起的关键。尽管当时贞德女子学校只有两百个学额，但在清末社会，这种私立学校的开设，给女子接受新式教育提供了难得的机遇。

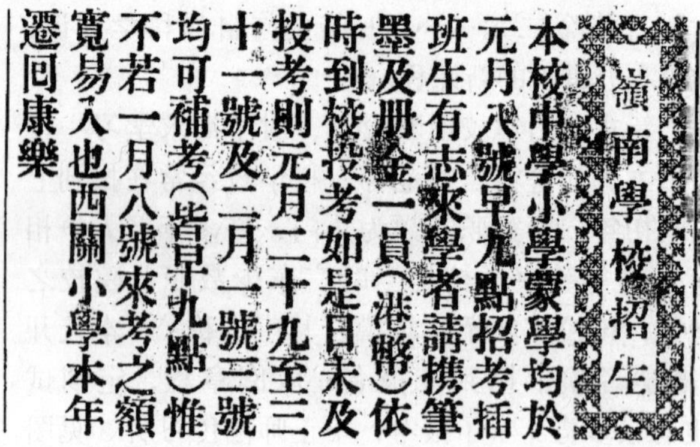
嶺南學校招生

本校中學小學蒙學均於元月八號早九點招考插班生有志來學者請攜筆墨及册金一員（港幣）依時到校投考如是日未及投考則元月二十九至三十一號及二月一號三號均可補考（皆早九點）惟不若一月八號來考之額寬易入也西關小學本年遷回康樂

图 7－21　岭南学校招生广告（《民生日报》，1913 年 1 月 8 日）

各类学校的招生广告为广大学生和家长提供了较为详细的考试信息，使考生能够在众多的学校中进行比较和选择，提高教育消费的透明度。同时，各类学校以广告为媒介，向社会展示了新式教育的成就，如自然科学、外语教学课程的设置，职业学校、女子学校的开办等，为民众的教育消费提供了更多的选择，也为广州社会发展提供了强大的智力支持和人才储备。

① 《圣希理达女校招生广告》，载《国华报》，1916 年 8 月 8 日。

② 《贞德女子学校招收新生广告》，载《时事画报》，1906 年第 3 期。

第八章

报刊广告、消费文化与都市变迁

CONSUMER IMAGE AND METROPOLIS SPACE

以上几章对近代广州报刊广告、消费文化与社会变迁之间的关系进行了探讨。就报刊广告的综合研究而言，这仅仅是一个开端。作为报刊史研究的重要组成部分，广告不仅是报刊业发展的动力，也是报刊传播商业信息、提高社会影响力的重要途径。更为重要的是，报刊广告传播了商业文化，拓展了城市文化的空间，并通过信息传播渗透到普通民众的生活方式当中。报刊广告培育了新的消费方式，促成了新的消费潮流。广告文化是社会文化的重要组成部分，在近代广州报刊发展史上，报刊广告呈现出多样化形态和丰富内涵，以“活页”的方式，叙说着商业文化的演进历程。广告主始终在做说服的工作，广告文字的背后，是受众对商品或服务的接受和传播过程，广告传播的目的是推行消费的大众化。因此，广告作为一种重要的媒介生产方式，见证了都市社会的变迁。

一、报刊广告与时代之脉搏

某一时代之广告，足以觇某一时代之经济背景，与夫社会之荣枯。[①] 报刊广告是商业社会的缩影，也是消费社会化进程的象征。一口通商期间，广州对外贸易十分发达，但传统的自然经济仍然占有较大比重。转口贸易推动了城市经济的发展，但对民众日常消费的影响并不显著。尽管在鸦片战争前，广州诞生了中国内地第一份中文报刊，但总体上看，中文报刊业尚处于萌芽状态，媒介影响力极为有限，广州始终没有产生像《申报》那样具有全国性影响的大报。鸦片战争后的三十余年，随着广州国际贸易地位的降低，香港和上海逐步成为西方人对华贸易关注的重心，广州传媒业的发展也长期受到阻滞。当《上海新报》、《香港船头货价纸》大量刊登船期信息和洋货行情时，广州尚未从战争的创伤中恢复应有的商业氛围。广州少数几份中文报刊缺乏广告营销的媒介环境，洋货在广州缺乏流动性和扩散效应，广州沦为香港的转口贸易市场。由于没有强大的外部市场支撑，报刊广告极为寥落，与上海、香港报刊媒介形成了强烈的反差。

19 世纪七八十年代后，随着农业商业化水平不断提高，广州与珠三角市场的联系更为紧密。洋货的大量进口，使本地传统手工业经济遭到遏制，但随着机器缫丝业、纺织业和消费型工业的快速发展，外部经济与本地产业实现了比较合理的对接，技术进步和产业革命对广州社会的影响日益深刻，城市商业经济趋向繁荣，民众的整体消费力得以提高。外部市场的变化对家庭生活的影响较为明显，自给自足的家庭消费模式已难以承载商业浪潮的冲击（见图 8－1）。珠三角大多数家庭通过商业化生产获得货币收入，并以购买消费品的方式来维持家庭生活的运转。民众对消费市场的依赖，是报刊广告业发展的“民意基础”。而市场上商品的丰盛，使商品供应方的竞争十分激烈，“待价而沽”，难以获得商机，积极地寻找潜在的消费群体，为消费者提

① 赵君豪：《中国近代之报业》，上海申报馆 1938 年版，第 228 页。

供详尽的消费信息，是厂商取得营销业绩的重要举措，这是报刊广告业发展的“物质基础”。与清末以上海为中心的官办工业不同，广东本地厂商缺乏政府的财政支持，转而以发展民用消费型工业为主，这些民用工业规模较小，要求资金周转快、产品适销对路，这就进一步推动了本地厂商与媒体的合作。报刊与厂商通过广告扩大了双方的赢利手段，双方在互利的过程中加速了本土商业和文化理念的建构，这在很大程度上塑造了近代广州报刊广告的特色，使报刊作为地方媒介的形象极为鲜明，报刊广告所具备的地方新闻价值，也通过广告文本与话语表达而得到充分展示。

图 8－1　广州街头景观（*Fourteen months in Canton*，1880）

在供需双方的价格博弈过程中，报刊广告充当信息中介的作用非常明显。与传统招牌广告、传单广告相比，报刊广告是近代广州社会最先进、最流行的媒介方式。报刊具有发行量大、版面内容丰富、信息传递速度快、表现方式多样等优点，这使报刊广告在各类广告形态中很快取得竞争优势，成为广受市场和受众欢迎的媒介形态，并随着报刊的规模化生产，不断在城市商业社会进行符号扩张，诱发民众的消费想象，形成巨大的消费动力，为消费文化的“下移”提供了基础条件。

与内地城市相比，近代广州的“生产者文化”相对发达，广州周围的 400 多个圩市使城乡之间的商贸联系非常紧密，正是由于农副产品的“相对过剩”，使得民众对日用消费品的需求量不断增大。清末民初，广州报刊的发行总量在数万份以上，人均拥有报刊的数量居于全国前列，这与民众对“商品信息”的渴求有一定关系。报刊广告推动了“消费者文化”的发展，报刊将广告内容传播给受众，并非刻意满足不同受众的消费个性，而是通过大规模的商品信息传播，为广告主提供一个巨大的消费市场。值得注意的是，当时广告版面的内容在相当一段时期保持不变，一则广告可能数十次甚至上百次在同一报刊连续刊出，重复传播的结果可能使受众厌倦甚至产生“审美疲劳”，但在不断的重复过程中，受众记住了这些广告，成为广告主的俘虏。广告主也不断提高文案创意和图像设计水平，通过对商品的符号操纵，夸大商品的使用价值和符号价值，激发受众的阅读兴趣，提高广告的“阅读率”。在其他媒介渠道十分闭塞的情况下，报刊利用了其新闻的权威性，将广告作为新兴媒介产品形态强加给受众，并使之成为一种日常阅读方式。广告主和媒介共同向受众推介商业社会的最新成果，从而推动“消费者文化”的发展。

报刊广告不仅扩大了消费者消费的空间，也缩短了其获取消费信息的时间。报刊广告犹如消费指南，受众可以一览而过，但显眼的标题总能够吸引一些忠实的阅读者。一旦有了消费指引，广告在节约受众的时间成本和信息成本方面，就有了明显的效果。也许一则药品广告对一般受众不重要，但苦于该病痛的患者可能通过读这一则广告得到解救的良方。报刊发行到普通受众手中，极大地缩短了信息传播的距离，某类商品也许刚刚上市，受众在家中便能对该商品的功效和购买地点了如指掌。纸质媒介的高度流动性，是人际传播方式难以企及的。报刊广告总是把商业社会美好的一面展现给受众，清末社会最时髦的消费品如留声机、电风扇、香皂、洋酒、洋烟（见图8－2）等，往往较早出现在报刊广告中。当这些商品不为受众所知时，广告画

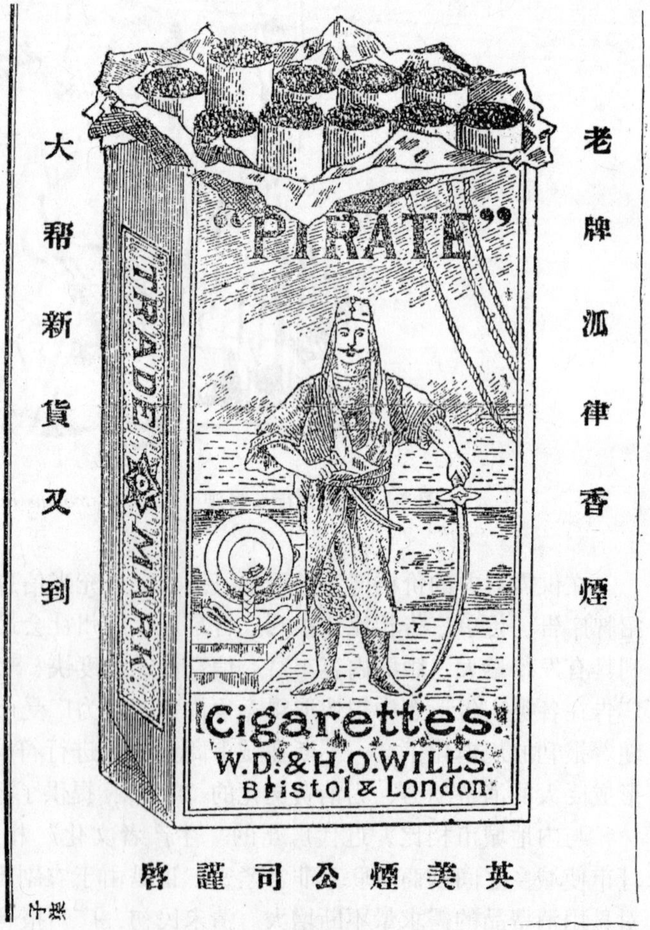

图8－2 洋烟广告（《羊城新报》，1914年3月4日）

面展示了新式商品的图像，并极力鼓吹拥有新商品对生活的意义，诱导受众产生购买欲望，使新兴商品信息直接与受众对接。受众无须花费时间去市场走马观花，只要在报刊上随意浏览，就可感知商业社会的最新潮流。又如交通广告对车船开行时间和票价信息的传播，可以节约受众大量的信息搜寻成本。因此，广告在推销商品和服务方面的功能，往往与消费方式的变迁联系在一起。

广州报刊一般以面向广东为主，其中广州城内的发行量占有很大比重，尽管一些报刊也曾在海外发行，但所占比重较低，对报刊广告业务并无多大影响。近代广州报刊广告在“传”和“受”的关系上，体现了比较明显的地域性文化特色，广告的发布者多为本地店铺、企业和洋行等。与上海、香港等地的洋货广告相比，广州洋行所刊登的洋货广告，主要以进口药品（见图8－3）、保健品、烟酒、糖果等附加值较高的日用商品为主，进口机器、军火等大宗工业品较为少见。同时，广州报刊洋货广告的比例也远低于上海、香港报刊。店铺、企业、学校等广告主刊登的广告，对当地受众的消费引导较为明显。广告主针对本地市场投放的广告，以满足民众日常消费为主要传播路径，尤其是各类店铺刊登的药品、日用杂货、服装等广告，主要面向广州城内的消费者，具有很强的针对性。大量的广告，使丰富的商品市场在空间上得以扩张，通过阅读报刊，受众可以在较短的时间内获得繁多的商品和服务信息，为购物和消闲活动提供了指南。

图8－3　进口妇科药品广告（《震旦日报》，1911年10月15日）

报刊广告不仅介绍商品的用途和功能，随着技术进步和广告表达技巧的发展，广告在激发消费欲望方面的作用也较为明显。广告除了能让受众了解商品的性能和价格外，广告刊登的大量图像和具有夸张性的语言，使受众在特定的语境中不自觉地受到广告的引诱。不管受众是否喜欢，越来越多的广告符号充斥着报刊的版面，将报刊文化与商业文化结合在一起，以强制性阅读的方式，为受众制造大量的商业话语。清末民初，广州报刊的广告一般都占据 1/4 以上的版面，这些广告版面成为报纸经营的重要资金来源，而受众作为版面的直接消费者，购买了大量的广告信息，这些信息也许对许多受众并无多大的意义，但是情景化商品形象的灌输，使广告作为特殊的魔方，提高了受众的“强制性”阅读率。离开了广告，报刊反而失去了受众的关注。在商业社会，报刊广告成为介绍地方社会和商业文化最为重要的方式。

二、报刊广告与消费文化之形塑

广告不仅展示了商品经济发展的成就，也以多元化的方式，注释了城市消费文化的变迁。近代广州是受西方消费文化影响较为最深刻的城市，在一口通商期间，大量的进口洋货及其招牌广告，使十三行一带成为观察西方消费文化的窗口，并对广州上层社会的洋货消费风尚产生直接影响。《东西洋考》所刊登的进口货价行情，注释了 1830 年代广州洋货贸易及其消费文化传播的状况。鸦片战争后，随着洋货贸易的重心转移到香港、上海，广州外贸业发展受到抑制。但是西洋文化的历史沉淀仍在，并随着广州经济的转型而焕发生机。1880 年代后，广州成为岭南洋货消费市场的中心，大量的进口洋货改变了民众的消费结构和消费倾向。在洋货消费大众化进程中，报刊广告充当着极为重要的中介作用。洋货广告见证了洋货价格的

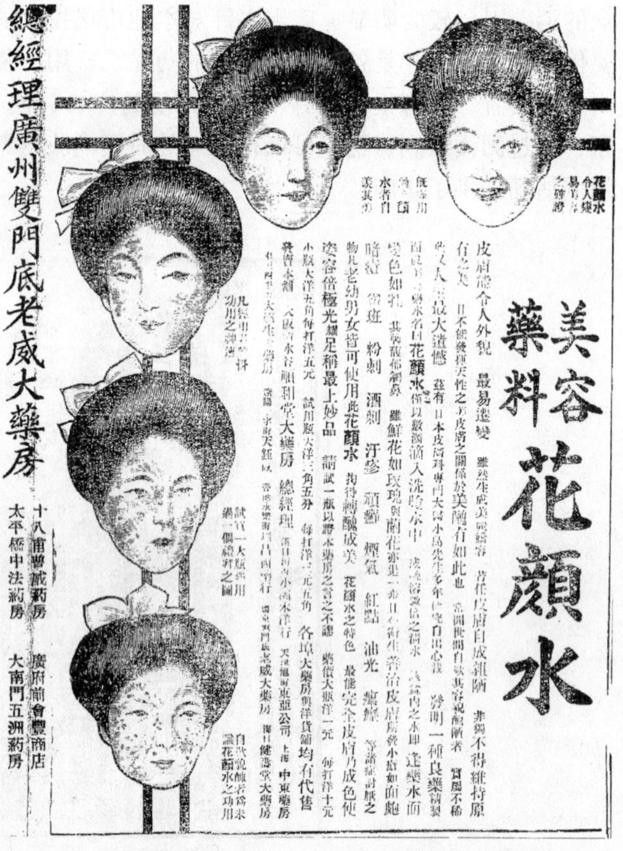

图 8－4　美容广告（《总商会新报》，1917 年 8 月 28 日）

下降过程，并以多样化的推销方式为受众消费提供种种理由。如洋布在鸦片战争前属于上层社会的奢侈品，而清末民初，洋布的消费趋向大众化，并促进了西装消费的流行。报刊广告将西装描写为一种文明的标志，为社会新思潮提供物质文化层面的注解，引诱那些新式知识分子和开明绅商参与到这种消费时尚中来。报刊广告借机将洋酒、洋烟、洋糖、洋化妆品（见图 8 -4）、洋保健品（见图 8 -5）、洋电器等作为“品位”的代言词，极尽夸耀之能事，不断地制造“审美标准”，为奢华之风寻找恰当的借口。通过报刊广告的巧妙游说，普通民众也被新的生活方式所迷惑，在对洋货消费的美好期待中，逐步接受时髦的舶来品。报刊广告正是通过夸耀性的文字和图像，推动着洋货消费文化的社会化进程。

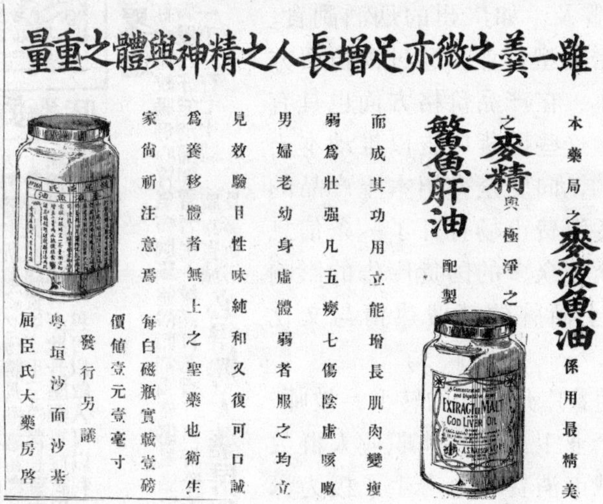

图 8 -5　鱼肝油广告（《民生日报》，1912 年 9 月 25 日）

然而，洋货消费并没有压制国货消费水平的提高。清末民初广州地区农业商业化水平的提高和消费型经济的发展，为民族工业提供了丰富的原料和资本，海外粤人的大量侨汇和投资，进一步推动了广州工商业的发展。广州医药、保健品等行业具有悠久历史，在与洋品牌竞争的过程中，高扬“地域文化”的优势，利用本地报刊展开市场营销，形成“戒烟药”、“仁丹”（见图 8 -6）、“性病药”、“花露水”等消费热点，从消费心理和产品功效等方面展开广告攻势，一方面展示传统行业的文化积累，另一方面巧借西方技术进行产品升级，通过具有煽动力的重复性传播，在消费市场上取得不错的战绩。本地厂商在做广告时还利用洋货导致利权外溢的观念，将国货消费作为批判崇洋媚外的目标，并在仿制洋货的过程中提高本土产品的知名度和技术含量。

国货广告还与国货运动结合起来，尤其是在 1905 年之后的数次抵制洋货运动中，广州报刊媒介主动迎合民意的诉求，利用新闻报道和评论推动爱国运动和发展地方工商业运动。地方社会精英更是将这场运动推向本土消费主义的高潮，将空泛的爱国主义和民族消费观念归纳为爱“吾粤”和爱广东产品，将抵货运动与地方文化和身份认同有机结合起来，以聚合民间社会的乡土文化和本土消费主义热潮，这股潮流对推动本地厂商广告的迅速发展起着极为重要的作用。同时，它直接促进了广州消费型工业的发展和民众本土消费观念的普及。如广州的烟酒副食、纺织服装等劳动密集型行业，通过模仿西方技术降低生产成本，在产品价格方面也具有一定的竞争优势。这些国货广告以推动本土消费大众化为目的，向受众介绍本土产品的种种好处，为国货消费市场打开了一条信息传播的通道。受众在众多的国货广告的影响下，保持着对本土品牌的消费热情与文化认同。

图8－6　国产仁丹广告（《民生日报》，1912年8月14日）

清末民初，随着广州社会的转型，教师、警察、工程师、产业工人和其他职业人群数量不断增加，对城市消费革命产生了极为深刻的影响。新兴社会阶层思想活跃、观念开放、消费趋时，在引领消费时尚方面表现突出。同时，官商富绅等社会上层人士作为炫耀性消费的主体，对新兴奢华消费方式接受较快，这就为报刊广告推销消费时尚提供了较好的条件。清末，酒楼文化已成为商业文化的重要标志，在城市消费的公共空间里具有深刻影响。报刊对酒楼广告的重视，无疑迎合了有闲人士的消费需求。酒楼广告对美味佳肴的推销，对包间和消费环境的烘托，对电话联系方式的公布，拉近了受众与餐桌的距离。酒楼广告还通过“美人陪酒”的文字描绘，将“酒”、“色”联系在一起，使餐桌聚会具有更多公共交往的目的。酒楼广告为受众提供了人际互动的新方式，尤其对文人骚客和官商富绅而言，酒楼聚会取代家庭宴会，是消费观念变革的必然趋势。酒楼广告还与报刊休闲小说、诗词栏目一起，成为受众闲时阅报的佐料，并指引着受众走向社会，通过餐桌来建构社会交往方式。

百货公司广告是城市商业现代化的重要标志。值得注意的是，广州是中国内地最早出现百货公司的城市。香港先施百货公司创立不久，广州报刊上便刊登了该公司的售货广告。1907年后，广州出现了先施、真光、大新、生生等数家百货公司，这些新式百货公司纷纷在报刊广告上亮相。百货公司广告往往炫耀宽阔的营业场地、集中进货的价格优势、成千上万的商品、一览无余的陈列式货架、面带微笑的营业员等。百货公司的集约化经营，使受众对新兴消费地点充满着梦幻般想象。在一个充满巨大商品诱惑的公共空间里，购物行为成为一种情趣，饭后到西关一带的百货公司溜达，成为普通民众新的生活内容。而百货广告极力宣扬消费平等、消费大众化理念，为城市消费革命提供了舆论环境和信息支持。

报刊广告为受众的休闲娱乐提供大量的信息。尽管粤剧在广州已有数百年的历史，但是适应大众消费需求的戏院，在19世纪中期才开始出现，并在19世纪80年代登上大雅之堂，成为报刊广告客户的一大种类。戏院广告剧目，介绍不同等级的票价和演出时间，并形成一个专栏，使爱好戏剧的受众通过看报得知整个演出市场的动态，以便选择合适的剧院和票价。戏院通过报刊传媒向受众预告了大量的戏剧信息，推动了戏剧消费的大众化。同时，魔术、花展、电影、运动会、游乐场等新式休闲形式，也通过报刊广告及时向受众传播信息。这些新兴的娱乐方式，在广告媒介的作用下，很快地被受众理解和接受，并转化为消费时尚，推动着城市休闲方式的发展和创新。

清末民初，社会处于剧烈的转型之中。文化教育事业在开启民智方面功不可没。报刊广告及时地将文化教育信息传递给受众，为受众接受新式文化教育提供了多样化的选择。如广州各类书局、书坊出版了大量教材、小说、文集、研究著作，报刊经常刊登最近出版的书籍广告，并重点介绍一些书籍的内容摘要，为受众了解书籍市场的动态提供了第一手资讯。而各类新式学校为了扩大影响，招收新生，经常在报刊上刊登广告，为受众及其子弟的教育消费提供了多样化的选择。此类广告尽管不是公益性质的，但在推动新式教育消费大众化方面，起着重要的文化传播和舆论导向作用。

但是，报刊的商业化运作也产生了一些负面影响。其中广告对商品和服务的片面夸张和吹嘘，有欺骗和愚弄受众的成分。传统的礼俗社会在商业广告的冲击下，出现了较严重的价值断裂，这在当时的博彩广告表现尤甚。一些报刊经营者背离了“社会良心”，在利欲的引诱下，竟然在头版刊登博彩广告，为赌博公司传播博彩信息提供了极为便捷的通道，也直接推动了“赌徒心理”的蔓延。巨额的彩金诱惑，像一个无底黑洞，导致无数民众家破人亡。赌博消费作为典型的异化消费方式，是社会走向衰败和堕落的重要标志。

三、报刊广告与都市消费空间之拓展

近代广州报刊业的发展历程，呈现首尾繁荣、中间平淡的特点。在鸦片战争前，广州是中国报刊业中心，这与广州的国际地位是相一致的。鸦片战争后到19世纪末，广州也出版了多种报刊，但与香港、上海比较，显得势单力薄，广州传媒的影响力相对较低。但是，这一时期的广州报刊，在本土化方面创出了特色，就其对于广州受众的影响而言，远远超出了鸦片战争前中英文报刊。在印刷技术（见图8－7）、新闻报道、广告策划、时政评论等方面，也取得了长足的进步。20世纪初期，广州报刊业十分发达，反映出广州作为近代民主革命策源地的重要地位，广州报业与香港、上海形成鼎足之势。广州报刊广告业亦与之相随。鸦片战争前，《东西洋考》开创了中文报刊报道货价行情的先例，但报刊广告尚在萌芽之中。鸦片战争后的三十多年，广州报刊广告极为少见，商业信息传播非常滞后。19世纪末以后，报刊广告不断增多，至20世纪初，终于大放异彩，形成百花竞艳的态势。

图8－7　《赏奇画报》1906年第7期封面

广告是都市文化的重要内容和表现方式。鸦片战争前，传统广告方式如招牌广告、传单广告，使广州商业街道的文化气息较为浓厚。但是这些广告存在着传播的偏向，注重时间上的流传而难以在空间上扩张。报刊广告实现了信息的“集成化”，如《东西洋考》货价行情报道一百多种进出口货物及其价格，是一般传单广告难以搜集到的信息。19世纪80年代后，广州报刊广告更是实现了多元化的组合。书籍、药品、茶叶等不相关的商品在同一版面出现，使信息容量进一步增大，受众进行选择性阅读成为可能。广告的拼凑，并没有造成广告文化的杂乱无章，多样化的广告反映了消费市场供应的丰富，以及受众需求范围的不断扩大，这在20世纪初的广告中表现更为明显。药品、保健品、烟酒、书籍、社团、房地产、金融、酒楼、茶楼、戏院、书籍、学校、博彩等各类广告异彩纷呈。尤其是工业制成品的广告占到很高的比重，这说明广州正由传统社会向现代社会转变，民众对新式工业品的大量需求，反映出工业化大生产以高效率和低成本赢得了竞争的优势，进口洋货和新兴消费型工业产品逐步得到了消费者的认同。广告作为展示消费社会化进程的方式，在其话语表达、商品包装、形象展示等方面随着时代发展而不断呈现新的面貌。如鱼肝油、自来血等保健品，初为舶来品，然而，在民国初年，国产仿制品大量出现，通过在报刊上进行大幅的广告推销，以“提倡国民精神”的方式赢得受众的消费认同。又如卷烟广告，19世纪末多为英美烟草公司的进口货，在1906年的抵制美货风潮中，“龙球牌”等国产卷烟便以“爱国”为口号，表现了民族企业对受众的产品推销方式。广告内容的变化，展现了消费品不断升级换代，消费热点不断变化的特点。

清末民初，广州城市消费文化的发展，还与香港、上海等城市之间的社会互动有很大关系。广州作为香港进口贸易的转口城市，与香港之间的联系极为密切。新式消费时尚在香港流行后，很快在广州传播，而粤港两地的报刊在传播消费文化的作用更为突出。两地报刊经常刊登香港店铺和娱乐场所的广告，使受众对香港消费市场较为熟悉，如洋家具、电风扇、洋酒、留声机等时髦洋货，就是通过香港商行的介绍，而逐步在广州行销。广州报刊上初期的新式银行、保险公司的广告，多为香港公司刊登。而香港报刊更是依靠来自广州的社会新闻，赢得广大粤商的关注，并刊载广州商家的土产、书籍、药品等广告，为香港市场提供大量商品信息。两地之间通过报刊广告传播，使消费空间上更为接近，消费文化的互补性也得以体现。19世纪70年代后，随着上海贸易地位的提高，广州与上海之间的商贸往来也日益增多，上海企业为扩大经销范围，经常在广州当地报刊上进行广告推销。如上海震寰药厂在广州多家报刊上刊出“爱理士红衣补丸”广告，上海商务印书馆也在广州报刊上刊登书籍广告等。而广州的粤剧、土产，也经常出现在上海的报刊广告上。三地之间的广告互动，有利于促进城市消费方式的多元化。

近代广州报刊广告以其丰富的内容和表达方式，为我们认识广州消费文化的变迁开启了一扇窗口。报刊广告不仅是向受众进行产品和服务推销，更是作为商品经济发展的记录者和见证者，向我们见证一个时代的消费文化变迁。“广告是一场革命，广告的发展趋势，是推翻既有的理念，在读者的脑中掀起新的思想，诱使他去尝试从未做过的事情。”① 通过阅读广告，我们了解到商品和服务是怎样在社会上传播并被接

① ［美］杰克逊·李尔斯著，任海龙译：《丰裕的寓言：美国广告文化史》，上海人民出版社2005年版，第115页。

受的。广告史不仅是商业史的重要组成部分，也是民众消费过程的历史见证（见图 8－8）。在破旧的报刊碎片中，我们通过广告可以探测当时社会在消费什么，并在消费大众化过程中如何转变为文化现象。从这个意义上讲，在近代广州社会，报刊广告是阅读消费文化的极佳方式。

图 8－8　茶楼是一个开放的公共空间（《赏奇画报》，1906 年第 4 期）

参考文献

一、报刊

1. 爱汉者等编，黄时鉴整理：《东西洋考每月统记传》，中华书局，1997 年版。

2.《中外新闻七日录》（广州），1862 年至 1865 年，台北华文书局，1969 年版影印本。

3.《述报》，1884 年至 1885 年，方汉奇先生私人珍藏。

4.《广报》，1887 年零散报纸，中山图书馆缩微胶卷。

5.《羊城新报》，1913 年至 1918 年零散报纸，中山图书馆缩微胶卷。

6.《岭南日报》，1893 年至 1894 年零散报纸，中山图书馆缩微胶卷。

7.《中西日报》，1892 年零散报纸，中山图书馆缩微胶卷。

8.《南越报》，1909 年零散报纸，中山图书馆缩微胶卷。

9.《天趣报》，1910 年至 1911 年零散报纸，中山图书馆缩微胶卷。

10.《游艺报》，1905 年零散报纸，中山图书馆缩微胶卷。

11.《安雅书局世说编》，1901 年至 1902 年零散报纸，中山图书馆缩微胶卷。

12.《七十二行商报》，1910 年至 1913 年零散报纸，中山图书馆缩微胶卷。

13.《羊城日报》，1906 年零散报纸，中山图书馆缩微胶卷。

14.《唯一趣报有所谓》，1906 年零散报纸，中山图书馆缩微胶卷。

15.《香港少年报》，1907 年零散报纸，中山图书馆缩微胶卷。

16.《香港华字日报》，1905 年至 1911 年，香港中央图书馆缩微胶卷。

17.《国事报》，1910 年 5 月 6 日，中山图书馆缩微胶卷。

18.《岭学报》，1898 年第 1 期，中山大学图书馆善本。

19.《岭海报》，1900 年零散报纸，散见于《粤督奏稿》光绪二十六年（1900 年）铅印本。

20.《时事画报》，1906 年至 1911 年，中山大学图书馆善本。

21.《赏奇画报》，1906 年第 1 期至 23 期，中山大学图书馆善本。

22.《时谐画报》，1907 年第 2 期，中山图书馆缩微胶卷。

23.《点石斋画报大全》，1910 年刊本，广东社会科学院图书馆古籍。

24.《东方杂志》，1904 年至 1911 年，中山大学图书馆善本。

25.《广东日报》，1904 年至 1906 年，香港中央图书馆缩微胶卷。

26.《国民报》，1911 年零散报纸，中山图书馆缩微胶卷。
27.《光华医事卫生杂志》，1910 年，中山图书馆古籍。
28.《两广官报》，1911 年，中山图书馆古籍。
29.《农工商报》，1907 年至 1909 年，中山图书馆古籍。
30.《光汉报》，1911 年零散报纸，中山图书馆缩微胶卷。
31.《光华报》，1911 年零散报纸，中山图书馆缩微胶卷。
32.《广东警务官报》，1910 年，中山图书馆古籍。
33.《广粹旬报》，1909 年，中山图书馆古籍。
34.《震旦日报》，1911 年 10 月至 12 月，北京大学图书馆善本。
35.《中国丛报》，1834 年至 1840 年，中山大学图书馆复印件。
36.《广东教育官报》，1910 年，中山图书馆古籍。
37.《广粹旬报》，1909 年零散报纸，中山图书馆缩微胶卷。
38.《珠江镜》，1906 年零散报纸，中山图书馆缩微胶卷。
39.《广东化学实业报》，1910 年，中山图书馆古籍。
40.《安雅报》，1910 年至 1914 年零散报纸，中山图书馆缩微胶卷。
41.《民生日报》，1912 年至 1913 年零散报纸，中山图书馆缩微胶卷。
42.《人权报》，1914 年零散报纸，中山图书馆缩微胶卷。
43.《国华报》，1916 年零散报纸，中山图书馆缩微胶卷。
44.《广东中华新报》，1918 年零散报纸，中山图书馆缩微胶卷。
45.《广州共和报》，1919 年零散报纸，中山图书馆缩微胶卷。
46.《大同日报》，1919 年零散报纸，中山图书馆缩微胶卷。
47.《中华新报》，1909 年零散报纸，中山图书馆缩微胶卷。
48.《天声报》，1918 年零散报纸，中山图书馆缩微胶卷。
49.《时敏报》，1915 年至 1916 年零散报纸，中山图书馆缩微胶卷。
50.《平民报》，1918 年零散报纸，中山图书馆缩微胶卷。
51.《民仇报》，1918 年零散报纸，中山图书馆缩微胶卷。
52.《华严报》，1914 年零散报纸，中山图书馆缩微胶卷。
53.《岭南新报》，1919 年零散报纸，中山图书馆缩微胶卷。
54.《总商会新报》，1915 年零散报纸，中山图书馆缩微胶卷。
55.《商权报》，1913 年零散报纸，中山图书馆缩微胶卷。
56.《真共和报》，1919 年零散报纸，中山图书馆缩微胶卷。
57.《新报》，1916 年零散报纸，中山图书馆缩微胶卷。
58.《光华医事卫生杂志》，1910 年，中山图书馆古籍。
59.《女界灯学报》，1905 年，中山图书馆古籍。
60.《广东财政月刊》，1918 年，中山图书馆古籍。

61.《上海新报》，1861 年至 1872 年，《近代中国史料丛刊三编》第 59 辑，台湾文海出版社，1990 年影印本。

62.《社会公报》，1907 年零散报纸，中山图书馆缩微胶卷。

63.《广州民国日报》，1921 年零散报纸，中山图书馆缩微胶卷。

64.《平远留省学报》，1919 年，中山图书馆古籍。

65.《中华医报》，1910 年，中山图书馆古籍。

66.《农林月报》，1913 年，中山图书馆古籍。

67.《申报》，1872 年至 1919 年影印本，上海书店 1987 年版。

68.《岭南白话杂志》，1908 年，中山图书馆古籍。

69.《广东白话报》，1907 年第 1 期至 2 期，中山图书馆缩微胶卷。

70.《妇孺报》，1904 年零散报纸，中山图书馆缩微胶卷。

71.《文言报》，1902 年，中山大学图书馆善本。

72.《振华五日大事记》，1907 年，中山大学图书馆善本。

73.《砭群丛报》，1909 年，中山大学图书馆善本。

74.《半星期报》，1907 年，中山大学图书馆善本。

75.《广州总商会报》，1907 年 3 月至 12 月，中山大学图书馆善本。

76.《香港东方报》，1906 年零散报纸，中山图书馆缩微胶卷。

77.《民权报》（汕头），1913 年零散报纸，中山图书馆缩微胶卷。

78.《岭东日报》（汕头），1903 年零散报纸，中山图书馆缩微胶卷。

79.《新中华报》（汕头），1910 年，上海图书馆善本。

二、古籍

1. 同治《广州府志》，光绪五年刊本。

2. 道光《南海县志》，同治八年刊本。

3. 同治《南海县志》，同治十一年刊本。

4. 宣统《南海县志》，宣统三年刊本。

5. 光绪《南海乡土志》，光绪三十四年刊本。

6. 同治《番禺县志》，同治十年刊本。

7. 宣统《番禺县续志》，民国二十年刊本。

8. 民国《番禺县续志》，民国七年刊本。

9.《番禺末业志》，民国刊本。

10. 光绪《九江儒林乡志》，光绪九年刊本。

11. 南海《潘氏家乘》，光绪四至六年刊本。

12. 番禺河南《潘氏族谱》，民国九年抄本。

13. 俞洵庆：《荷廊笔记》，光绪十一年刊本。

14. 广东清理财政局编：《广东财政说明书》，宣统二年刊本。
15. （清）梁松年：《梦轩笔谈》，咸丰年间稿本。
16. 张心泰：《粤游小志》，光绪十七年刊本。
17. （清）李调元：《南越笔记》，光绪十七年刊本。
18. （清）李调元：《粤东皇华集》，光绪八年刊本。
19. 太平洋客传：《新广东》，光绪二十七刻本。
20. 《物意管窥——光绪年间物产选购标准》，光绪十八年稿本。
21. 《戊戌年娶媳妇支用簿》，光绪二十四年稿本
22. 《癸卯年娶媳妇支用簿》，光绪二十九年稿本。
23. 《家用收支簿》，道光年间稿本。
24. 《粤保定堂收支簿》，光绪年间稿本。
25. 《买物归来价值记》，宣统年间稿本。
26. 《进支银簿》，光绪二十二年稿本。
27. （清）吟香阁主人选辑：《羊城竹枝词》，光绪十四年刊本。
28. 冯向华撰：《羊城竹枝词》，清末刊本。
29. 张心泰：《粤游小识》，光绪二十六年刊本。
30. （清）陈坤：《岭南杂事诗钞》，光绪刊本。

三、中文论著

1. 方汉奇主编：《中国新闻事业通史》，中国人民大学出版社，1992 年版。
2. 方汉奇：《中国近代报刊史》，山西人民出版社，1981 年版。
3. 戈公振：《中国报学史》，台湾学生书局，1976 年版。
4. 尹世杰：《消费文化学》，湖北人民出版社，2002 年版。
5. 王锺翰：《清史补考》，辽宁大学出版社，2003 年版。
6. 王笛著，李德英等译：《街头文化——成都的公共空间、下层民众与地方政治，1870—1930》，中国人民大学出版社，2006 年版。
7. 陈坤宏：《消费文化理论》，台北扬智文化事业股份有限公司，1998 年版。
8. 赵君豪：《中国近代之报业》，上海申报馆，1938 年版。
9. 陈培爱：《中外广告史》，中国物价出版社，1997 年版。
10. 许俊基主编：《中国广告史》，中国传媒大学出版社，2006 年版。
11. 刘家林：《新编中外广告通史》，暨南大学出版社，2000 年版。
12. 刘家林：《中国近代早期报刊广告源流考》，载《新闻大学》，1999 年第 2 期。
13. 王宁：《消费社会学》，社会科学文献出版社，2001 年版。
14. 箫湘文：《广告传播》，台北威仕曼文化事业股份有限公司，2005 年版。

15. 李仁渊：《晚清的新式传播、媒体与知识分子》，台北稻乡出版社，2005 年版。

16. 孙秀蕙：《广告文化》，台北扬智文化股份有限公司，1995 年版。

17. 杨朝阳：《广告理论》，台北新文京开发出版有限公司，2002 年版。

18. 程曼丽：《〈蜜蜂华报〉研究》，澳门基金会出版，1998 年版。

19. 梁嘉彬：《广东十三行考》，广东人民出版社，1999 年版。

20. 卓南生：《中国近代报业发展史》，中国社会科学出版社，2002 年版。

21. 厉以宁：《消费经济学》，人民出版社，1984 年版。

22. 厉以宁：《经济学的伦理问题》，三联书店，1995 年版。

23. 赵汉平主编：《西方经济思想库》，经济科学出版社，1997 年版。

24. 彭信威：《中国货币史》，上海人民出版社，1958 年版。

25. 于光远：《谈谈消费文化》，载《消费经济》，1992 年第 1 期。

26. 王乐忠：《中国消费文化探析》，载《东岳论丛》，1999 年第 1 期。

27. 聂宝璋：《中国买办资产阶级的发生》，中国社会科学出版社，1979 年版。

28. 欧阳卫民：《中国消费经济思想史》，中共党校出版社，1994 年版。

29. 马千里：《中国消费文化的传统与现实》，载《南京理工大学学报》（哲学社会科学版），1998 年第 4 期。

30. 余绳武、刘存宽主编：《十九世纪的香港》，中华书局，1994 年版。

31. 广州历史文化名城研究会等编：《广州十三行沧桑》，广东省地图出版社，2001 年版。

32. 上海市粮食局等编：《中国近代面粉工业史》，中华书局，1987 年版。

33. 刘志琴主编，李长莉著：《近代中国社会文化变迁录》（第一卷），浙江人民出版社，1998 年版。

34. 费孝通：《江村经济》，商务印书馆，2001 年版。

35. ［美］葛凯著，黄振萍译：《制造中国：消费文化与民族国家的创建》，北京大学出版社，2007 年版。

36. ［美］詹姆斯 · 特威切尔著，屈晓丽译：《美国的广告》，江苏人民出版社，2006 年版。

37. ［日］佐藤卓己著，诸葛蔚东译：《现代传媒史》，北京大学出版社，2004 年版。

38. ［美］尼古拉斯 · 米尔佐夫著，陈伟译：《视觉文化导论》，江苏人民出版社，2006 年版。

39. ［美］埃德温 · 埃默里，迈克尔 · 埃默里著，苏金琥等译：《美国新闻史——报业与政治、经济和社会潮流的关系》，新华出版社，1982 年版。

40. ［日］清水公一著，胡晓云等译：《广告理论与战略》，北京大学出版社，

2005 年版。

41. ［加］哈罗德·伊尼斯著，何道宽译：《帝国与传播》，中国人民大学出版社，2003 年版。

42. ［加］哈罗德·伊尼斯著，何道宽译：《传播的偏向》，中国人民大学出版社，2003 年版。

43. ［美］米切尔·舒德森著，陈安全译：《广告，艰难的说服》，华夏出版社，2003 年版。

44. ［美］杰克逊·李尔斯著，任海龙译：《丰裕的寓言：美国广告文化史》，上海人民出版社，2005 年版。

45. ［美］约瑟夫·塔洛著，洪兵译：《分割美国——广告主与新媒介世界》，华夏出版社，2003 年版。

46. ［美］克里斯托弗·贝里著，江红译：《奢侈的概念：概念及历史的探究》，上海人民出版社，2005 年版。

47. ［美］凡勃伦著，蔡百受译：《有闲阶级论》，商务印书馆，2002 年版。

48. ［法］鲍德里亚著，刘成福、全志刚译：《消费社会》，南京大学出版社，2001 年版。

49. ［美］黛安娜·克兰著，赵国新译：《文化生产：媒体与都市艺术》，译林出版社，2001 年版。

50. ［美］苏特·杰哈利著，马姗姗译：《广告符码》，中国人民大学出版社，2004 年版。

51. ［英］迈克·费瑟斯通著，刘精明译：《消费文化与后现代主义》，译林出版社，2000 年版。

52. ［英］弗兰克·莫特著，余宁平译：《消费文化》，南京大学出版社，2001 年版。

53. ［英］西莉亚·卢瑞著，张萍译：《消费文化》，南京大学出版社，2003 年版。

54. ［德］弗罗姆著，孙恺祥译：《健全的社会》，贵州人民出版社，1994 年版。

55. ［加］埃里克·麦克卢汉、弗兰克·秦格龙编，何道宽译：《麦克卢汉精粹》，南京大学出版社，2000 年版。

56. ［美］丹尼尔·贝尔著，赵一凡译：《资本主义文化矛盾》，三联书店，1989 年版。

57. ［德］哈贝马斯著，曹卫东译：《公共领域的结构转型》，学林出版社，1999 年版。

58. ［法］让·诺埃尔·让纳内著，段慧敏译：《西方媒介史》，广西师范大学出版社，2005 年版。

59. ［美］威廉·C. 亨特著，冯树铁译：《广州“番鬼”录》，广东人民出版社，1993 年版。

60. ［美］威廉·C. 亨特著，沈正邦译：《旧中国杂记》，广东人民出版社，1992 年版。

61. ［加］文森特·莫斯可著，胡正荣等译：《传播：在政治和经济的张力下》，华夏出版社，2000 年版。

62. ［美］道格拉斯·C. 诺斯著，陈郁郁、罗华平等译：《经济史中的结构与变迁》，上海三联出版社，1999 年版。

63. ［法］布罗代尔著，顾良、施康强译：《15 至 18 世纪的物质文明、经济与资本主义》，三联书店，2002 年版。

64. ［加］马歇尔·麦克卢汉著，何道宽译：《理解媒介——论人的延伸》，商务印书馆，2001 年版。

65. ［荷兰］丹尼斯·麦奎尔著，刘燕南等译：《受众分析》，中国人民大学出版社，2006 年版。

66. ［美］伯格著，姚媛译：《通俗文化、媒介与日常生活中的叙事》，南京大学出版社，2002 年版。

67. ［瑞典］龙思泰著，吴义雄等译：《早期澳门史》，东方出版社，1997 年版。

68. ［英］格林堡著，成康译：《鸦片战争前中英通商史》，商务印书馆，1961 年版。

69. ［英］尼克·史蒂文森著，顾宜凡等译：《媒介的转型——全球化、道德和伦理》，北京大学出版社，2006 年版。

70. ［美］大卫·奥格威著，林桦译：《一个广告人的自白》，中国友谊出版公司，1991 年版。

71. ［法］尼古拉·埃尔潘著，孙沛东译：《消费社会学》，社会科学文献出版社，2005 年版。

72. ［法］阿芒·马特拉著，陈卫星译：《世界传播与文化霸权——思想与战略的历史》，中央编译出版社，2005 年版。

73. ［英］斯图尔特·霍尔编，徐亮等译：《表征》，商务印书馆，2005 年版。

74. 刘圣宜：《近代广州社会与文化》，广东高等教育出版社，2004 年版。

75. 王放：《中国报纸广告一百年》，广州出版社，1998 年版。

76. 李楠：《晚清民国时期上海小报》，人民文学出版社，2006 年版。

77. 梁群球主编：《广州报业（1827—1990）》，中山大学出版社，1992 年版。

78. Don Slater 著，林佑圣、叶钦怡译：《消费文化与现代性》，台北弘智文化事业有限公司，2004 年版。

79. 郑超然、程曼丽、王泰玄著：《外国新闻传播史》，中国人民大学出版社，

2000 年版。
80. 朱英：《近代中国广告的产生发展及其影响》，载《近代史研究》，2000 年第 4 期。
81. 黄平：《面对消费文化，要多一份清醒》，载《人民日报》，1995 年 4 月 30 日。
82. 姚贤镐编：《中国近代对外贸易史资料》，中华书局，1962 年版。
83. 孙毓棠编：《中国近代工业史资料》，科学出版社，1957 年版。
84. 雷梦水等编：《中华全国竹枝词》(4)，北京古籍出版社，1997 年版。
85. 朱有瓛主编：《中国近代学制史料》（第一辑·上册），华东师范大学出版社，1983 年版。
86. 严中平等编：《中国近代经济史统计资料选辑》，科学出版社，1955 年版。
87. 汪敬虞编：《中国近代工业史资料》（第二辑·下册），科学出版社，1957 年版。
88. 舒新城编：《中国近代教育史资料》，人民教育出版社，1993 年版。
89. 中国史学会编：《鸦片战争》，上海人民出版社，2000 年版。
90. 胡朴安编：《中华全国风俗志》，河北人民出版社，1986 年版。
91. 刘志文主编：《广东民俗大观》，广东旅游出版社，1993 年版。
92. 陈谷嘉、邓洪波著：《中国书院制度研究》，浙江教育出版社，1997 年版。
93. 广州海关志编委会等编译：《近代广州口岸经济社会概况——粤海关报告汇集》，暨南大学出版社，1995 年版。
94. 莫世祥等编译：《近代拱北海关报告汇编》，澳门基金会出版，1998 年版。
95. 广州市政协文史委员会等合编：《广州工商经济史料》(2)，广东人民出版社，1989 年版。
96. 广州市政协文史委员会等合编：《广州工商经济史料》(3)，广东人民出版社，1997 年版。
97. 中国民主建国会广州市委员会等合编：《广州工商经济史料》，广东人民出版社，1986 年版。
98. 骆伟主编：《广东文献综录》，中山大学出版社，2000 年版。
99. 徐珂编撰：《清稗类钞》，中华书局，1986 年版。
100. 许道夫：《中国近代农业生产及贸易统计资料》，上海人民出版社，1983 年版。
101. 盛洪主编：《现代制度经济学》，北京大学出版社，2003 年版。
102. 汤敏、茅于轼主编：《现代经济学前沿专题》（第三集），商务印书馆，1999 年版。
103. 高鸿业主编：《西方经济学》（上册），中国经济出版社，1996 年版。

104.《清代日记汇抄》，上海人民出版社，1982年版。

105. 温孝卿等主编：《消费心理学》，天津大学出版社，1995年版。

106. 王乐忠：《中国消费文化探析》，载《东岳论丛》，1999年第1期。

107. 高丙中：《西方生活方式研究的理论发展叙略》，载《社会学研究》，1998年第3期。

108. 黄淑娉主编：《广东族群与区域文化研究》，广东高等教育出版社，1999年版。

109. 孔明安：《从物的消费到符号消费——鲍德里亚的消费文化理论研究》，载《哲学研究》，2002年第11期。

110. 周叔连：《如何加强对消费文化的研究和引导》，载《消费经济》，1994年第6期。

111. 黄增章：《民国广东商业史》，广东人民出版社，2006年版。

112. 文娟：《近代书局对小说书籍的促销——以〈申报〉小说广告为例》，载《中文自学指导》，2005年第6期。

113. 许纪霖、王儒年：《近代上海消费注意意识形态之建构——20世纪20至30年代〈申报〉广告研究》，载《学术月刊》，2005年第4期。

114. 张晨阳：《〈申报〉女性广告：女性形象、现代性想象以及消费本质》，载《妇女研究论丛》，2005年第3期。

115. 王省民：《从〈申报〉香烟广告看中西文化的融合》，载《东南文化》，2006年第3期。

116. 陈彤旭：《论30年代上海报纸广告的多元价值观》，载《中国青年政治学院学报》，2002年第2期。

117. 赵楠：《十九世纪中叶上海城市生活——以〈上海新报〉为视点》，载《史林》，2004年第1期。

118. 孙丽莹：《报纸广告与近代天津社会（1886—1911）》，南开大学硕士论文，2003年。

119. 戴柏俊：《清末天津的广告业》，载《天津史志》，1994年第4期。

120. 亦鸣：《近代上海广告文化》，载《上海大学学报》，1992年第2期。

121.（清）屈大均：《广东新语》，中华书局，1985年版。

122.（清）仇巨川纂，陈宪猷校注：《羊城古钞》，广东人民出版社，1993年版。

123. 王之春：《清朝柔远记》，中华书局，2000年版。

124. 郑观应：《盛世危言》，中州古籍出版社，1998年版。

125. 林升栋：《中国近现代经典广告创意评析——〈申报〉七十七年》，东南大学出版社，2005年版。

126. 秦其文：《近代中国企业的广告促销研究》，南开大学博士论文，2005 年。

127. 许清茂：《〈湘报〉广告考辨》，载《新闻与传播研究》，2003 年第 4 期。

128. 项士元：《浙江新闻史》，之江日报社，1930 年版。

129. 蒋建国：《广州消费文化与社会变迁（1800—1911）》，广东人民出版社，2006 年版。

130. 蒋建国：《报界旧闻》，南方日报出版社，2007 年版。

131. 蒋建国：《广告、受众与消费文化形塑——传播社会学视野下的近代广州报刊广告研究》，载《新闻与传播研究》，2007 年第 3 期。

132. 蒋建国：《马克思主义消费文化理论及其当代意蕴》，载《马克思主义研究》，2007 年第 3 期。

133. 蒋建国：《符号、身体与治疗性消费文化》，载《甘肃社会科学》，2007 年第 6 期。

134. 蒋建国：《20 世纪初期广州百货广告所构建的购物想象》，载《国际新闻界》，2007 年第 8 期。

135. 蒋建国：《晚清广州出版业与文化的繁荣》，载《出版发行研究》，2007 年第 8 期。

136. 蒋建国：《清末广州报纸广告与洋货推销》，载《船山学刊》，2007 年第 1 期。

137. 蒋建国：《清末广州的戏剧消费与新闻话语的社会空间》，载《学术研究》，2006 年第 11 期。

138. 蒋建国：《广告符号与消费主义文化批判》，载《消费经济》，2007 年第 1 期。

四、英文论著

1. Dr. Yvan. *Inside Canton*. London：Henry Viaetelly，Bough Square，1858.

2. John Henry Gray. *Walks in the City of Canton*. Hong Kong：De Souza & Co.，1875.

3. Josiah Quincy. *Journals of Major Samuel Shaw：The First American Consul at Canton with a Life of the Author*. Boston：W. M. Crosby and H. P. Nichols，1847.

4. *Correspondence Relative Entrance into Canton*（1850 - 1855）. London：by Harrison and Sons，1857.

5. Donald Quataert. *Consumption Studies and the History of the Ottoman Empire*（1550 - 1922）：*An Introduction*. Arbarny：State University of New York Press，2000.

6. Phyllis Forbes Kerr. *Letters from China：The Canton - Boston Correspondence of Rbert Bennet*（1838 - 1840）Mystic Seaport Museum，1996.

7. Maxine Berg, Helen Clifford. *Consumers and Luxury*, *Consumer Culture in Europe* (1650 – 1850) . Manchester: Manchester University Press, 1999.

8. Junice E. Stockard. *Daughters of the Canton Delta*. Standford: Standford University Press, 1989.

9. Susan Strasser. The Alien Past: *Consumer Culture in Historical Perspective*. Journal of Consumer Policy, vol. 26, 2003, pp. 375 – 393.

10. Ciarlo, David M. . *Consuming*, *Envisioning Empire*: *Colonialism and German Mass Culture* (1887 – 1914) PHD Thesis, University of Wisconsin – Madison, 2003.

11. Osmond Tiffany J. R. . *The canton Chinese*. Boston and Cambridge: James Munroe and Company, 1849.

12. Gray. *Fourteen Months in Canton*. London: Macmillan and Co. , 1880.

后 记

本书根据我的博士论文和博士后研究报告修改而成。2002 年以来，我收集了大量清末民初广州报刊缩微资料，这些资料大部分来自中山图书馆特藏部，也有一部分来自北京、上海、香港、台湾等地的图书馆。与一般纸质文献不同，阅读缩微胶卷需要特定的技术和语境支持，劳心费力，自不待言。

由近代社会史转向新闻传播史研究，也许是“史料”安排的结果。我在研究近代广州消费文化史过程中，注重报刊广告史料的挖掘，而大部分广告史料未能在消费文化史研究中派上用场。因此，集中研究这些比较稀缺的报刊广告史料，便成为自己的长期研究规划。2005 年 6 月，我申请到中国人民大学新闻学院从事博士后研究，幸运地师从新闻史泰斗方汉奇教授。在博士后研究期间，多次聆听方师的教诲，方师就研究报告提出了许多中肯的意见，令我茅塞顿开。先生以大家风范，纵论新闻史事，其学术见解，多出于不经意之间。先生的睿智、谦和与豁达，更令我敬仰。本书出版之际，又应我之恳求，先生特为之作序，对于先生的嘉勉和告诫，弟子当奉为求学之道、立身之本。

近年来，近代新闻史和社会史研究者很注重报刊史料的开掘，报刊广告的个案研究也受到了一定的关注。但是，对报刊广告与都市社会之间的整体研究，尚未引起学界的重视。长期以来，报刊广告作为史料的真实性受到置疑，并被正统史学研究者所忽略。但是，广告作为记录商业文化和社会文化的载体，其“言外之意”往往折射了深刻的文化意蕴和社会背景。广告话语和视觉形象不仅可以折射商品传播的社会化进程，还能反映意识形态、消费文化与都市空间之间的渗透过程。尽管零散的史料无法完整地再现都市社会的全貌，但是，这些历史的碎片却可以将有关概念和观点串联起来，为我们重塑远逝生活的种种迹象。因此，本书对八十余种珍贵的报刊广告材料进行重新解读，以期在近代广州、地方社会、消费文化与都市空间之间建立新的联系，为我们重新解读 1827 年至 1919 年的广州社会提供一种新的阐释方式。

怀着这样的期盼，我不厌其烦地品味每一条广告，不仅注重其话语表达方式，还揣摩其传播语境和社会关联性。值得庆幸的是，近代广州报刊广告的重复率较高，这就使零散报刊的作用进一步凸显。通过不同报刊广告之间的整合和互证，我们可以获得商品消费社会化进程的整体视觉形象，而将这些广告进行归类和提升，更能获得都市文化发展的具体表征。基于这样的考虑，本书从多个方面论述了近代广州报刊广告与都市社会的关系。这些尝试性的探索，还有待读者的检测和批评。

本书得到了中国博士后科学基金和广州市社科规划项目的资助。笔者所在单位暨南大学新闻与传播学院注重奖掖后学，董天策教授、刘家林教授等学院领导对本书出版予以大力支持，中国人民大学新闻学院的陈力丹教授、喻国明教授、郑保卫教授在具体研究方法上给予了悉心指导，王锺翰教授、尹世杰教授、程恩富教授、刘建明教授、程曼丽教授等学界名家提供了多方帮助，对于他们的关心和爱护，深以为谢。

在博士后研究期间，妻子付琼给予我极大的帮助和理解，并承担了教育孩子的任务，岳母料理家务，操劳颇多，她们的大力支持，使我能有较多时间投入到研究工作中。我的父母虽远在家乡，仍默默地关注着我的成长，家人的呵护，是我莫大的安慰，也是我今后继续向上的动力。

蒋建国

于广州“小城之春”寓所